KB201534

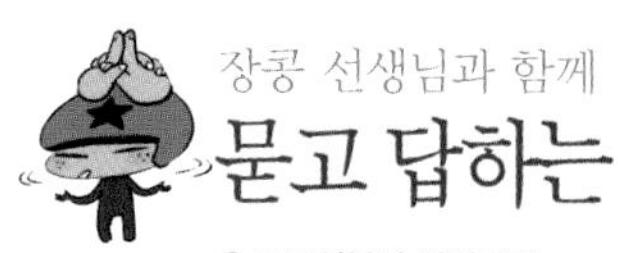

① 고조선부터 발해까지

장용준 지음 · 서은경 그림

1권 | 고조선부터 발해까지

1판 1쇄 발행일 | 2010년 7월 20일 | 1판 4쇄 발행일 | 2015년 1월 15일
1판 4쇄 발행부수 | 1,000부 | 총 6,000부 발행

지은이 | 장용준
그린이 | 서은경

펴낸곳 | (주)도서출판 북멘토
펴낸이 | 김태완
편집 | 이효진
마케팅 | 이용구
디자인 | 박지영
사진제공 | 시몽포토에이전시 · 권태균

출판등록 | 제6-800호(2006. 6. 13)
주소 | 121-869 서울시 마포구 월드컵북로 6길 69(연남동 567-11), IK빌딩 3층
전화 | 02-332-4885 / 팩스 | 02-332-4875
홈페이지 | http://blog.daum.net/bookmentor

ISBN 978-89-6319-022-8 44900

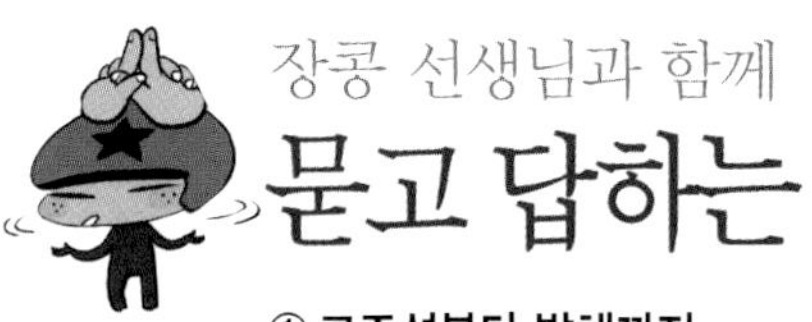

장콩 선생님과 함께

묻고 답하는

① 고조선부터 발해까지

장용준 지음 · 서은경 그림

머리말

역사 저술가 시오노 나나미는 『로마인 이야기』를 쓰면서 다음과 같이 말했습니다.

"역사는 학자들이 말하는 만큼 어려운 것도 아니고 케케묵은 것도 아닙니다. 다만 자신들이 태어난 시대를 열심히 살았던 사람들의 기록입니다. 그것을 아는 것은 그 자체로 재미있습니다. 하지만 그와 동시에, 열심히 살았던 사람들을 앎으로써 지금 현재를 열심히 살려고 하는 우리에게도 생각을 위한 힌트나 재료를 주게 됩니다."

『한국사 인물 카페』를 쓰면서 시오노 나나미의 이 말이 머릿속에 계속 맴돌았습니다. 저 또한 감히 접근할 수 없는 위인들의 위대한 생애만을 기록한 인물사 책은 결코 만들고 싶지 않았습니다. 그저 자신이 살았던 시대를 열심히 꾸준히 살았던 사람들의 삶과 생애를 독자들에게 소개하고 싶었습니다. 그리고 그 속에서 현재를 열심히 살려는 우리(또는 독자 자신)들의 삶을 성찰할 수 있는 기회를 제공하고 싶었습니다.

간혹 선생님, 또는 부모님들이 걱정되는 투로 묻습니다.

"너는 앞으로 어떻게 살래?"

이 속에는 다양한 의미가 담겨 있겠지만, 아주 단순하게 생각해 본다면 "어떤 삶을 지향하며 살래?"라는 의미가 가장 많이 담겨 있을 겁니다. 저는 이 책 속의 인물들이 조금이나마 독자 본인이 지향하고자 하는 삶을 찾아가는 데 등불이 될 수 있다고 생각합니다.

책 속의 인물과 역사 여행을 하면서 때로는 역사 속의 인물이 되어 보기도 하고, 때로는 그들의 삶과 현재 우리의 삶을 비교해 보면서 가깝게는 우리라는 공동체, 멀게는 한국 사회 공동체에 기여하는 삶은 어떤 삶이어야 하는지를 성찰해 보시기 바랍니다. 이 책 속의 인물들이 미래 삶을 위한 정답은 제시해 주지 못하겠지만, 나아가야 할 길을 모색하는 데 도움이 될 만한 끄나풀은 되어 줄 수 있을 겁니다.

우산서실愚山書室에서 장콩 선생이 씁니다.

차례

제 1 장 고조선·고구려의 역사 인물

제 2 장 백제의 역사 인물

제 3 장 신라 · 발해의 역사 인물

단군왕검
기원전 2333년에 고조선을 세우다.

위만
기원전 194년에 준왕을 몰아내고 고조선의 새 왕이 되다.

주몽
기원전 37년에 졸본 지역에 고구려를 세우다.

을파소
고국천왕 때 국상이 되어 진대법을 실시하다.

미천왕
311년에 서안평을 점령하고 낙랑군과 대방군을 차지하다.

광개토대왕
남북으로 가는 곳마다 승리를 거두어, 일생 동안 64개의 성 1,400여 마을을 차지하여 막강 고구려 제국을 건설하다.

제1장

고조선 · 고구려의 역사 인물

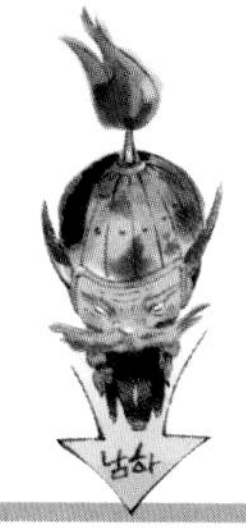

장수왕

남하 정책을 펴서 468년에 신라의 실직성을, 475년에는 백제의 한성을 빼앗다.

을지문덕

612년에 수나라 군 30만 별동대를 살수에서 무찌르다.

연개소문

645년에 당태종의 침입에 맞서 대승을 거두다.

우리 민족 최초의 국가를 세운 단군왕검

나는 우리 민족최초의 나라인 고조선을 세운 사람이에요.
내 이름은 단군왕검으로, 나는 무려 1,908년을 살았어요. 그래서인지 일부 사람들은 나를 실제 인물로 보지 않고 전설 속의 유령 인물로 생각해요.
하지만『삼국유사』를 비롯한 많은 역사서들은 나를 고조선 최초의 임금으로 분명히 기록하고 있어요.
자! 그럼 지금부터 내가 어떤 사람인지
장콩샘과 함께 탐구해 볼까요?

단군과 인연을 맺은 사람들

환인 단군의 할아버지. 하늘 나라를 다스리는 신이다.
환웅 단군의 아버지. 환인의 아들로 인간 세상에 내려와 곰 여자인 웅녀와 결혼하여 단군을 낳았다.
웅녀 본래 곰이었으나, 환웅에게 빌어 여자로 환생했다. 하지만 사실은 곰을 토템으로 믿는 부족의 처녀였다.
호랑이 사람이 되고 싶어 곰과 함께 사람이 되게 해 달라고 환웅에게 빌었으나, 환웅의 요구 사항을 지키지 못해 사람이 되지 못했다. 지금도 호랑이로 살고 있다.

땅으로 내려오는 하늘 신의 아들, 환웅

옛날 옛날 아주 오래전 옛날, 기원전 2300년도 훨씬 더 전의 옛날 이야기예요.

하늘 신인 환인에게 환웅이라는 아들이 있었어요. 그런데 이 아들은 하늘에서 살기보다는 인간 세상에 내려가 사람들과 부대끼며 살기를 원했어요.

환웅은 환인을 날마다 졸랐어요.

"아버지, 저는 인간들과 함께 살고 싶어요. 제발 저를 인간 세상에서 살도록 허락해 주세요."

환웅이 간절히 원하자, 환인은 "널리 인간을 이롭게 하라.[홍익인간]"고 신신 당부를 하며, 인간 세상을 다스리는 증명서인 천부인[天符印] 3개를 주어 땅으로 내려 보냈어요. 환웅은 아버지의 허락을 받자마자, 곧바로 무리 3천여 명을 이끌고 태백산 자락으로 쏜살같이 내려왔어요. 환웅이 데리고 온 무리 중에는 비 내리는 것을 주관하는 관리, 바람을 불게 하는 관리, 구름을 움직이게 하는 관리를 비롯한 여러 관리들이 있어서 곡식과

생명, 질병, 형벌, 선악 등과 같은 인간의 삶에 필요한 360여 가지 일을 담당했어요.

사람이 되려고 하는 곰과 호랑이

태백산 자락으로 내려온 환웅 무리는 그곳에 신의 도시를 꾸미고 열심히 살았어요. 그런데 하루는 곰과 호랑이가 환웅을 찾아와 사람이 되게 해 달라고 손이 발이 되도록 싹싹 빌었어요. 환웅은 처음에는 이들의 요구를 거절했어요. 그러나 워낙 끈질기게 매달리자, 그 정성이 갸륵하여 이들에게 쑥 한 자루와 마늘 스무 쪽을 주면서 당부를 했어요.

"이 신령스러운 쑥과 마늘을 먹으며 100일 동안 햇빛을 보지 말아라. 그러면 사람이 될 것이다."

그날부터 둘은 빛이 들지 않는 동굴 속에 들어가 쑥과 마늘만 먹으며 사람 되기를 간절히 기원했어요. 곰은 잘 참아 21일 만에 여자의 몸으로 다시 태어났어요. 하지만 성질이 급한 호랑이는 약속한 기일까지 참지 못하고 굴 밖으로 나와 버려 사람이 되지 못했어요.

곰의 아들로 태어나는 단군

여자로 다시 태어난 곰은 너무나 기뻤어요. 곰에서 변신한 여자여서 사람들이 '웅녀熊女'라고 불렀어요. 하지만 웅녀에게는 말 못할 고민이 하나 있었어요. 아무리 예쁘게 꾸미고 다녀도 사람들이 눈길을 주지 않았어요. 자신도 다른 여자들처럼 결혼도 하고 아이도 낳고 싶은데, 어느 누구도 말을 걸어 주지 않으니 미치고 환장할 노릇이었어요.

웅녀는 다시 환웅을 졸랐어요.

"아이가 너무 갖고 싶습니다. 아이 하나만 점지해 주십시오."

웅녀가 간절히 원하자, 환웅은 애처롭게 여겨서 몰래 인간으로 변장하여 하룻밤을 그녀와 함께 보냈어요. 그 후 웅녀의 몸에 아이가 들어서서 열 달이 지나 떡두꺼비 같은 건강한 아들을 낳았어요. 이 아이가 고조선의 첫 번째 임금인 단군왕검이에요.

단군이 세운 최초의 국가, 고조선

우리 민족이 세운 최초의 국가는 '고조선'이에요. 단군 이야기를 기록한 가장 오래된 역사책인『삼국유사』에 따르면, 단군은 기원전 2333년에 고조선을 세웠어요.

이후 단군은 아사달로 도읍을 옮겨 1,500여 년 동안 나라를 다스리다가 후손에게 왕위를 물려주고 장당경으로 옮겨 갔어요. 그리고 후에 아사달산에 숨어 들어가 산신이 되었어요. 이때 나이가 1,908세였으니, 인간으로서는 도저히 누릴 수 없는 긴 삶을 살다가 하늘나라로 올라가셨지요.

교과서 속의 단군과 고조선

청동기 문화가 형성되면서 만주 요령 지방과 한반도 서북 지방에는 족장(군장)이 다스리는 많은 부족들이 나타났다. 단군은 이러한 부족들을 통합하여 고조선을 건국하였다.

단군의 고조선 건국은 우리나라의 역사가 매우 오래되었음을 말해 준다. 또, 단군의 건국 사실과 홍익인간의 건국 이념은 우리 민족이 어려움을 당할 때마다 자긍심을 일깨워 주는 원동력이 되었다.

〈중학교 국사 교과서 18쪽〉

우리 민족의 시조가 단군이라는 것을 어떻게 아나요?

우리 민족의 시조 신화인 단군 이야기는 여러 역사책에 기록되어 있어요. 수록된 내용은 책에 따라 약간씩 다르지만, 『삼국유사』, 『응제시주』, 『제왕운기』, 『동국통감』, 『동국여지승람』 등에 실려 있지요.

단군 이야기를 가장 먼저 서술하고 있는 책은 『삼국유사』로, 고려 후기인 13세기에 승려 일연이 쓴 책이에요. 일연은 이 책에 단군 이야기를 쓰면서 중국의 역사서인 『위서』와 우리나라 옛날 기록인 『고기』를 참고하여 쓴다고 기록하고 있어요. 따라서 일연이 살던 시대 이전에 이미 단군 이야기는 기록으로 남아 전승되고 있었음을 알 수 있어요.

고구려 무덤인 각저총 벽면에 그려진 씨름도
나무 밑에 곰과 호랑이가 희미하게 보인다. 고구려 사람들도 단군 신화를 알고 있었다는 증거가 아닐까?

단군 이야기는 뻥튀기가 너무 심한데, 과연 어디까지가 진실이에요?

참 좋은 질문이에요. 단군 신화가 역사적 사실만 담고 있는 것은 절대 아니에요. 하지만 어느 신화든지, 신화 속에는 그 신화가 만들어지던 시대의 역사적 사실이 어느 정도는 담겨 있어요. 따라서 신화를 탄생시킨 사람들의 생각과 논리를 이해하면, 신화 속에서 당시의 역사적 사실을 어느 정도는 찾아낼 수 있어요.

단군 신화에서 찾을 수 있는 역사적 사실로는 어떤 것들이 있나요?

단군 신화를 신화가 나타나던 시기의 고고학적 유물이나 역사 기록을 바탕으로 해석해 보면, 당시 사람들의 생활상을 어느 정도 복원할 수 있어요.

단군의 아버지인 환웅이 하늘에서 내려왔다고 했지요? 옛 사람들은 하늘을 두려워하고 신성스럽게 여겼어요. 그래서 나라를 다스리는 사람들은 어떻게 해서든지 자신의 권위가 하늘로부터 부여받은 신성한 것임을 입증하려 했어요. 단군으로 상징되는 지배 부족도 하늘의 권위를 빌려 무리들을 통치하려 했기에 자신들의 선조가 하늘에서 내려왔음을 은연중에 강조하고 있어요.

하지만 단군 부족의 선조들은 하늘에서 내려온 것이 아니고, 북방에서 내려온 이주민일 가능성이 커요. 고조선은 청동기 문화를 바탕으로 만들어진 국가이고, 그 세력권이 만주와 한반도 북부인데, 이 지역에서 출토되는 청동기 유물들은 죄다 북방 계통이에요.

그런데 왜 이들은 북쪽에서 내려왔으면서 하늘에서 내려왔다고 뻥을 쳤을까요? 그것은 하늘로부터 선택받은 자라고 행세하면서 토착민에 대한 지배권을 강화하려 했기 때문이에요.

환웅이 인간 세상에 내려올 때 하느님인 환인이 "천부인 3개를 주었다."고 한 것도 마찬가지예요. 천부인天符印은 하느님이 환웅을 자신의 대리인으로 땅에 내려 보냈음을 증명하는 증거품이에요. '부符'와 '인印'은 관리의 신분을 나타내는 물건들이지요. 따라서 이 증표는 인간 세상에 대한

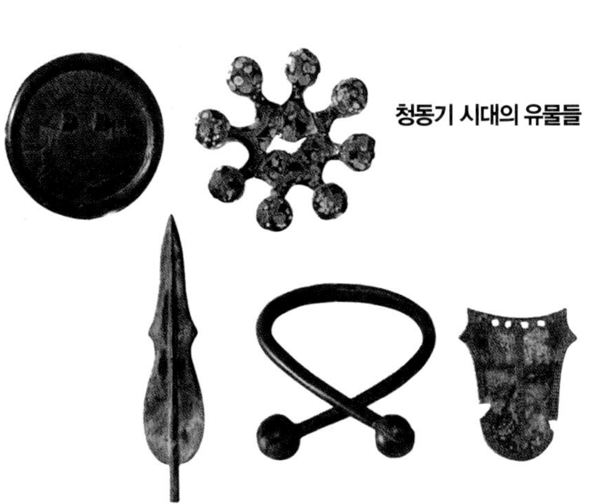
청동기 시대의 유물들

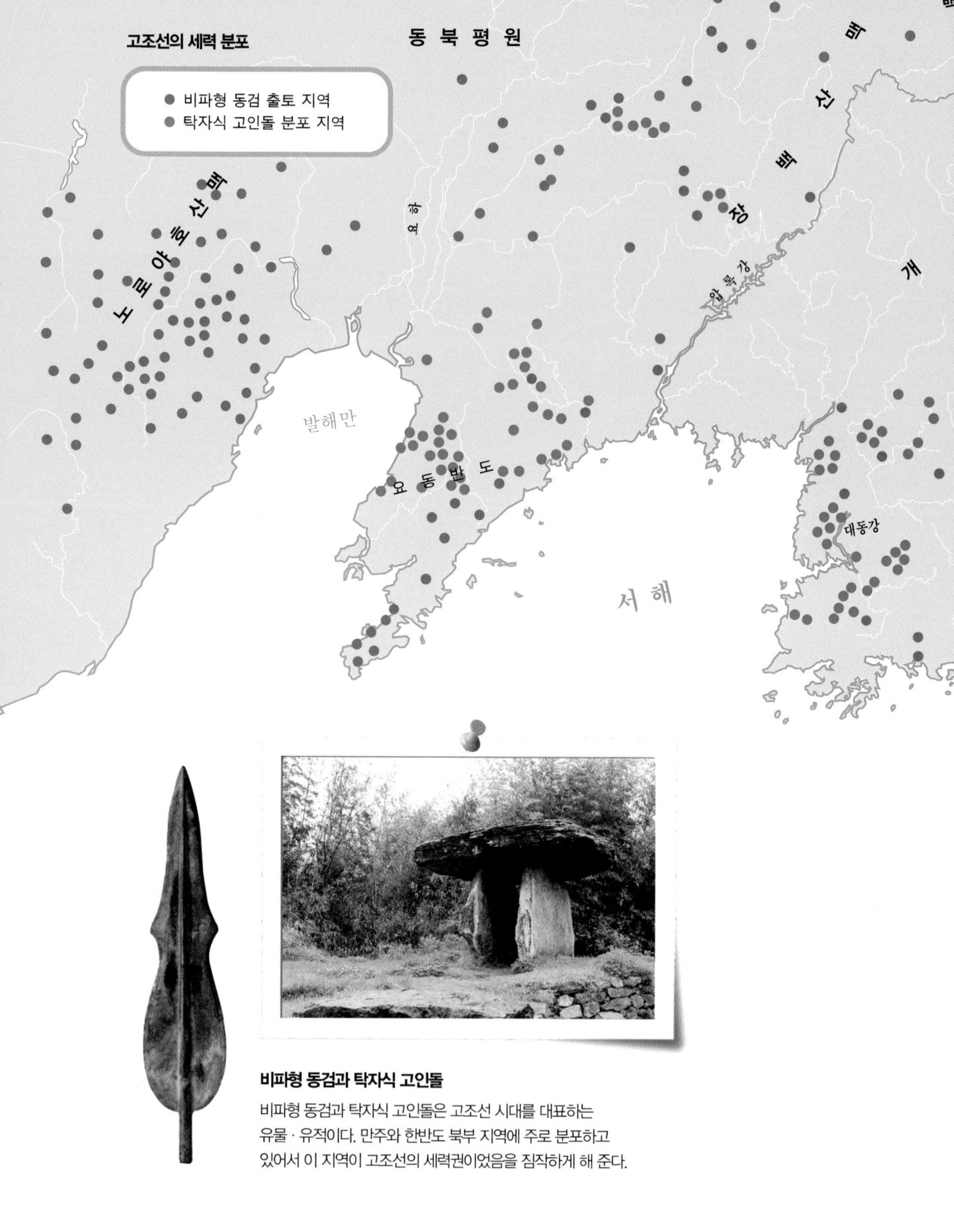

비파형 동검과 탁자식 고인돌

비파형 동검과 탁자식 고인돌은 고조선 시대를 대표하는 유물 · 유적이다. 만주와 한반도 북부 지역에 주로 분포하고 있어서 이 지역이 고조선의 세력권이었음을 짐작하게 해 준다.

환웅의 지배가 하늘의 뜻임을 강하게 나타낸 것이죠. 그런데 천부인 3개가 뭘까요? 확실하게 알 수는 없지만, 청동기 시대에 지배자의 권위를 상징하는 것은 칼과 거울, 굽은 옥이었어요. 따라서 천부인은 청동 검, 청동 거울, 굽은 옥일 가능성이 커요.

환웅이 이끌고 온 무리 중에 비 신, 바람 신, 구름 신이 있지요. 이들의 존재는 고조선이 농업을 기반으로 하는 사회였음을 알 수 있게 해요. 비, 바람, 구름과 같은 자연 현상이 신으로 모셔졌다는 것은 이들이 당시 사회에서 매우 중요한 존재였음을 의미하는 것이고, 비·바람과 같은 자연 현상은 농사가 잘되는 데 반드시 필요한 것이에요.

곰과 호랑이가 사람이 되려 했고, 곰이 여자로 변했다. 가능할까요? 말도 안 되지요. 그런데 여기에도 당시 사회를 알 수 있는 역사적 사실이 숨겨져 있어요.

환웅으로 상징되는 부족이 북방에서 이주해 온 이주민이라면, 곰과 호랑이는 태백산 지역에 아주 오래전부터 살고 있던 토착민 부족들이에요. 즉, 곰을 토템으로 믿는 부족과 호랑이를 토템으로 믿는 부족이 태백산 주변에 살고 있었어요. 이들은 환웅 부족이 신무기인 청동기로 무장하고 북쪽에서 내려오자, 쫓겨나지 않기 위해 함께 사이좋게 살자고 애원을 했어요. 하지만 어찌 된 일인지 환웅 부족은 호랑이 부족은 내치고 곰 부족하고만 짝짜꿍하며 살았어요. 토템 신앙은 부족의 탄생을 특정 동식물과 연결시켜 우상처럼 숭배하는 사상을 말해요.

『삼국유사』에 의하면, 단군은 1,500여 년 동안 나라를 다스리고 1,908살까지 살았어요. 이게 가능한가요? 옛날 사람들은 전부 이렇게 오래 살았나요?

알쏭이도 참! 어떻게 사람이 천 년 넘게 살겠어요. 이 또한 뻥이에요. 단군의 정식 이름은 단군왕검이에요. 단군은 제사장을, 왕검은 정치적 지배자를 뜻하는데, 이 이름은 제정일치 사회였던 고조선 시대에 백성들을 다스리던 군장의 칭호예요. 그렇기 때문에 대를 이어 가며 천 년 이상 살 수 있었죠. 즉, 개인의 이름이 아니라 지배자의 칭호였기에 1,500여 년 동안 나라를 다스린 것처럼 역사책에 기록될 수 있었죠.

우리가 흔히 '고조선'이라고 부르는 나라의 본래 이름은 '조선'이라고 하던데요?

그래요, 알쏭이 말이 맞아요. 일연은 『삼국유사』에서 단군이 세운 조선을 위만 조선과 구별하기 위해 위만 조선보다 앞선 조선이라는 의미에서 '옛 고古'자를 붙여 '고조선古朝鮮'이라 했어요. 따라서 우리가 고조선이라 부르는 우리 민족 최초의 국가는 정식 이름이 '조선'이에요. 위만 조선은 중국에서 고조선 땅으로 들어온 위만이라는 망명객이 단군 조선을 멸망시키고 세운 나라예요.

한편, 1392년에 이성계가 세운 '조선'과 구별하기 위하여 단군이 세운 조선을 '고조선'이라 부르기도 해요.

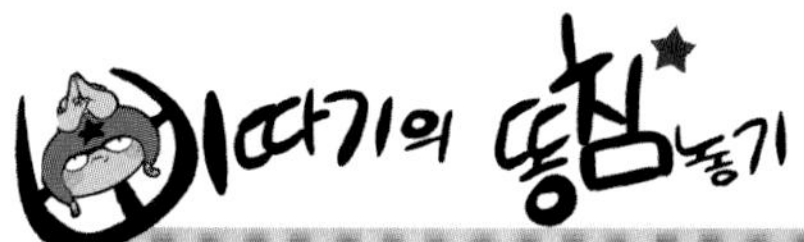

나는 세상을 한없이 삐딱하게 보고 싶은 삐따기야. 세상의 모든 일이 많은 사람들이 맞다고 인정하는 쪽으로 흘러갈 것 같지만, 사실은 그렇지 않아. 우리 사회는 남들과는 다르게 세상을 보고 해석하는 삐따기들 때문에 발전에 발전을 거듭해 왔다고.

에디슨, 콜럼버스, 아인슈타인, 나폴레옹 ……. 세상을 변혁시킨 삐따기들을 대라면 1시간도 넘게 줄줄이 사탕으로 말할 수 있다고.

물론 세상을 삐딱하게만 보는 것이 결코 좋은 것은 아니야. 하지만 말이야, 그렇다고 해서 세상을 너무 평범하게 보는 것 또한 결코 바람직한 것은 아니야.

단군 이야기만 해도 그래. 단군의 할아버지가 하느님이고, 아버지는 하늘신, 어머니는 곰여자라는 이야기를 고조선의 건국 신화라고 해서 무조건 믿어 버려 봐. 결코 발전은 없다고. "과연 그럴까?" 라는 의문 속에 그 속 내용을 뒤집어 봐야 단군이 왜 하늘신을 아버지로, 곰여자를 어머니로 두었는지 파악할 수 있다고.

지금부터 나, 삐따기는 장콩샘이 쓴 인물들을 무조건 삐딱하게 볼 거니까, 여러분도 삐따기처럼 장콩샘과 다른 각도에서 인물들을 살펴봐. 그래야 나만의 인물 읽기가 가능해 진다고.

고조선을 한 단계 업그레이드시킨 위만

나는 단군 조선을 끝장내고 위만 조선을 세운 사람이에요. 역사를 잘 모르는 사람들은 나를 배신자라고 욕하겠지만, 내 이름을 역사에 남기기 위해서는 준왕을 몰아낼 수밖에 없었어요. 그 덕분에 나는 위만 조선의 창업자가 될 수 있었고요.

내 인생에 있어서 한 가지 아쉬운 점이 있다면, 내가 세운 나라가 손자 대에 무너져 버렸다는 거예요. 한나라 놈들만 아니었다면, 혹은 내 손자가 나라를 좀 더 튼튼하게 가꾸었더라면, 천 년 만 년 갔을 터인데, 그러지 못한 것이 너무 아쉬워요. 자! 그럼 지금부터 내가 어떤 사람인지 장콩샘과 함께 탐구해 볼까요?

위만과 인연을 맺은 사람들

준왕 단군 조선의 마지막 왕. 위만에 의해 왕위에서 쫓겨난 후에 남으로 내려가 진국의 왕이 되었다고 전해진다.

우거왕 위만의 손자로 고조선의 마지막 임금이었다.

노관 한나라의 제후국인 연나라의 왕. 위만의 상관이었다. 유방이 죽이려 하자 만리장성을 넘어 흉노 땅으로 도망가 버린다.

연나라 사람 위만이 고조선 땅에 살게 된 이유

고조선의 서쪽에 연나라가 있었어요. 연나라는 한나라의 제후국이었어요. 제후국이 뭐냐고요? 힘이 약한 임금의 경우에 각 지방을 쪼개어 자신에게 충성을 다하는 신하나 왕족에게 나누어 주기도 했는데, 이때 만들어진 지방의 나라들을 제후국이라 해요.

진나라가 멸망기원전 206년한 후에 중국에서는 항우가 이끈 초나라와 유방이 세운 한나라가 중국 땅 전체를 놓고 서로 땅따먹기 전쟁을 벌였어요. 이 전쟁에서 한나라가 승리하여 중국 땅은 유방의 차지가 되었어요.

그런데 문제가 있었어요. 전쟁터에서 생사고락을 함께했던 부하 장수들이 전쟁에서 승리한 대가를 유방에게 요구해 왔어요. 유방은 속이 쓰리고 아팠지만, 군사력을 갖춘 부하들의 요구를 마냥 무시할 수만은 없었어요. 그래서 각 지역을 그들에게 나누어 주었지요. 이때 유방의 어릴 적 친구로 유방과 함께 전쟁터를 누비고 다녔던 노관도 북쪽 지역을 하사받아 나라를 세웠으니, 이 나라가 바로 연나라예요.

그런데 생각해 보세요. 유방의 힘이 강했다면 신하들에게 땅을 나눠 줬겠어요? 그는 부하들을 완전히 제압할 수 없어 땅을 나누어 주었지만, 힘을 조금씩 확대하여 '썬 파워'가 된 후에는 땅들을 다시 회수하기 시작했어요.

물론 유방의 이러한 조치에 반항하는 제후들도 있었지요. 하지만 유방은 눈 하나 깜짝하지 않고 제후국들을 전부 없애 버렸어요. 연나라를 세운 노관도 이때 유방의 토지 회수 정책에 반발하다가, 자신이 죽을 위기에 처하자 만리장성을 넘어 흉노 땅으로 도망갔어요.

위만은 노관의 부하였어요. 모시던 상관이 흉노 땅으로 달아나자, 위만 또한 독자적으로 살길을 찾아야 했어요. 주변을 둘러보니 자신이 갈 곳은 바로 옆에 있는 고조선뿐이었어요. 당시 고조선은 준왕이 다스리고 있었는데, 위만은 자신을 따르는 무리 1천여 명을 데리고 준왕에게 가서 고조선 땅에서 살게 해 줄 것을 간청했어요. 중국의 역사책인 『삼국지』[*] 위나라 편에 다음과 같은 이야기가 나와요.

"위만은 준왕에게 중국 망명인으로서 '조선을 지키는 병풍이 되고자 한다.'고 간청했고, 준왕은 은혜를 베풀어 위만을 서쪽 변방을 지키는 우두머리로 임명했다."

위만이 고조선 왕인 준왕에게 "제가 조선을 지키는 선봉장이 되겠으니, 저희 무리를 고조선 땅에서 살게 해 주십시오."라고 하니, 준왕이 "그래라." 하면서 중국 세력을 막을 수 있게 서쪽 변경 지역을 지키는 장수로 임명했다는 이야기지요.

아무튼 이렇게 해서 위만은 중국 연나라의 장수에서 고조선 장수로 변신하여 고조선 땅에 살게 되었어요.

* 3세기 후반에 진나라 학자 진수가 편찬한 역사서. 삼국(위 · 촉 · 오) 시대를 기록한 역사책으로, 위나라 편에 우리 민족과 관련된 다양한 이야기가 수록되어 있다.

고조선의 왕이 된 위만

고조선의 서쪽 국경 지역을 지키는 장군으로 있던 위만은 점차 준왕의 신임을 얻으며 자신의 세력을 불려 나갔어요. 준왕은 위만이 일을 매우 잘하자, 흡족해하며 그를 더욱 우대해 주었어요. 하지만 위만은 야심가였어요. 자신의 지지 기반을 강하게 만들더니, 급기야는 준왕을 몰아

내고 고조선의 왕이 되려고 했어요.

마침내 때가 왔어요. 기원전 194년, 위만은 준왕 몰아내기 작전을 꾸며 행동으로 옮겼어요. 그는 준왕에게 사람을 보내 한漢나라 군대가 무리를 지어 쳐들어오니, 자신이 왕을 지키겠다며 거짓 보고를 한 후에 군사를 데리고 수도인 왕검성으로 갔어요. 그러고는 준왕을 쫓아내고 자신이 왕이 되었어요. 이로써 기원전 2333년에 탄생하여 2천 년을 넘게 유지해 온 단군 조선은 막을 내리고, 위만과 그의 후손들이 다스리는 위만 조선이 탄생하게 되었어요.

위만 조선은?

위만에 의해 새롭게 탄생한 위만 조선은 기원전 2세기 후반에 한나라와 쌍벽을 이룰 정도로 큰 나라가 되었어요. 이 시기는 위만의 손자인 우거왕이 다스리던 시대로, 중국으로부터 수입하여 사용했던 철제 무기와 농기구들을 자체 제작하면서 생산력과 군사력을 확대하여 큰 나라로 발전할 가능성을 열어 놨어요. 또한 한나라와 한반도 남부 지역에 있던 부족 국가들 사이에서 중계 무역을 하며 큰 이득을 취하여 경제적으로 부자 국가가 되었어요.

고조선이 이렇게 발전하자 한나라는 두려움을 느꼈어요. 국경선을 맞대고 있는 나라가 세력을 확장하는데 위협을 느끼지 않을 나라가 세상에 어디 있겠어요?

당시 한나라는 무제武帝가 집권하고 있었는데, 무제는 한나라를 세계 제국으로 발전시킨 능력 있는 임금이었어요. 그는 고조선의 발전이 한나라에 위협이 된다고 생각했어요. 그래서 고조선이 더 성장하기 전에 짓밟아 놓으려고 기원전 109년에 고조선 땅에 군사를 파견했어요. 국경선을 넘어 한나라 군대가 쳐들어오자, 고조선은 왕과 백성들이 굳게 뭉쳐서 약 1년 동안 한나라를 상대로 잘 싸웠어요. 하지만 우거왕이 한나라의 계략에 넘어간 신하들의 손에 살해당하며, 고조선은 기원전 108년에 멸망하고 말았어요. 이렇게 해서 우리 민족 최초의 국가인 고조선은 역사의 무대 저편으로 영원히 사라지고 말았어요.

위만과 위만 조선

기원전 2세기경, 서쪽 지방에서 세력을 키운 위만이 준왕을 몰아내고 고조선의 왕이 되었다(기원전 194). 이 시기에 철기 문화가 확산되면서 고조선은 이를 바탕으로 주위의 여러 부족을 통합하여 세력을 크게 확장하였다. 또, 한반도 남부 지방에 위치한 진의 여러 나라와 중국의 한 사이에서 중계 무역을 하면서 경제적인 이익을 얻어 부강해졌다.

고조선이 강성해지면서 한에 대항하는 세력으로 커 가자, 한은 대군을 보내어 수도인 왕검성을 포위, 공격하였다. 위만의 손자인 우거왕은 막강한 한의 대군을 맞아 1년 동안 버티면서 잘 싸웠으나, 결국 왕검성이 함락되고 고조선은 멸망하였다(기원전 108).

〈중학교 국사 교과서 19쪽〉

위만이 집권할 무렵에 고조선의 세력 범위는 어느 정도였나요?

호랑이 담배 피던 시절만큼이나 오래전에 나타난 국가인 고조선의 영역을 추정하는 것은 참으로 어려워요. 하지만 학자들은 고고학적 자료와 역사 기록을 바탕으로 고조선의 영역을 요하의 동쪽 지역부터 한반도 북부 지역으로 생각하고 있어요. 다음의 지도가 학자들이 일반적으로 생각하는 고조선의 세력 범위예요.

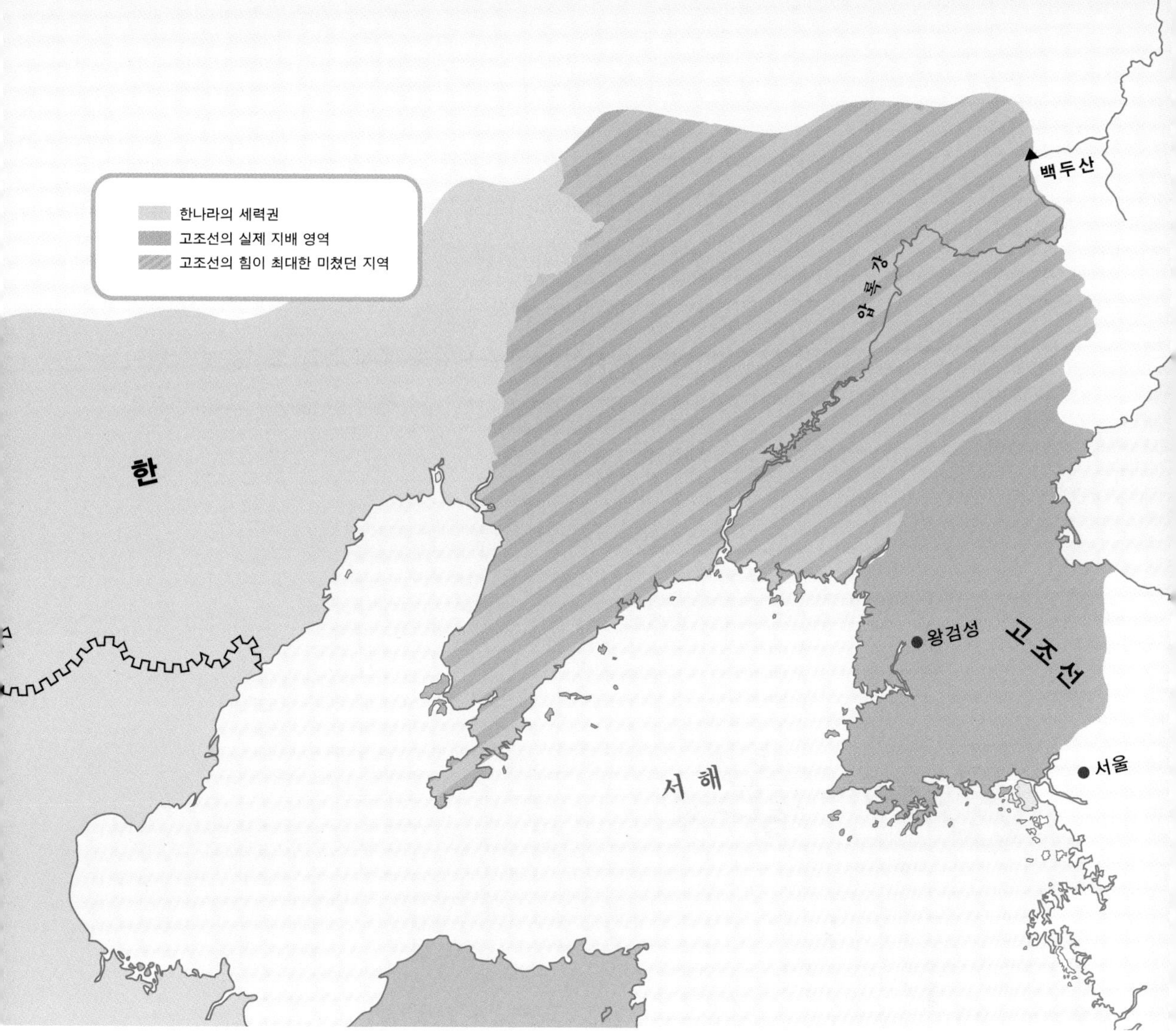

위만 조선 시절의 고조선 영역도(기원전 5~2세기)

위만 조선을 세운 위만은 중국 사람인 것 같은데, 왜 위만 조선을 우리 민족의 국가라고 하나요?

위만은 중국 노나라에서 관리를 했던 사람으로, 노나라가 멸망하자 신변에 위협을 느껴 고조선 땅으로 도망쳐 온 망명객이에요. 따라서 위만을 자칫하면 중국 사람으로 오해할 수도 있어요. 하지만 위만과 그가 이끌고 온 무리는 분명 우리 민족이에요. 왜 그러냐고요?

위만 일행은 상투를 틀고 조선인의 옷을 입고 있었어요. 또한 왕이 된 뒤에 나라 이름을 바꾸지 않고 기존에 사용했던 '조선'을 그대로 사용했어요. 그리고 준왕 밑에서 관리를 했던 사람들 중 일부가 위만 조선 시대에도 높은 관직에 있었으며, 토착민 출신 가운데 높은 지위에 오른 자가 상당히 많았어요. 이러한 사실로 보았을 때에 위만 조선은 중국인이 세운 중국 정권이 아니라, 단군 조선을 계승하여 발전시킨 우리 민족의 나라였음이 분명해요.

위만이 다스리던 고조선은 크게 발전했지만, 나는 위만을 배신자라고 생각해. 어떻게 자신을 믿고 크게 써 준 사람을 단칼에 쫓아낼 수가 있어? 이런 사람을 용서해 주면, 도덕과 의리가 땅에 떨어진다고.

"꿈은 이루어진다."를 몸소 실천한 주몽

나는 고구려를 세운 추모왕이에요. 하지만 사람들은 나를 주몽왕이라 불러요. 내가 활을 잘 쏘아서 그렇게들 부르지요. 내 고향 부여에서는 활 잘 쏘는 사람을 주몽이라 하거든요.

내 아버지는 하늘의 왕자 해모수였고 어머니는 물의 신인 하백의 딸 유화 부인이에요. 그러다 보니 나는 조금은 특별나게 태어나야 했어요.

나는 보통 사람들과 다르게 알에서 태어났지요.

자! 그럼 지금부터 내가 어떤 사람인지 장콩샘과 함께 탐구해 볼까요?

주몽과 인연을 맺은 사람들

유화 부인 주몽의 어머니. 지혜가 출중하여 부여 최고의 명마를 주몽의 말이 되게 했다.

대소 주몽을 죽이는 데 앞장선 부여의 왕자. 금와에 이어 부여의 왕이 된 후 고구려와 경쟁했다.

소서노 졸본 지역을 다스리던 연타발의 딸. 주몽의 두 번째 부인이 되어 고구려 건국에 큰 공을 세웠다.

오이 · 마리 · 협부 주몽의 친구들. 주몽과 생사고락을 함께 했다.

송양왕 비류국의 왕. 지략 대결에 져서 나라를 주몽에게 빼앗겼다.

주몽? 추모?

고구려를 세운 주몽의 본명은 '추모鄒牟'예요. 장수왕 시대에 만들어진 광개토대왕릉비의 첫 머리는 이렇게 시작하고 있어요.

"시조 추모왕이 처음 나라를 세우심은 이러하다. 그의 부친은 하느님의 아들이며, 어머니는 물의 신인 하백의 따님이시다. 알에서 깨어 세상에 내려오시니 태어나심에 성스러운 덕이 있었다."

그런데 왜 우리는 고구려의 시조를 주몽이라고 할까요? 그것은 추모가 너무 활을 잘 쏴서 본명보다 별명이 더 유명해졌기 때문이에요. '주몽'은 부여족 언어로 활 잘 쏘는 사람을 뜻해요.

부여에서 태어난 주몽

주몽은 본래 부여 사람이었어요. 부여에서 주몽이 태어난 시기는 기원전 1세기로, 당시 부여의 임금은 금와였어요. 하루는 금와가 사냥을 나갔다가 태백산 남쪽의 우발수 곁에서 한 여자를 만났어요. 아리따운 여인네가 홀로 숲속에 있는 것을 이상하게 여긴 금와는 여자를 불러 말을 걸었어요.

"왜 이처럼 깊은 산속에 홀로 있느냐?"

"저는 물의 신인 하백의 딸 유화로 동생들과 함께 육지로 소풍을 나왔다가 하늘신의 아들인 해모수를 만나 사랑을 나누게 되었습니다. 그런데 아버지인 하백이 결혼을 허락하지 않아서 낭군이신 해모수가 저를 버리고 하늘로 올라가 버렸습니다. 그 후 제 몸에 아기가 들어섰는데, 아버지가 처녀의 몸으로 잉태했다면서 저를 육지로 쫓아냈습니다. 그래서 이처럼 정처 없이 숲속을 헤매고 있습니다."

금와는 유화가 불쌍해서 궁궐로 데리고 왔어요. 얼마 뒤 유화의 배가 남산만 해지더니 아이를 낳았는데, 새처럼 알로 낳았어요. 금와는 나쁜 징조라고 생각하여 그 알을 길바닥에 버리라고 했어요. 그런데 웬걸요,

소와 말이 피해 갔으며, 들판에 버리니 새들이 날아와 보호해 주었어요. 금와는 알을 깨버리려 했으나 깨지지도 않아서 하는 수 없이 알을 유화에게 돌려주었어요. 유화가 정성껏 보살폈더니, 사내아이가 알을 깨고 나왔어요. 이 아이가 주몽이에요.

주몽은 어렸을 때부터 활을 잘 쏘고 재주가 많아 금와왕이 아주 예뻐했어요. 그래서 그는 금와의 자식들인 일곱 왕자와 함께 궁궐에서 '엄친아'로 성장했어요.

새 나라를 세우기 위해 부여를 떠나는 주몽

고려시대 문장가인 이규보가 주몽왕의 일대기를 대서사시로 엮어 놨어요. 시의 제목이 「동명왕편」이지요.

이 시에 따르면, 주몽은 너무 재주가 뛰어나서 금와의 일곱 왕자들에게 왕따를 당했어요. 특히 금와를 이어 부여의 왕이 될 첫째 왕자 대소가 주몽을 매우 싫어했어요. 하루는 대소가 아버지에게 주몽을 죽이겠다고 말했어요.

"아버지, 주몽을 죽이도록 허락해 주십시오. 놈은 힘이 장사이고 재주가 비상하여, 지금 처치하지 않으면 뒷날 반드시 우리를 배신할 겁니다."

하지만 금와는 주몽의 재주를 너무나 아꼈기에 허락하지 않고 대신 왕실의 말을 기르는 목장지기로 임명하여 궁궐 밖에서 살도록 했어요.

목장에서의 하루하루 생활은 위태롭기 그지없었어요. 언제 왕자들이 자기를 죽일지 몰랐거든요. 결국 주몽은 부여를 떠나기로 결심하고 어머니에게만 자신의 생각을 전했어요.

"어머니, 왕자들이 저를 괴롭히고 임금마저 의심하니, 저는 이곳에서 오래 살지 못할 것 같습니다. 남쪽 지역에는 큰 나라가 없다고 하니, 그곳에 가서 나라를 세우고 싶습니다."

주몽의 말을 들은 유화 부인은 말 한 마리를 골라 주며, 혓바닥에 바늘을 꽂아 두게 했어요. 먹이를 먹지 못하게 만들어 빼빼 마르게 할 작정이었지요.

하루는 금와가 목장을 방문했어요. 말들이 활기차게 뛰어 놀아 마음이 흡족했는데, 유독 한 마리만 축 처져 있었어요. 혓바닥에 바늘을 찔러 놓은 말이었지요. 금와는 이 말을 주몽에게 주었어요. 유화 부인의 계책이 맞아떨어지는 순간이었지요. 주몽은 그제서야 말의 혓바닥에 꽂아놓은 바늘을 빼내고 이 말을 열심히 훈련시켜 부여 최고의 명마로 만들었어요. 그리고 마침내는 말을 타고 자신을 따르는 오이 · 마리 · 협부 등과 함께 새 나라를 세우기 위해 남쪽으로 내려갔어요.

주몽이 도망친다는 이야기를 전해 들은 대소를 비롯한 왕자들은 급히

군사를 보내 주몽의 뒤를 쫓았으나, 주몽은 무사히 탈출하여 졸본 지역에 도달했어요.

「동명왕편」에 따르면, 주몽이 부여에서 도망쳐 나올 때에 엄체수라는 강을 만나 추격해 오는 대소의 군사들에게 붙잡힐 뻔했대요. 이때 주몽은 하늘에 대고 이렇게 소리쳤어요.

"나는 하느님의 손자이자, 물의 신인 하백의 외손자요. 위기를 만나 여기까지 왔으니, 하늘신과 땅 신은 나를 위하여 속히 배와 다리를 마련해 주시오."

이렇게 외치며 활로 물을 치니, 자라들이 떠올라 다리를 만들어 주었어요. 그래서 대소 군사들의 추격에서 벗어날 수 있었지요. 꿈같은 이야기여서 믿을 수 없지만, 주몽을 도와주는 사람이 사방곳곳에 있었음을 알 수 있게 해 주는 이야기예요.

소서노의 도움으로 졸본 지방에서 고구려를 건설하는 주몽

주몽이 도착한 곳은 졸본천 주변의 졸본 지역이었어요. 이 지역은 현재 중국 요령성 환인현으로, 고구려의 첫 번째 수도였던 오녀산성이 있

오녀산성

높다란 절벽 위의 분지에 만든 오녀산성. 학자들은 이곳을 고구려의 첫 수도로 짐작하고 있다.

는 곳이에요.

당시 졸본의 지배자는 연타발이었는데, 그에게 딸이 하나 있었으니, 소서노였어요. 소서노는 우태와 결혼했지만, 남편이 일찍 죽는 바람에 과부로 살고 있었어요. 주몽은 부여에서 이미 결혼을 한 유부남이었으나, 그는 자신의 세력을 확장하기 위해 소서노와 다시 결혼을 하여 그녀의 적극적인 도움 속에 졸본 지역 전체를 장악, 고구려를 세웠어요. 이 때가 기원전 37년으로, 주몽의 나이 22세 때였어요.

그런데 주몽이 세운 고구려의 발전에 걸림돌이 되는 것이 하나 있었어요. 인접한 지역에 송양왕이 다스리는 비류국이 있었는데, 주몽의 판단으로는 이 나라와 합쳐야만 고구려가 대국으로 성장할 수 있을 것 같았어요. 그래서 그는 담판을 지으려고 송양왕을 만났어요. 송양왕이 먼저 말을 걸어 왔어요.

"이곳은 땅이 작아 두 임금이 있을 수 없고, 그대는 나라를 세운 지 얼마 되지 않으니, 나를 섬기는 것이 마땅하지 않겠는가?"

"나는 하늘신과 물의 신의 자손이오. 그대가 나를 받들지 않으면 하늘이 노하고 땅이 노할 것이오."

이렇게 두 사람은 서로 자기가 왕이 되겠다고 말씨름을 했어요. 그러나 서로 양보하지 않아 하는 수 없이 둘은 재주를 겨루어 우세한 자가 왕이 되기로 합의하고 활쏘기 시합을 했어요.

활쏘기에서 송양왕이 어떻게 주몽을 당해 낼 수 있겠어요? 당연히 주몽이 승리했지요. 화가 난 송양왕이 자신의 패배를 인정하지 않고 다시 말했어요.

"우리 나라가 훨씬 오래되었는데, 이제 막 생긴 나라에 복종할 수는 없다. 네가 내 밑으로 들어와라!"

주몽은 고민했어요. 송양왕을 순순히 굴복시키고 싶은데, 방법이 영 마땅치 않았어요. 그럴 때에 신하인 부분노가 참신한 아이디어를 제공했어요.

"제가 임금님을 위하여 비류국이 자랑하는 오래된 북과 나팔을 훔쳐 오겠습니다."

"남의 나라 보물을 네가 어떻게 훔쳐온단 말이냐?"

"임금님이 나라를 세운 것은 하늘의 뜻인데 어찌 못 가져오겠습니까? 제가 부하들을 이끌고 가서 반드시 가져오겠습니다."

아니나 다를까, 부분노는 부하 둘을 데리고 몰래 비류국에 잠입하여 비류국이 자랑하는 보물인 북과 나팔을 가지고 왔어요.

주몽은 이 보물들에 숯과 검댕을 칠해 마치 고구려가 비류국보다 더 오래된 나라인 것처럼 위장했어요. 하지만 송양왕은 이번에도 주몽의 부하가 되는 것을 거절하며, 살고 있는 궁궐의 연륜을 따져서 우위를 가리자고 했어요. 그러자 주몽은 썩은 나무로 기둥을 삼은 궁궐을 급하게 지어서, 자신의 궁궐이 송양왕의 궁궐보다 오래전에 만들어진 것처럼 위장하여 송양왕의 입을 봉해 버렸어요.

이 정도면 송양왕도 굴복할 법한데, 그는 그래도 반발하며 주몽의 애간장을 태웠어요. 결국 주몽은 최후의 방법으로 흰 사슴을 잡아 거꾸로 매달아 놓고 사슴에게 엄포를 놓았어요.

"만약 하늘이 비를 내려 비류국을 물바다로 만들지 않는다면, 나는 너를 놓아 주지 않겠노라. 그러니 네가 살고 싶으면 하늘에 호소하여 장대비를 내리게 해라."

고구려 사람들은 사슴뿔을 하늘과 교신하는 안테나로 생각했던 모양이에요. 사슴이 슬피 울며 하늘에 호소하니, 굵은 비가 7일 동안 내려 비류국 전체를 물바다로 만들어 버렸어요. 이때 주몽은 오리를 타고 있다가 채찍으로 물을 쳐서 비가 더이상 내리지 않도록 했어요.

나라 전체가 물바다가 되어 노심초사하고 있던 송양왕은 주몽이 신통력을 부려 비를 멈추게 하자, 마침내 승복하여 주몽 밑으로 들어왔어요. 이제 주몽이 세운 고구려는 졸본 지역 전체를 관장하는 큰 나라로 변신하여 번영의 발판을 다질 수 있었어요.

고구려 건국 모습

고구려는 삼국 중에서 가장 먼저 나라의 모습을 갖추었다. 고구려의 지배 세력은 부여 계통의 이주민이었으며, 압록강 지류인 동가강 유역의 토착민들과 힘을 합하여 나라를 세웠다(기원전 37).

〈중학교 국사 교과서 33쪽〉

 **주몽왕을 동명성왕이라고도 하던데, 왜 그런가요?**

알쏭이가 무척 많은 것을 아네요. 그래요. 현재 전해지고 있는 우리나라 역사서들 중에서 가장 오래된 역사서인 『삼국사기』에 주몽을 동명성왕이라 써 놨어요. 이규보가 지은 「동명왕편」에도 동명왕이라 써 있고요. 그러나 엄밀히 따지면, 동명왕은 주몽이 아니에요. 부여를 세운 건국 시조의 이름이에요.

그런데 왜 고구려 사람들은 주몽을 동명왕이라 했을까요? 그것은 고구려 사람들이 건국 시조 주몽을 높이기 위해 부여 건국의 아버지인 동명왕의 이름을 빌려 써서 그래요. 자기 나라보다 더 오래된 나라의 건국 시조 이름을 은근슬쩍 빌려 써서 자기 나라의 위상을 높이려 한 것이죠.

주몽은 알에서 태어났고, 하늘의 힘을 빌려 자라 다리를 만들어 위기를 극복하는데, 이게 가능한 일인가요?

주몽의 고구려 건국 신화는 고구려 사람들에 의해 이미 그 뼈대가 만들어졌어요. 고구려 사람들은 자신들의 시조가 하늘로부터 나라를 세우라는 명을 받았다는 정당성을 부여하기 위해 극적인 요소를 집어넣어 건국 신화를 만들었어요. 또한 이 내용은 고구려 사람들이 선민의식을 가진 민족임을 알 수 있게 해요. 선민의식이란 '하늘로부터 선택받은 민족'임을 나타내는 사상이에요.

어느 나라건 건국 신화는 과장이 심해서 있는 그대로 믿을 수 없어요. 하지만 신화의 내용을 잘 분석해 보면, 당시의 역사적 사실을 어느 정도는 파악할 수 있어요. 예를 들어 주몽이 알에서 태어났다는 것에서 고구려 사람들이 선민의식을 가진 민족임을 짐작할 수 있어요. 옛날 사람들은 '새들은 날개가 있어서 하늘을 자유자재로 날아 다니기에 하늘과 인간을 연결해 주는 중간자 역할이 가능하다.'고 생각했어요. 따라서 주몽이 하늘로부터 내려왔다는 것을 입증하려면 새처럼 날개가 있어야 하는데, 이걸 증명하기 위해 알에서 태어났다고 뻥을 친 거예요. 인간은 엄마 뱃속에서 아이로 태어나지만, 새는 알을 깨고 나오잖아요. 또 주몽이 목장지기였다는 것은 부여가 유목 사회였음을 알려 주는 단서가 돼요. 여기에 소서노와의 결혼은 이주민인 주몽 세력과 소서노로 상징되는 토착 세력의 연합으로 고구려가 탄생했음을 보여 주고 있어요. 이처럼 신화의 내용을 하나하나 면밀하게 분석해 보면, 당시의 사회상을 아주 희미하게나마 그려 낼 수 있어요.

그런데 주몽은 왜 나라 이름을 '고구려'라 했나요?

참 어려운 질문이네요. 정확하지는 않지만 학자들 중의 일부는 '고高'는 으뜸을 뜻하고, '구려句麗'는 구루構樓에서 파생된 말로 생각해요. 구루는 고구려 말로 '고을'을 뜻해요. 따라서 고구려는 '큰 고을'이라는 의미라고 할 수 있어요. 하지만 이와 같은 어원 분석은 일부 학자들의 주장이기에 정확하다고 말할 수는 없어요.

주몽왕의 고구려 건국 신화를 보면, 주몽은 나라를 다스리는 정치적 지배자이기보다는 무당처럼 보이는데 왜 그럴까요?

알쏭이 눈이 정말 예리하네요. 아주 잘 보았어요. 샘이 생각하기에도 주몽왕은 나라의 정치를 담당하는 왕이기보다는 하늘에 제사 지내고 하늘의 명을 받아 백성들에게 전해 주는 예언자, 즉 무당이었던 것 같아요. 하지만 이것은 결코 이상한 일이 아니에요. 청동기 시대에 지배자가 등장한 이후, 세계 어느 나라건 정치와 종교가 분리되기 전까지는 종교 지도자가 정치까지 담당했어요. 단군도 그랬고 주몽, 신라의 건국자 박혁거세, 석탈해 등이 모두 하늘에 지내는 제사를 주관하는 제사장으로서 정치 지도자 역할까지 동시에 했던 사람들이에요.

우리 역사에서 정치와 종교가 분리되는 현상은 삼한시대 소도를 관장했던 천군에서 찾을 수 있어요. 삼한에서는 정치만을 담당하는 신지, 견지의 힘이 강화됨에 따라 제사장인 천군은 정치에서 손을 떼고 하늘에 제사를 지내는 고유 업무만을 담당하게 되었어요. 그러나 정치 지배자들인 신지, 견지는 천군의 힘을 완전히 무시할 수 없었기에 자신들과의 갈등을 최소화할 수 있는 완충 지대로 천군이 관장하는 소도를 인정해 주었지요.

삼한의 소도는 신성 지역으로 제사장인 천군의 관할 구역이었어요. 그래서 범죄자가 이곳으로 도망가더라도 신지, 견지가 붙잡아 올 수 없었어요.

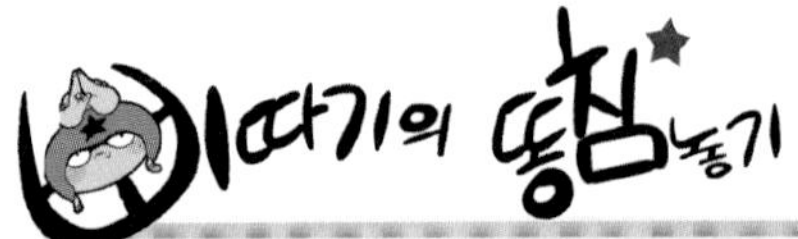

나는 말이야, 주몽이 진짜 웃긴 사람인 것 같아. 알에서 태어난 것도 웃기지만, 어떻게 하늘에 말을 해서 자라가 다리를 놔 주게 했냐고? 하기야 모세도 하늘에 말해서 바닷물을 갈라지게 만들었다고 하니, 모세의 기적을 믿는다면 주몽의 기적도 믿어야겠지. 하지만 말이야, 주몽의 전설 같은 건국 신화는 후손들이 살을 붙여 지어낸 이야기지 결코 사실일 수는 없어.

고구려에서 부여신으로 섬겨진 유화 부인

나는 주몽의 어머니, 유화 부인이에요. 내 아버지는 물의 신인 하백님이시고요. 저는 처녀의 몸으로 하늘신의 아들 해모수와 사랑을 나눴다가 아버지의 미움을 사서 육지로 쫓겨났어요. 이런 저를 부여의 왕 금와님이 구해 주셔서 부여 궁궐에서 평생을 살았어요. 하지만 내 아들 주몽은 부여 왕자들의 질투 때문에 부여 땅에서 살지 못하고 남쪽으로 내려가서 고구려를 건설해야 했어요.

자! 그럼 지금부터 내가 어떻게 주몽을 낳았는지 장콩샘과 함께 탐구해 볼까요?

유화 부인과 인연을 맺은 사람들

하백 물의 신으로 유화의 아버지.

금와 부여의 왕으로 유화 부인의 생명을 구해 준 은인이자 주몽의 대부이다.

주몽 유화 부인의 아들. 유화 부인의 지혜 덕분에 부여에서 무사히 탈출하여 고구려를 세울 수 있었다.

해모수 하늘신의 아들로 유화 부인과 첫사랑을 나눈 연인. 그러나 유화의 아버지인 하백의 시험에 화가 나서 유화를 버리고 하늘로 올라가 버린다.

고구려에서 신으로 섬겨진 유화 부인

고구려에서는 매년 10월에 온 동네 사람들이 모두 참여하는 축제를 열었어요. '동맹'이라고 불린 이 행사가 열리면, 고구려 사람 모두는 주몽왕과 그의 어머니인 유화 부인을 신으로 모시고 성대한 제사를 지내며, 춤추고 노래했어요.

물의 신, 하백의 딸이었던 버들꽃 처녀

고구려에서 주몽과 함께 신으로 모셨던 유화는 바다와 강을 다스리는 물의 신 하백의 첫째 딸이었어요. 하백에게는 딸이 셋 있었는데, 첫째가 유화, 둘째가 훤화, 셋째가 위화였어요. 유화는 우리말로 풀어 쓰면 버들꽃이에요. 몽골에서는 지금도 버드나무를 '샤먼의 나무'라 하여 신성시하고 있어요. 훤화는 원추리꽃으로, 사내아이를 많이 낳은 부인을 상징하는 꽃이에요. 위화는 갈대꽃으로, 물에서 태어난 미의 여신을 상징해요. 따라서 하백의 딸들은 모두 미모가 출중하게 아름다웠을 뿐만 아니라, 지혜 또한 남달랐어요.

그런데 하루는 세 처녀가 육지로 소풍을 나갔어요. 준비해 간 도시락을 맛있게 먹고 물가에 앉아 따스한 햇볕을 쬐고 있는데, 이곳을 지나가던 해모수가 자매들의 아리따운 모습에 반해 버렸어요. 그는 자신을 하늘신의 아들이라고 소개하면서 세 자매를 정중하게 궁궐로 초대했어요. 유화 자매는 F4보다 열 배는 더 멋지게 생긴 젊은이가 궁궐로 자신들을 초대하자, 별다른 의심을 하지 않고 해모수를 따라가 함께 즐겁게 놀았어요.

그런데 큰일이 났어요. 날이 저물어 세 자매가 집으로 돌아가려 하자, 해모수가 갑자기 궁궐 문을 닫으며 자매들을 못 가게 붙잡았어요. 둘째인 훤화와 셋째 위화는 궁궐 밖으로 간신히 탈출했으나, 유화는 해모수에게 붙들려 버렸어요. 애지중지 키운 딸인 유화가 떠돌이 청년에게 붙잡혔다는 말을 들은 하백은 몹시 화를 내며 해모수에게 사람을 보냈어요. 해모수가 말했어요.

"나는 하늘신의 아들로 지금 당신의 딸인 유화와 결혼을 하려고 하니 허락을 해 주시오."

하백이 생각하기에 하늘신의 아들이 자신의 딸과 혼인을 하면 그 또한 좋을 것 같았어요. 그래서 다시 사람을 보내 깊은 물속에 있는 자신의 궁궐로 유화와 함께 오도록 했어요.

다섯 마리의 용이 끄는 마차를 타고 해모수는 하백의 궁궐로 들어왔어요. 산해진미를 차려 놓고 기다리던 하백이 말했어요.

"네가 하늘신의 아들이라면 나에게 그 증거를 보여 달라."

그러자 해모수는 하백에게 둔갑술로 이를 증명하겠다고 말했어요.

하백은 순식간에 잉어로 둔갑해 연못에서 천천히 헤엄치며 놀았어요. 이것을 본 해모수는 수달로 변하여 잉어를 잡아먹으려 했어요. 깜짝 놀란 하백이 사슴으로 변하여 뛰어가자, 해모수는 늑대가 되어 사슴을 쫓아갔어요. 다시 하백이 꿩으로 변하자, 이번에는 해모수가 매가 되어 꿩을 낚아채려 했어요. 결국 용호상박의 변신술 대결은 하늘신의 아들인 해모수의 KO승으로 끝나고 말았어요.

하백은 해모수의 다양한 능력에 크게 만족해하며 그를 사위로 인정했어요. 하지만 하백은 혹시 몰라 다시 한 번 해모수를 시험해 보았어요. 해모수가 술에 크게 취하여 잠에 곯아떨어지자, 하백은 부하들에게 명령하여 어느 누구도 빠져나올 수 없는 가죽 자루 속에 해모수를 넣고 하늘 높이 매달아 버렸어요.

해모수가 잠에서 깨어 보니, 어두컴컴한 가죽 자루 속에 자신이 갇혀 있었어요. 깜짝 놀라 허둥거리고 있는데, 밑에서 하백의 목소리가 들려왔어요.

"네가 하늘신의 아들이라면, 너는 충분히 그 자루 속에서 빠져나올 수 있을 것이다. 네 능력을 발휘해 보거라."

하백이 자신을 다시 시험한다는 것을 안 해모수는 화가 머리끝까지 솟구쳐 올랐어요. 그러나 아무리 발버둥을 쳐도 가죽 자루 밖으로 빠져나올 수가 없었어요. '이제는 죽었구나.' 하고 체념을 하고 있었는데, 어디선가 가느다란 햇살 한 줄기가 뿜어 나와 자신의 몸을 비추었어요. 해모수가 자세히 살펴보니 자루에 아주 미세한 구멍 하나가 뚫려 있었어요. 해모수는 '따봉'을 외치며 공기로 변하여 자루를 빠져나와 뒤도 돌아보지 않고 하늘나라로 올라가 버렸어요.

해모수와 결혼하기로 굳게 약속을 하고 하룻밤을 같이 보낸 유화만 '닭 쫓던 개 지붕 쳐다보는 꼴'이 되고 말았어요.

아버지에게 쫓겨난 유화

그런데 큰일이 났어요. 그날 이후로 아기가 생겨 유화의 배가 점점 불러오기 시작했어요. 하백은 처녀가 아이를 뱄다며 유화를 육지로 내쫓았어요.

유화가 상심하여 정처 없이 숲 속을 걷고 있는데, 사냥을 나왔던 부여의 왕 금와가 이를 발견하여 그녀를 자신의 궁궐로 데리고 갔어요.

금와의 궁궐에 살면서 유화는 아이를 낳았어요. 그런데 신기하게도 알로 낳았어요. 금와왕은 상서롭지 못한 일이라고 하여 알을 길거리에 버리라 했어요. 하지만 소나 말이 알을 피해 다녔고, 들판에 버렸더니 새들이 와서 품어 주었어요. 하는 수 없이 금와는 알을 유화에게 다시 돌려주었어요.

유화가 알을 포대기에 싸서 지극 정성으로 보살폈더니, 며칠 후에 알이 저절로 깨어지며 그 속에서 우람한 사내아이가 나왔어요. 이 아이가 자라서 나중에 고구려를 세웠으니, 그의 이름을 추모라 했어요.

추모를 엄친아로 키운 유화 부인

추모는 어려서부터 재능이 뛰어났어요. 하루는 어린 추모가 어머니에게 이런 말을 했어요.

"어머니, 파리들이 날아들어 잠을 제대로 잘 수가 없네요. 활을 하나 만들어 주세요. 제가 파리들을 모조리 잡아 버리겠어요."

아들의 부탁대로 유화는 싸리나무를 꺾어 활과 화살을 만들어 주었어요. 그러자 추모는 그 활로 날마다 실력을 연마하여 물레 위에 앉은 파리를 쏘아 맞출 정도의 명사수가 되었어요. 추모가 활을 잘 쏜다는 것을 안 사람들은 그를 추모라는 이름 대신에 '주몽'이라 부르기 시작했어요. 주몽은 부여 말로 '활을 잘 쏘는 사람'을 말해요.

주몽은 금와의 일곱 왕자들과 어울려 함께 사냥을 나가고는 했는데, 그 실력이 빼어났어요. 왕자들이 생각하기에, 자칫하다가는 주몽에게 왕위를 빼앗길 것만 같았어요. 금와의 첫째 아들인 대소는 뒷일이 두려워 주몽을 죽이려 했어요. 하지만 금와는 아들의 건의에도 불구하고 주몽의 재능을 아꼈기에 죽이지는 않고 왕실의 말을 기르는 목장의 책임자로 임명하여 궁궐 밖에서 살게 했어요.

주몽은 임금의 명령이라 어쩔 수 없이 목장에서 말을 기르며 살았지만, 내심 불만이 많았어요. 또 왕자들이 자신의 목숨을 언제 빼앗아갈지 알 수 없어서 불안하기도 했어요. 그래서 부여 땅을 떠나기로 결심하고 어머니에게 자신의 뜻을 전했어요.

"어머니, 저는 이 땅에서 살 수 없을 것 같습니다. 대소 왕자가 저를 언제 죽일지 모릅니다. 하루속히 이곳을 떠나 저만의 세상을 찾아가겠습니다."

그러자 유화 부인이 말했어요.

"왕자들의 손아귀에서 벗어나 먼 길을 떠나려면 우선 말이 좋아야 한다. 내게 계책이 있으니 목장으로 함께 가 보자꾸나."

유화 부인은 긴 채찍을 들고 무리 지어 풀을 뜯고 있는 말들에게 다가

서더니 사정없이 채찍을 휘두르기 시작했어요. 그러자 말들이 혼비백산하여 사방팔방으로 뛰어다녔어요. 날뛰는 말들을 유심히 지켜보던 유화 부인은 그 중 가장 높이 치솟아 오르는 말을 지목하여 그 말의 혀에 바늘을 찔러 두게 했어요.

어느 날이었어요. 금와왕이 말들을 살피기 위해 목장으로 왔어요. 모든 말들이 혈기 왕성하게 뛰어다니는데, 유독 한 필의 말만 빼빼 말라 곧 죽게 생겼어요. 금와는 이 말을 목장을 잘 관리한 대가로 주몽에게 주었어요. 이미 이러한 일을 예상했던 주몽은 말의 혓바닥에 꽂아 둔 바늘을 빼내고 지극 정성으로 보살펴 천하의 명마로 만들었어요. 그러고는 때가 되자 말을 타고 부하들과 함께 남으로 내려와 졸본 지역에 고구려를 건설했어요.

이러한 이유 때문에 고구려에서는 유화 부인을 시조인 주몽과 함께 신으로 섬겼고, 해마다 국가 최고의 축제인 동맹제 때 두 사람에게 감사의 제사를 올렸어요.

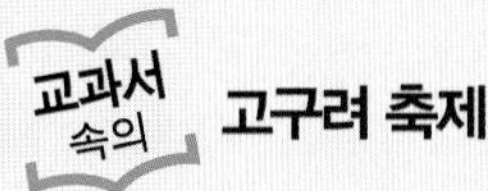

고구려 축제

고구려에는 10월에 동맹이라는 제천 행사가 있었는데, 온 백성이 춤을 추고 노래를 부르며 시조신에게 감사하는 축제를 벌였다. 또, 나라의 동쪽에 '수혈'이라 부르는 큰 굴이 있어, 그 굴의 신에게 제사를 지냈다.

〈중학교 국사 교과서 26쪽〉

유화 부인이 주몽을 왼쪽 옆구리로 낳았다던데, 저는 도저히 믿을 수가 없어요. 알로 낳은 것도 이해할 수 없지만, 어떻게 옆구리로 낳을 수가 있어요?

저도 알쏭이처럼 믿을 수 없어요. 그런데 유화 부인만 왼쪽 옆구리로 아이를 낳은 것은 아니에요. 석가모니 부처님의 어머니 마야 부인도 왼쪽 옆구리로 석가모니를 낳았어요. 이처럼 황당한 탄생 설화가 나타난 이유는 하늘신의 자손들은 인간과는 뭔가 달라야 사람들이 믿을 수 있었기 때문일 거예요.

사실 유화 부인 전설에는 믿을 수 없는 것들이 너무 많아요. 부여의 금와왕이 강가에서 유화 부인을 처음 만났을 때에 유화 부인은 말을 할 수 없었대요. 유화의 입술이 학의 부리처럼 너무 길어 입을 열 수가 없었다는 거예요. 금와가 부하를 시켜 입술을 세 번 자르게 하니 비로소 말을 했대요. 그때 금와왕은 유화가 하늘신의 부인임을 눈치 채고 궁궐로 데려와 보살폈어요. 금와가 점쟁이도 아닌데 어떻게 알았냐고요? 입술이 새의 부리처럼 길었다는 것은 유화가 하늘과 연관이 깊음을 증명하는 것이고, 부리를 떼어 내었음은 비로소 인간이 사는 곳에서 살 수 있는 신분으로 변신했음을 나타낸 것이죠.

유화 부인이 아들과 함께 고구려에서 신으로 추앙된 것도 제가 보기에는 이상해요. 주몽의 아버지가 불분명한 것도 이상하고요. 왜 고구려 건국 신화는 이처럼 이상한 것 천지일까요?

우리 쉽게 생각해 봐요. 예수님의 아버지가 누구지요? 요셉이지요. 예수님의 어머니는요? 막달라 마리아지요. 그런데 예수님은 어떻게 태어났지요? 마리아가 처녀의 몸으로 예수를 낳았지요. 그럼 이를 고구려 건국 신화에 대입해 볼까요? 요셉은 금와왕, 마리아는 유화 부인, 예수는 주몽왕이에요. 어때요? 양쪽이 모두 비슷해지지요. 주몽왕이 사람의 아들이 아니라 하늘에서 보낸 사람이라는 것을 강조하려다 보니, 이런 이야기가 만들어진 것이지요.

고구려의 축제인 동맹제를 지냈던 장소가 지금까지 남아 있다고 하던데, 어디예요?

고구려의 두 번째 수도인 국내성이 있던 집안 지역에 가면 '국동대혈'이라는 동굴이 있어요. 고구려는 동맹제를 지낼 때에 이곳에 하늘신과 부여신(유화 부인), 고등신(주몽왕)을 모시고 제사를 지내며, 나라의 안녕을 빌고 농사가 잘되기를 기원했대요.

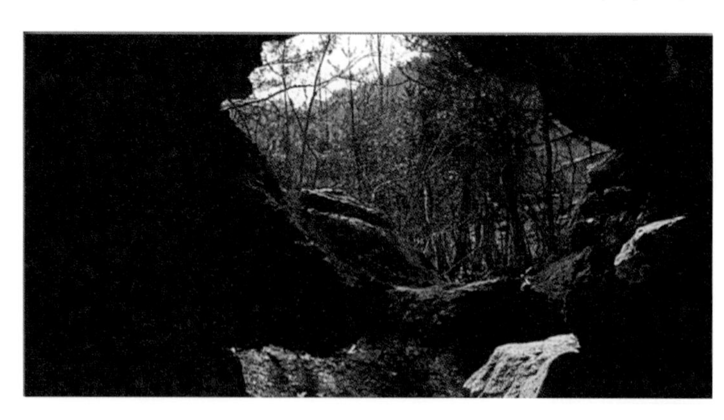

국동대혈

고구려의 두 번째 수도인 국내성의 동쪽 지역에 있는 큰 동굴로, 고구려는 이곳에서 하늘에 제사를 지냈다.

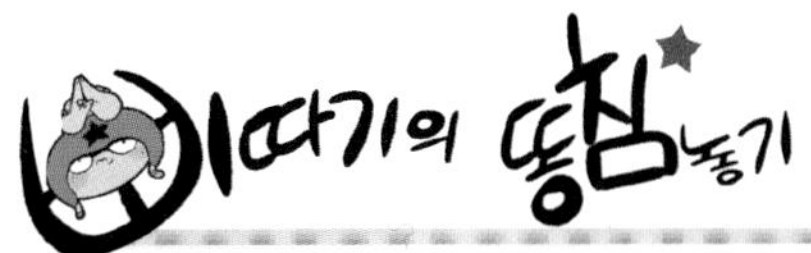

옛날 사람들은 정말 알 수가 없어. 아니, 어떻게 자기들이 하늘에서 내려왔다고 뻥을 칠 수 있어? 또 그것을 믿는 사람들도 참 이상한 사람들이야. 조금만 생각해 보면 뻥이라는 것을 금방 알 수 있었을 텐데 "내가 하늘신의 아들이다." 하면, 무서워서 벌벌 떨며 복종했으니 말이야. 하늘이 무섭긴 무서웠나 봐. 그런데 요즘은 이런 뻥이 안 통하지. 하늘을 무서워하는 사람이 없거든.

국내성으로 수도를 옮긴
유리명왕

나는 주몽왕의 첫째 아들 유리예요. 제가 태어났을 때는 아버지가 없었어요. 당연히 아버지가 누구인지 모른 채로 자랐지요.
하지만 나중에 극적으로 아버지를 만나, 고구려 2대 임금이 될 수 있었어요.
자! 그럼 지금부터 내가 어떻게 아버지를 만나 고구려 왕위를 이어받았는지 장콩샘과 함께 탐구해 볼까요?

유리명왕과 인연을 맺은 사람들

주몽 유리명왕의 아버지. 부여에서 건너온 큰 아들 유리에게 왕위를 넘겨준다.
유화 부인 유리명왕의 할머니. 부여에서 죽었다.
예씨 부인 주몽의 첫 부인이자 유리의 어머니. 유리와 함께 고구려로 건너가 남편과 상봉한다.
소서노 주몽의 두 번째 부인으로 비류와 온조의 어머니. 유리가 고구려의 왕위를 이어받자 아들들과 함께 남으로 내려가 백제를 건설한 여장부이다.
비류 · 온조 유리의 이복 동생들. 듣도 보도 못 한 형이 부여에서 내려와 아버지의 후계자가 되자, 어머니인 소서노와 함께 남하하여 한강 유역에 백제를 건설했다.

「황조가」의 작가 유리명왕

펄펄 나는 저 꾀꼬리
암수 서로 정답구나.
외로워라 이 내 몸은
뉘와 함께 돌아갈고.

우리나라 고대 시가詩歌를 대표하는 「황조가」예요. '나무 위의 꾀꼬리는 암수가 서로 정다운데, 외로운 나는 누구와 함께 돌아갈 것인가'를 노래한 이 시는 고구려의 2대 임금 유리명왕이 지었다고 전해져요.

유리명왕은 어찌 보면 무척 불행했던 임금이에요. 그는 결혼한 이듬해에 부인과 사별死別했어요. 그래서 두 명의 여자와 다시 결혼을 했어요. 한 사람은 화희로, 막강한 힘을 가진 고구려 귀족의 딸이었어요. 또 한 명은 치희로, 한족 출신의 어여쁜 아가씨였어요. 그런데 두 여자는 왕의 사랑을 독차지하기 위하여 서로 치열하게 경쟁을 했어요.

어느 날이었어요. 왕이 사냥을 떠나자, 둘은 '기회는 이때다.' 하고는 서로 싸우기 시작했어요. 처음에는 가벼운 말싸움으로 시작했지만, 싸움은 점점 커져서 급기야는 화희가 치희에게 해서는 안 될 말까지 해 버렸어요.

"너는 비천한 한족 출신으로 어찌 그리 예의를 모르느냐?"

이 말에 자존심이 상한 치희는 강을 건너 자기 마을로 돌아가 버렸어요. 사냥에서 돌아온 유리명왕은 사랑하는 치희가 보따리를 싸 들고 고향으로 떠나 버린 것을 알고 급히 쫓아갔어요. 하지만 치희는 이미 강을 건너 사라져 버렸고, 암수 꾀꼬리 한 쌍만 강가 나무 위에 앉아 정답게 노래를 부르고 있었어요. 이것을 본 유리명왕이 혼자 남은 자신의 처지를 한탄하며 노래를 지어 불렀으니, 이 노래가 바로 「황조가」예요.

애비 없는 자식으로 자란 유리

유리명왕의 아버지는 주몽왕이고, 어머니는 예씨 부인이에요. 주몽은 부여에서 이미 결혼을 한 몸이었어요. 하지만 부여의 왕자들이 자신을 죽이려 하자, 홀로 다급하게 부여 땅을 떠나야 했어요.

주몽이 부인에게 작별을 하려 할 때, 예씨 부인은 눈물을 흘리며 자신이 임신했다는 것을 알려 주었어요. 이때 주몽은 부인의 손을 꼭 잡으며, 힘주어 말했어요.

"만약 아들을 낳거든 일곱 모가 난 바위 위의 소나무 밑에 증표를 숨겨 두었으니, 그걸 찾아서 내게 보내시오."

그 후 예씨 부인은 부여에서 홀로 아이를 낳았어요. 이름을 유리라 짓고 시어머니인 유화 부인과 함께 유리를 길렀어요.

주몽의 피를 이어받은 아이답게 유리는 주몽만큼 활을 잘 쏘았으며, 어려서부터 사냥을 좋아했어요. 그런데 하루는 장난기가 발동하여 새총으로 어느 부인이 이고 가던 물 항아리에 구멍을 냈어요. 화가 난 여인이 큰소리로 유리를 꾸짖었어요.

"애비 없는 자식이라 어쩔 수가 없구나!"

부인의 험한 말에 충격을 받은 유리는 진흙으로 구슬을 만들어 새총을 다시 쏘아 구멍 난 곳을 메워 주었어요. 그 후 집으로 돌아온 유리는 어머니에게 투정을 하듯이 넋두리를 했어요.

"어머니, 제 아버지는 누구예요? 저는 왜 아버지가 없어요?"

예씨 부인은 아버지가 고구려를 세운 주몽이라는 말을 차마 하지 못했어요. 나이 어린 유리가 공공연히 떠들고 다녀서 부여 왕자들에게 미움을 살까 봐 걱정되었거든요. 하지만 유리는 끈덕지게 자신의 아버지가 누구인지 물었어요. 아들의 끈질긴 애원에 예씨 부인은 결국 주몽에 대해 말해 주었어요.

"네 아버지는 하늘신의 손자이며, 하백의 외손자인 주몽이시니라. 본래 이곳에 살았으나, 부여 왕자들이 죽이려 해서 남쪽으로 내려가 지금은 고구려의 임금으로 있단다."

그러면서 예씨 부인은 유리에게 아버지를 찾고 싶으면, 아버지가 숨겨 놓은 증표를 찾으라고 일러 주었어요.

그날 이후로 유리는 그토록 좋아하던 사냥도 하지 않고, 날이면 날마다 산과 들로 돌아다니며 아버지가 숨겨 놓은 증표를 찾는 일에 전념했어요. 하지만 아무리 찾아도 어머니가 말한 일곱 모가 난 바위 위의 소나무는 찾을 수 없었어요.

그러던 어느 날이었어요. 그날도 유리는 증표를 찾지 못하고 힘없이 집에 돌아와 마루 위에 앉았어요. 그런데 아무 생각 없이 쳐다본 주춧돌에 필[feel]이 딱 꽂혔어요. 주춧돌을 자세히 바라보니, 일곱 모가 난 돌이 분명했어요. 그리고 기둥은 소나무로 만든 것이 확실했어요. 유리는 혹시나 해서 허리를 굽혀 주춧돌과 기둥 사이에 손을 넣어 보았어요. 무언가가 손에 잡혀서 꺼내 보니, 녹이 슬 대로 슨 반쪽 칼이었어요. 그것은 바로 주몽이 부여를 떠나기 전에 훗날 태어날 자신의 아들을 위해 숨겨 놓은 증표였지요.

유리는 아버지가 자신을 위해 숨겨 놓은 증표를 찾아 어머니와 함께 고구려로 가서 지금까지 한 번도 보지 못한 아버지와 감격적인 만남을 가질 수 있었어요. 그 후 주몽은 졸본 지방 족장의 딸인 소서노와의 사

이에 낳은 비류와 온조를 제쳐 놓고, 유리를 자신의 후계자로 삼았어요. 유리는 기원전 19년에 고구려의 2대 임금으로 등극했어요.

국내성으로 수도를 옮기는 유리명왕

고구려의 첫 번째 수도는 동가강현재 이름은 혼강이 흐르는 졸본 지방이었어요. 이 지역은 현재 중국 요령성 환인현으로, 고구려 초기 수도였던 오녀산성과 평지성인 하고성자성 터가 지금도 남아 있어요. 고구려는 특이하게도 수도에 성을 쌓을 때에 평지성과 산성을 함께 만들었어요. 즉, 평상시에는 평지성에서 살다가 외적의 침범과 같은 큰 위기가 닥치면 산성으로 들어가 방어를 했어요.

그런데 유리명왕은 서기 3년에 수도를 졸본에서 압록강 중류 지역의 국내성현재 중국 길림성 집안시으로 옮겼어요. 고구려에서는 하늘신에게 제사를 지낼 때에 가장 중시했던 제물이 돼지였어요. 나라에 돼지를 전담하는 관리까지 둘 정도였으니, 고구려에서 돼지가 얼마나 중요했는지 잘 알 수 있지요. 어느 날이었어요. 제사에 쓸 돼지가 도망가 버렸어요. 유리왕은 노하여 빨리 돼지를 잡아들이라고 난리를 쳤어요. 관리들은 도망간 돼지를 쫓아 이곳저곳을 뒤지다가 졸본에서 한참 떨어진 국내 위나암 지역에 가서야 돼지를 겨우 붙잡을 수 있었어요.

돼지를 쫓는 데 앞장섰던 관리는 설지였는데, 그는 국내 위나암 지역이 무척 마음에 들었어요. 터도 넓었고 외적이 쳐들어오면 방어하기에도 좋은 땅이었어요. 그래서 그는 졸본에 와서 유리명왕에게 수도를 옮기자고 건의를 했어요.

"대왕이시여, 제가 돼지를 쫓아 국내 위나암 지방에 이르러 산천을 살펴보니, 땅이 비옥하여 농사짓기에 알맞고, 산이 험하고 강이 깊어 적을 막기에 유리할 뿐만 아니라, 사슴과 물고기도 많이 잡을 수 있는 기름진 땅이었습니다. 만약 대왕께서 그곳으로 수도를 옮기시면 백성들이 편하

국내성의 현재 모습

유리명왕 시대에 졸본에서 국내성으로 수도를 옮겼다.

게 살 뿐만 아니라, 전쟁의 피해도 크게 줄일 수 있으리라 여겨집니다."

이 말을 들은 유리명왕은 직접 국내 위나암 지역을 둘러보고 서기 3년 10월에 성을 쌓아 수도를 옮겼어요. 이곳이 고구려의 두 번째 도읍인 국내성으로, 고구려는 장수왕이 평양성으로 수도를 옮길 때[427]까지 무려 400여 년 동안 이곳을 수도로 삼아 나라를 발전시켰어요.

유리명왕 시대

고구려는 압록강 중류의 국내성(통구 지방)으로 천도하면서 주변의 나라들을 정복하여 평야 지대로 진출하는 데 힘쓰는 한편, 중국의 침략을 물리치면서 발전하였다.

〈중학교 국사 교과서 33쪽〉

유리 왕자가 주몽 임금님의 뒤를 이어서 고구려의 2대 왕이 되었는데, 비류 왕자와 온조 왕자는 그럼 어떻게 되었나요?

좋은 질문이에요. 유리와 비류, 온조는 모두 주몽왕의 자식이에요. 하지만 어머니가 달라요. 유리는 주몽왕이 부여에 살 때 결혼한 예씨 부인의 아들이고, 비류와 온조는 졸본 지방에서 새로 결혼한 두 번째 부인 소서노의 자식이에요. 비류와 온조는 아버지가 자신들을 제쳐 놓고 이복형인 유리를 후계자로 삼자 크게 실망했어요. 그래서 어머니와 함께 남으로 내려가 새로운 나라를 건설했어요. 이 나라가 한강 자락을 근거지로 세력을 발전시킨 백제예요.

유리명왕이 나라를 다스릴 때에 고구려는 강했나요?

그러지는 못했던 것 같아요. 유리명왕은 첫째인 도절을 무척 사랑했는데, 부여에서 도절을 인질로 보내라고 협박해 왔어요. 이때 신하들은 태자를 인질로 보내 나라를 위험에서 구하자고 했지만, 도절이 가지 않으려 하자 유리명왕은 고민 끝에 아들을 부여로 보내지 않았어요. 하지만 아들을 보낼까 말까 끝까지 고민한 걸로 보아 유리명왕 시대의 고구려는 아직 그다지 강하지 못했던 것 같아요.

돼지 때문에 유리명왕이 수도를 국내성으로 옮겼다고 했는데, 도저히 믿어지지가 않아요. 사실일까요?

저도 믿어지지가 않아요. 일단 환인에서 집안까지의 거리가 약 150킬로미터에 달해요. 또 집안보다는 환인이 더 넓은 평야 지대예요. 따라서 농사를 짓기에는 집안보다 환인이 더 유리했어요. 그런데 왜 유리왕은 돼지를 핑계 삼아 집안으로 수도를 옮기려 했을까요? 그것은 아마 국내성 지역이 압록강을 끼고 있어서 교통에 유리했고, 요새지여서 적을 방어하기에 좋았기 때문일 거예요. 국내성은 사방이 산으로 둘러싸인 분지이고, 국내성 서편 자락에는 통구하라는 강이, 남쪽에는 압록강이 유유히 흐르며 국내성을 보호하고 있어요. 또 북쪽으로 5킬로미터 떨어진 곳에 천혜의 요새지 환도산성이 있어서 적이 쳐들어오더라도 쉽게 막아 낼 수가 있었어요.

하지만 샘이 생각하기에 국내성으로 수도를 옮긴 가장 큰 이유는 왕권 강화 때문인 것 같아요. 졸본에는 지역 기반이 강한 족장 세력과 아버지인 주몽 시절에 권력을 다진 사람들이 많아서 유리왕이 힘을 강화시키는 데는 한계가 있었을 거예요. 따라서 자신의 힘을 강화하기 위해서는 무언가 특단의 조치가 필요했는데, 이러한 때에 가장 좋은 수단은 수도 이전이에요. 수도를 옮김으로써 기존 세력의 힘을 약화시키고 동시에 자신을 지지하는 새로운 세력을 길러 낼 수 있거든요.

알쏭이 생각은 어때요? 역사는 해석학이기 때문에 다양한 상황을 염두에 두고 추론해 보는 것이 중요해요. 알쏭이도 질문만 하지 말고 왜 유리왕이 수도를 옮기려 했을지 나름대로 추측해 봐요.

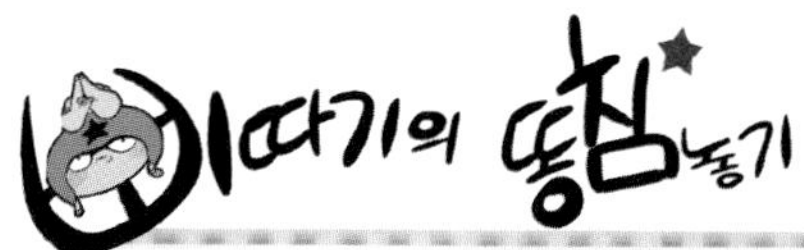

거참! 아무리 생각해도 이상해!!! 주몽은 두 번째 부인인 소서노의 강력한 지지 아래 임금이 되었고, 초기 고구려 수도인 졸본 지역은 소서노 아버지가 족장으로 있던 지역이잖아. 그런데 어떻게 해서 유리명왕이 후계자가 되었을까? 당시에는 부자상속제가 확실하게 정착되지도 않은 시대였는데 말이야. 혹시, 비류와 온조가 주몽의 친아들이 아니었지 않았을까?

소서노가 과부였다는 소문도 있던데, 비류와 온조를 둔 상태에서 주몽과 결혼했을 수도 있잖아? 그러지 않고서야 어떻게 고구려 사정을 전혀 모르고 능력 또한 검증 안 된 아이를 첫째라는 이유 하나로 후계자에 임명하냐고. 나 삐따기는 말이야, 아무리 생각해도 비류와 온조가 주몽의 친아들이 아닌 것 같아.

비운의 왕자 호동

나는 어린 왕자가 아닌 호동 왕자예요. 낙랑 공주와 이루어질 수 없는 사랑을 나눴던 사람이 바로 나니까 아마 나를 아시는 분이 많을 거예요. 그런데 사실 나는 낙랑 공주를 사랑한 것이 아니었어요. 그저 낙랑국을 없애기 위해 거짓 사랑으로 낙랑 공주를 이용했을 뿐이지요. 이런 내가 조금 비겁하게 보이겠지만, 나는 고구려가 발전할 수 있다면 어떤 일이라도 해야 하는 고구려의 왕자였어요. 그러니 나를 너무 비난하지는 마세요. 자! 그럼 지금부터 나와 낙랑 공주의 이루어질 수 없는 사랑을 장쿰샘과 함께 탐구해 볼까요?

호동 왕자와 인연을 맺은 사람들

낙랑 공주 호동과 결혼을 약속했던 낙랑국의 공주. 호동의 계략에 넘어가 국가의 보물인 자명고를 찢어서 낙랑 멸망의 일등공신이 되었다.

대무신왕 고구려의 4대 임금으로 호동 왕자의 아버지. 호동에게 왕위를 물려주려 했으나, 부인의 계략에 넘어가 호동을 자살로 몰고 간다.

최리 낙랑국의 마지막 왕. 호동 왕자를 사위로 삼고 싶어 호의를 베풀었으나 배신당하고 말았다.

호동 왕자와 낙랑 공주

호동 왕자 하면 생각나는 여인이 있어요. 낙랑국의 공주여서 낙랑 공주로만 전해지는 비련의 여인이지요. 왜 비련이냐고요? 낙랑 공주는 사랑하는 남자 호동 왕자 때문에 자신의 조국 낙랑국을 배신해야 했으며, 낙랑 멸망과 함께 아버지의 칼에 죽어야 했거든요.

호동 왕자는 고구려의 4대 임금 대무신왕의 아들이에요. 그는 옥저 지방[지금의 함경도 지역]에서 사냥을 하던 중에 낙랑국의 왕 최리를 만났어요. 낙랑국은 평양을 중심으로 발전했던 나라에요. 최리는 사냥터에서 준수한 용모를 지닌 호동과 마주치자, 호감을 느껴 말을 걸어 왔어요.

"그대의 외모를 보니 귀한 집 자손 같은데, 어디서 왔는가?"

"나는 고구려 대무신왕의 아들, 호동이오."

최리는 호동이 고구려의 왕자임을 알고 반색을 하며 말했어요.

"낙랑과 고구려는 이웃이니 서로 사이좋게 지내야 하지 않겠소? 이렇

게 만난 것도 인연인데, 우리 집에 가서 식사나 한 끼 합시다."

최리의 권유에 마음이 움직인 호동은 낙랑국의 궁궐로 갔어요. 최리의 융숭한 대접을 받은 호동은 매우 흡족했어요. 이때 최리가 그에게 제안을 하나 했어요.

"내게 딸이 있는데, 이번 기회에 결혼하여 내 사위가 되지 않겠소?"

그러면서 최리는 딸을 호동 왕자 앞으로 불러내어 절을 하게 했어요. 사뿐사뿐 걸어 나와 살포시 고개 숙이는 아리따운 자태에 반하여, 호동은 그 자리에서 바로 최리의 제안을 받아들여 결혼을 약속했어요.

꼼수를 부린 호동 왕자

그러나 호동 왕자가 낙랑 공주를 진심으로 사랑한 것은 아니었어요. 낙랑국의 왕인 최리가 결혼을 권할 때에 호동 왕자의 마음속에는 또 다른 속셈이 숨어 있었어요.

그동안 고구려는 낙랑국을 없애기 위해 여러 차례 침략했지만, 낙랑국에 있는 진귀한 보물 '자명고自鳴鼓' 때문에 번번이 실패하고 말았어요. 호동이 생각하기에 낙랑 왕의 사위가 되면, 낙랑을 멸망시킬 기회가 쉽게 찾아올 것 같았어요. 그래서 그는 최리의 제안을 순순히 받아들여 그의 사위가 되기로 했어요.

사실 당시 고구려의 힘으로 보았을 때에 고구려가 낙랑국을 점령하는 것은 일도 아니었어요. 그럼에도 불구하고 낙랑을 멸망시키지 못한 이유는 오직 '자명고' 때문이었어요. 이 북은 나라에 큰 위기가 닥치면 스스로 울려 위협에 대비하게 만드는 진귀한 보물이었어요. 호동이 생각하기에 자명고만 없다면, 낙랑을 멸망시키는 것은 식은 죽 먹기보다 쉬운 일이었어요.

낙랑 공주와 결혼을 약속한 호동은 고구려로 돌아와 그날부터 낙랑을 멸망시키기 위한 작전을 짰어요. 우선 그는 낙랑 공주에게 비밀 편지를

보냈어요.

"나의 소원은 주변국을 통합하여 고구려를 대국으로 만드는 것이오. 그대가 진정으로 나를 사랑한다면, 그대 나라의 보물인 자명고를 찢어 주시오. 그러면 나는 그대를 진정한 고구려 사람으로 여기고 예를 갖춰서 아내로 맞이하겠소. 하지만 그대가 내 부탁을 들어주지 않으면 나는 영영 그대를 보지 않을 것이오."

편지를 받은 낙랑 공주는 고민에 빠졌어요. 자명고를 찢자니 나라가 위태롭고, 그대로 두자니 하루에도 몇 번씩 생각나는 사랑하는 남자 호동 왕자와 영영 이별이었어요. 고민에 고민을 거듭하던 낙랑 공주는 사랑에 모든 것을 바치기로 결심하고 밤에 몰래 자명고가 있는 방으로 가서 날카로운 칼로 북 가죽을 찢어 버렸어요. 자명고가 훼손되었다는 전갈을 받은 호동 왕자는 곧바로 군사를 몰고 가서 낙랑국을 점령했어요.

그런데 문제는 낙랑 공주였어요. 고구려 군사들이 몰려오는데도 자명고가 울지 않은 것을 이상하게 여긴 최리는 그 연유를 조사했어요. 그랬더니 북을 찢은 것이 다름 아닌 자신의 딸 낙랑 공주였어요. 최리는 분을 못 이겨 그 자리에서 낙랑 공주를 죽이고 고구려에 항복했어요. 이로써 지구상에서 낙랑국은 영원히 사라지고, 낙랑 공주 또한 사랑하는 연인과 영영 이별해야 했어요.

그 후 호동 왕자는?

호동 왕자의 계략으로 낙랑국이 멸망하자, 고구려 땅에서 호동의 인기는 요즘의 인기 가수들은 저리 가라 할 정도로 대단했어요. 하지만 그런 호동에게도 방해꾼이 있었어요.

호동은 대무신왕의 첫 부인이 낳은 아들이 아니라 둘째 부인이 낳은 자식이었어요. 호동의 인기가 날로 치솟자 왕비가 질투를 했어요.

"호동이 나에게 음란한 눈빛을 보내고 있습니다. 이는 필시 호동이 나를 어머니로 여기지 않기 때문입니다."

호동을 신뢰하던 대무신왕이지만, 왕비가 줄기차게 호동의 나쁜 행실을 아뢰자 왕은 호동을 의심하기 시작했어요. 호동이 왕위를 잇게 되면 자신과 자신이 낳은 아들의 신변이 위태롭기 때문에 왕비가 꾸며 낸 말인데 말이에요.

아버지가 자신을 의심하자 호동은 너무 속이 상했어요. 하지만 어쩌겠어요. 아무리 변명해도 아버지의 의심은 가시지 않았어요. 그는 결국 자신의 결백을 주장하며 스스로 목숨을 끊어 하늘나라로 올라가 버렸어요.

고구려를 강대국으로 발전시키기 위해 사랑에 목숨을 건 낙랑 공주까지 이용해야 했던 호동이지만, 자신도 치열한 왕위 쟁탈전의 갈등 속에서 스스로 세상을 하직할 수밖에 없었어요.

고구려 귀족 모습

고구려에서는 왕국을 포함한 5부족의 귀족들이 최고 지배층을 이루었으며, 이들과 왕이 연합하여 정치를 주도하였다. 이 중에서 왕족인 고씨는 계루부 출신으로써 왕위를 계승하였으며, 절노부에서는 왕비를 배출하였다.

〈중학교 국사 교과서 34쪽〉

안악 3호분 대행렬도
고구려 무덤 '안악 3호분'황해도 안악군 소재에 그려진 벽화의 일부를 그래픽으로 복원한 그림. 마차 안에 신분이 높은 귀족이 타고 있고, 신하들이 3열 종대로 행진하고 있다. 맨 앞에는 문신들이, 가운데에 보병이, 마차가 있는 뒷부분에는 말까지 철갑으로 무장한 기마병들이 귀족을 호위하고 있다. 철갑옷으로 중무장한 고구려 기마병을 '개마무사'라고 한다.

 호동 왕자와 낙랑 공주 이야기가 전설이 아니었나요?

호동 왕자와 낙랑 공주 이야기는 실제 있었던 사실이에요. 다만 오랜 세월이 흐르며 살이 붙어서 실제 사건보다 크게 과장되었어요. 예를 들어 '자명고'와 같이 스스로 울리는 북이 있었다는 것은 뻥이에요. 하지만 평양을 기반으로 했던 낙랑국은 분명 존재했던 나라예요. 이 낙랑국을 대무신왕 시대에 호동 왕자가 계책을 부려 고구려 땅으로 복속시킨

것이죠. 따라서 호동 왕자와 낙랑 공주의 슬픈 사랑 이야기는 일정한 팩트[사실]를 바탕으로 픽션[허구]을 가미한 팩션[약간의 사실을 기초로 재구성한 허구]이라고 할 수 있어요.

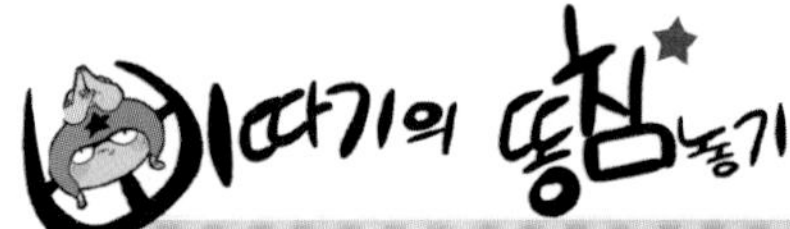

나는 호동 왕자를 아주 비열한 놈이라고 생각해.
의리에 펑크가 난 놈이니까 그렇게 행동했지, 어떻게 여자를 그렇게까지
이용할 수가 있겠어? 물론 호동 왕자와 낙랑 공주의 사랑이야기가 팩션이기
때문에 어디까지가 진실이고 어디까지가 허구인지 잘 알 수 없지만 말이야. 만약에
호동과 낙랑 공주 이야기가 진실이라면, 호동 왕자는 비난받아야 마땅해.

우리나라 최초로 사회보장제도를 실시한 을파소

나는 고구려의 명재상 을파소예요.
피카소가 아니라 을파소니 잘 기억해 두세요.
내가 한민족의 역사에서 훌륭한 관리로 손꼽히는 이유는 진대법 때문이에요.
진대법은 우리나라에서 최초로 실시된 사회보장제도예요.
자! 그럼 지금부터 내가 누구인지를 장콩샘과 함께 탐구해 볼까요?

을파소와 인연을 맺은 사람들

고국천왕 고구려의 9대 임금. 을파소를 전격적으로 발탁하여 능력을 발휘하게 했다.

안유 대신들이 왕에게 적극 추천할 정도로 능력을 가진 사람이었으나, 자신보다 을파소의 능력이 더 뛰어남을 알고 을파소를 고국천왕에게 추천한 현명한 사람이다.

농사를 짓다가 하루아침에 국상이 된 을파소

고구려 9대 임금 고국천왕이 하루는 신하들에게 명령을 내렸어요.

"나라 기강이 무너져서 능력 있는 인재가 등용되지 못하고 있다. 나라에 반드시 필요한 인재를 구하려 하니, 너희가 책임지고 추천하여라."

이때 많은 신하들이 안유를 추천했어요. 하지만 안유는 자기보다 더 능력 있는 사람이 있다고 양보하면서 농사를 짓고 있던 을파소를 왕에게 추천했어요.

"을파소는 유리명왕 때의 대신인 을소의 후손으로, 사람이 의지가 굳고 의젓하며 지혜롭습니다. 다만 때를 만나지 못해 현재 농사를 짓고 있을 따름입니다. 대왕께서 나라의 발전을 도모하시려면 을파소를 반드시 등용하십시오."

이 말을 듣고 고국천왕은 을파소가 살고 있는 서압록곡의 좌물촌에 사람을 보내 그를 궁궐로 오게 했어요.

을파소와 직접 이야기를 나누어 보니, 역시 그는 인재 중의 인재였어요. 하지만 관직 생활을 한 번도 해 보지 않은 을파소를 국상[현재 우리나라의 국무총리]으로 발탁한다는 것은 너무나 큰 모험이었어요. 그래서 왕은 을파소를 요즘의 장관급에 해당하는 중외대부로 임명하여 능력의 정도를 시험해 보려 했어요.

그런데 을파소가 말했어요.

"어리석은 신으로서는 감히 대왕의 엄한 명령을 감당하기 어려우니, 저보다 현명한 사람을 발탁하여 그에게 높은 관직을 주어 큰일을 하게 하소서."

이 말은 자신에게 일을 맡기려면 중외대부보다 높은 관직을 달라는 이야기였어요. 임금은 그의 포부가 원대함을 눈치 채고 을파소를 국상으로 임명하여 나랏일 전체를 맡겼어요.

개혁에 나서는 을파소

국상이 된 을파소는 고국천왕의 뜻을 받들어 여러 가지 개혁 정책을 추진했어요. 그는 우선 귀족들의 권력 독점과 관직을 사고파는 행위를 근절시켰으며, 능력 있는 인재를 관리로 채용하여 나라 발전에 기여하게 했어요. 을파소가 시행했던 여러 개혁 정책들 중에서 백미白眉*는 진대법의 실시였어요.

* 흰 눈썹이라는 뜻. 여럿 가운데서 가장 뛰어난 사람이나 훌륭한 물건을 비유적으로 이르는 말.

을파소가 나랏일을 도맡은 뒤로 백성들의 삶은 전에 비해 나아졌지만, 그래도 모든 사람들이 만족할 정도는 아니었어요. 가뭄과 홍수, 폭설과 지진 같은 자연 재해는 매년 되풀이되었으며, 이로 인해 굶어 죽는 자가 아직도 많았어요. 을파소가 생각하기에 백성들의 생활을 안정시킬 수 있는 획기적인 방법을 고안하지 않으면, 굶주려 죽는 사람들은 늘어나면 늘어났지 줄어들 것 같지는 않았어요. 그래서 그는 고심 끝에 진대법을 만들었어요.

3월에서 7월까지는 가을에 추수한 곡식이 떨어져 굶주리는 시기에요. 이 때 나라 창고에 보관하고 있던 곡물을 가족의 수와 연령에 따라 차등을 두어 빌려 주고, 수확철인 10월에 빌려간 만큼을 국가에 반환하

게 하는 제도가 바로 진대법이에요. 이 제도의 실시로 고구려에서는 굶주려 죽는 자가 거의 발생하지 않았어요.

이러한 획기적인 제도를 만들어 백성들을 굶주림에서 구하고 나라도 튼튼하게 만든 을파소는 고국천왕의 뒤를 이은 산상왕 7년에 죽었어요. 그가 죽자, 온 백성이 통곡을 하면서 그의 죽음을 애통해했어요. 진대법의 효과를 백성들이 온몸으로 실감했기 때문에 깊게 슬퍼한 것이었죠.

고국천왕 시대

고구려가 성장하여 중앙 집권 국가로서의 모습을 갖추게 된 것은 태조왕 때부터였다. 이 때, 고구려는 동해안으로 진출하여 물자가 풍부하고 토지가 비옥한 옥저와 동예를 정복하였으며, 요동 지방으로도 진출을 꾀하였다. 이러한 정복 활동에 힘입어 계루부 출신의 고씨가 왕위를 독점적으로 세습할 정도로 왕권이 강화되었다.

그 후, 고국천왕 때에는 부족적 전통을 가진 5부족을 동, 서, 남, 북, 중의 5부로 바꾸었다. 그리고 왕위 계승도 형제 상속에서 부자 상속으로 바꾸어 왕권을 강화하였다.

〈중학교 국사 교과서 33쪽〉

농부인 을파소가 하루아침에 국상이 되었다는 것이 믿어지지 않는데, 정말 그랬을까요?

그거, 참! 답변하기가 곤란하네요. 농사짓던 사람을 하루아침에 국상으로 임명하여 나랏일 전부를 맡겼다는 것을 어찌 설명해야 할까요? 하지만 을파소는 비록 농사를 짓고 있었지만, 공부를 많이 했던 사람임은 확실해요. 을파소가 주변 사람들에게 간혹 이런 말을 했대요.

"때를 만나지 못하면 숨고, 때를 만나면 나아가 벼슬을 하는 것은 배운 자의 일이다. 지금 대왕께서 나를 진심으로 대우하여 일을 맡기시니, 어찌 전날에 혼자서 농사짓던 일을 생각하겠는가?"

이 말에서 을파소가 농사일을 하는 와중에도 때를 기다리며 열심히 공부했던 사람이라는 것을 알 수 있어요. 따라서 을파소가 농부에서 하루아침에 국상이 되었다는 것이 전혀 근거 없는 이야기는 아닌 것 같아요.

나는 말이야, 을파소보다 고국천왕이 더 대단한 것 같아. 만약에 말이야, 고국천왕이 을파소를 발탁하지 않았다고 해 봐. 을파소가 자기 능력을 펼칠 수나 있었겠어? '흙 속의 진주' 같은 을파소를 첫눈에 알아보고 과감히 발탁하여 나랏일 전부를 맡겼으니, 당연히 고국천왕이 을파소보다 더 대단한 사람이 아니겠어? 어때요, 여러분은 그런 생각이 들지 않나요?

소금 장수 미천왕

나는 젊어서 소금 장사를 했던 사람이에요. 그런데 국상으로 있던 창조리 덕분에 고구려의 15대 임금이 되었어요. 나의 대표적인 업적은 서안평을 점령하여 중국 세력들을 한반도에서 축출한 것이에요. 미천왕이라는 이름은 내 무덤이 아름다운 냇가 옆에 있기 때문에 붙여졌어요. 다른 나라 사람들이 보면 웃을지 모르지만, 우리 고구려에서는 왕의 이름을 무덤이 있는 장소에서 따오는 경우가 많았어요. 자! 그럼 지금부터 소금 장수였던 내가 어떻게 임금이 되었는지를 장콩샘과 함께 탐구해 볼까요?

미천왕과 인연을 맺은 사람들

창조리 오늘날의 국무총리를 지낸 관리. 악덕을 일삼던 봉상왕에게 백성을 위한 바른 정치를 권했으나, 그가 묵살하자 쿠데타를 일으켜 소금 장수 을불을 새로운 왕으로 추대했다.

봉상왕 미천왕의 큰아버지. 자신의 권력을 강화하려고 미천왕의 아버지이자 자신의 동생인 돌고를 살해했다. 그러나 신하들에게 쫓겨나 왕위를 돌고의 아들인 을불에게 내줘야 했다.

소금 장수가 된 을불

고구려 15대 임금인 미천왕은 젊었을 적에 소금을 팔러 다니던 소금 장수였어요. 그런 사람이 어떻게 왕이 되었냐고요? 여기에는 혈육 간에 죽고 죽이기를 밥 먹듯이 했던 고구려 왕실의 비극적 역사가 숨어 있어요.

미천왕은 왕이 되기 이전의 이름이 을불이었어요. 을불의 아버지는 돌고로, 고구려 14대 임금 봉상왕의 동생이었어요. 그런데 돌고는 봉상왕에 의해 살해되었고, 봉상왕은 후환을 없애기 위해 조카인 을불까지 죽이려 했어요. 이때 을불은 간신히 살아남아 수실촌에 사는 부자, 음모의 집에서 머슴살이를 하며 지냈어요.

을불이 음모 집에 있을 때였어요. 밤중에 집 앞에 있는 연못에서 개구리들이 시끄럽게 울어댔어요. 그러자 음모는 개구리가 울지 못하도록 을불에게 밤새도록 연못 속에 돌을 던지게 했어요. 또한 하루도 쉴 틈이 없이 줄곧 일을 시켰어요. 을불은 이처럼 힘든 생활을 1년 정도 하다가 더는 견디지 못하고 음모의 집을 나왔어요. 이때부터 을불은 소금 장수가 되어 이곳저곳을 떠돌아 다녔어요.

그러던 어느 날 을불이 압록강변에 있는 사수촌의 한 노파 집에서 하룻밤을 묵게 되었어요. 노파는 숙박비 대신 소금을 달라고 했고, 을불은 소금 한 말을 주었어요. 하지만 욕심쟁이 노파는 을불에게 소금을 더 달라고 계속 졸랐어요.

"젊은이, 하룻밤 재워 주는 값으로 소금 한 말은 너무 적네. 소금 좀 더 주소."

"할머니, 하룻밤 숙박비로 소금 한 말은 많으면 많았지 적은 양이 아닙니다. 저도 소금을 팔아야 먹고사니, 더 이상은 줄 수 없습니다."

"그러지 말고 소금 좀 더 줘."

"할머니, 더 이상은 줄 수 없어요. 저도 먹고살아야 한다니까요."

을불과 노파는 주거니 받거니 실랑이를 벌였지만, 을불은 끝까지 소금을 더 주지 않았어요. 이것에 불만을 품은 노파는 밤중에 몰래 을불의 소금 속에 자신의 신발을 넣어 놓고 시치미를 딱 떼었어요.

다음날 아침이었어요. 을불이 소금 지게를 지고 떠나려 하자, 노파는 신발이 없어졌다며 을불을 다그치기 시작했어요.

"야, 이 도둑놈아! 기껏 재워 줬더니, 남의 신발을 훔쳐 가냐? 어서 내 신발 내놓아라!"

을불은 어이가 없었어요. 하지만 노파는 을불을 망신 주기 위해 동네 사람들을 죄다 불러 모은 뒤, 소금 속에서 신발을 꺼내어 을불을 오무락달싹 못하게 만들었어요. 할머니의 흉계에 을불이 꼼짝없이 걸려든 것이지요. 이 사건으로 을불은 사람들의 신뢰를 잃게 되어 소금 팔기가 한층 힘들어졌어요.

왕위에 오르는 을불

소금 장수로 힘들게 살아가던 을불이 왕이 된 것은 봉상왕이 정치를 잘못했기 때문이에요. 봉상왕 7년인 298년 가을에 서리와 우박이 내려 농사가 엉망이 되었어요. 이때 백성들은 먹고살기 힘들어 아우성을 치는데도 봉상왕은 눈 하나 깜짝하지 않고 백성들을 궁궐을 짓는 데 동원해서 괴롭혔어요.

국상 창조리가 봉상왕에게 백성을 위한 정치를 해야 한다고 여러 차례 권했어요.

"대왕이시여, 요즘 천재지변이 자주 일어나서 백성들의 삶이 말이 아닙니다. 굶주린 백성들을 동원하여 궁궐을 짓는다는 것은 임금의 도리가 아니옵니다. 공사를 중지하고, 곡식 창고를 열어 백성들을 굶주림에서 구해 줘야 합니다."

그러나 봉상왕은 국상의 말을 듣지 않았어요.

"궁궐이 장엄하지 못하면 이웃 나라들이 고구려를 깔볼 뿐이오. 지금 국상이 나를 꾸짖는 것은 나를 위한 행동이 아니오. 그렇게 백성들에게 인기를 얻고 싶소? 국상은 백성들을 위해서 죽고 싶소? 다시는 그런 말을 내 앞에서 하지 마시오."

창조리는 봉상왕의 마음을 되돌리는 것이 불가능하다고 느꼈어요. 그래서 그는 봉상왕을 몰아내고 새 임금을 추대하기로 마음을 먹었어요. 하지만 봉상왕을 대신할 마땅한 왕족이 없었어요. 을불이 적임자였으나, 그의 행방을 도무지 알 수가 없었어요. 창조리는 믿을 수 있는 부하 조불과 숙우를 지방으로 보내 을불을 수소문하기 시작했어요.

창조리의 비밀 명령을 받은 조불과 숙우는 을불을 찾아 전국을 돌아다녔어요. 그러나 신분을 숨긴 채 숨어 살고 있는 을불을 찾기란 해변에서 바늘을 찾는 것만큼이나 어려운 일이었어요.

그러던 어느 날이었어요. 조불과 숙우가 나룻배를 탔는데, 청년 하나가 뱃전에 앉아 있었어요. 행색이 남루하여 거지 같았지만, 기품이 있어 보였어요. 혹시나 하고 두 사람은 그에게 을불이 아니냐고 물었어요. 을불은 자기를 죽이러 온 사람들인 줄 알고 자기 신분을 더욱 숨겼어요.

"저는 소금 팔러 다니는 이름도 없는 사람입니다. 을불이 누구인지 모릅니다."

하지만 숙우는 아무래도 소금 장수가 을불인 것 같아서 을불을 찾는 이유를 대며 끈질지게 매달렸어요.

"지금 임금은 백성들의 신망을 잃은 지 오래되었습니다. 여러 신하들이 간절히 원하고 있으니, 저희들을 의심하지 말고 을불님임을 밝혀 주십시오."

을불은 조불과 숙우가 자신을 잡으러 온 사람이 아니라 왕으로 추대하기 위해서 온 사람이라는 확신이 들자, 그제야 자신이 을불임을 밝혔어요. 그러고는 그들을 따라 서울로 올라와 창조리 집에 몸을 숨겼어요.

창조리는 을불을 왕위에 올릴 만반의 준비를 갖추어 놓고 봉상왕을 몰아낼 기회만 엿보았어요. 봉상왕이 참가하는 사냥대회가 열리자, 창조리는 봉상왕이 없는 자리에서 대신들에게 말했어요.

"나는 지금 임금을 몰아내고 왕의 조카인 을불님을 왕위에 올리려고 준비하고 있소. 나와 뜻을 같이하는 사람은 갈댓잎을 모자 위에 꽂아 주시오."

많은 대신들이 봉상왕의 행패에 마음이 떠난 상태여서 갈댓잎을 모자 위에 꽂았어요. 이를 본 창조리는 봉상왕을 붙잡아 감옥에 가두어 버렸어요. 그리고 소금 장수였던 을불을 고구려의 15대 임금으로 추대했어요.

미천왕이 했던 일들은?

미천왕은 왕위에 오른 이후에 중국 세력을 한반도에서 몰아내어 고구려의 영토를 크게 확장시켰어요. 한4군이 설치된 이후, 한반도 북부까지 장악했던 중국 세력은 부여와 고구려의 성장으로 그 세력이 많이 약화되기는 했으나, 완전히 없어지지는 않았어요. 이 세력들을 몰아내기 위하여 미천왕은 311년에 한반도에서 요동으로 넘어가는 교통의 요지인 서안평현재 중국 요령성 단동 지역을 점령했어요. 서안평은 3세기 중반에 동천왕이 점령하려고 했었으나 실패했던 지역이에요. 이곳을 미천왕이 차지

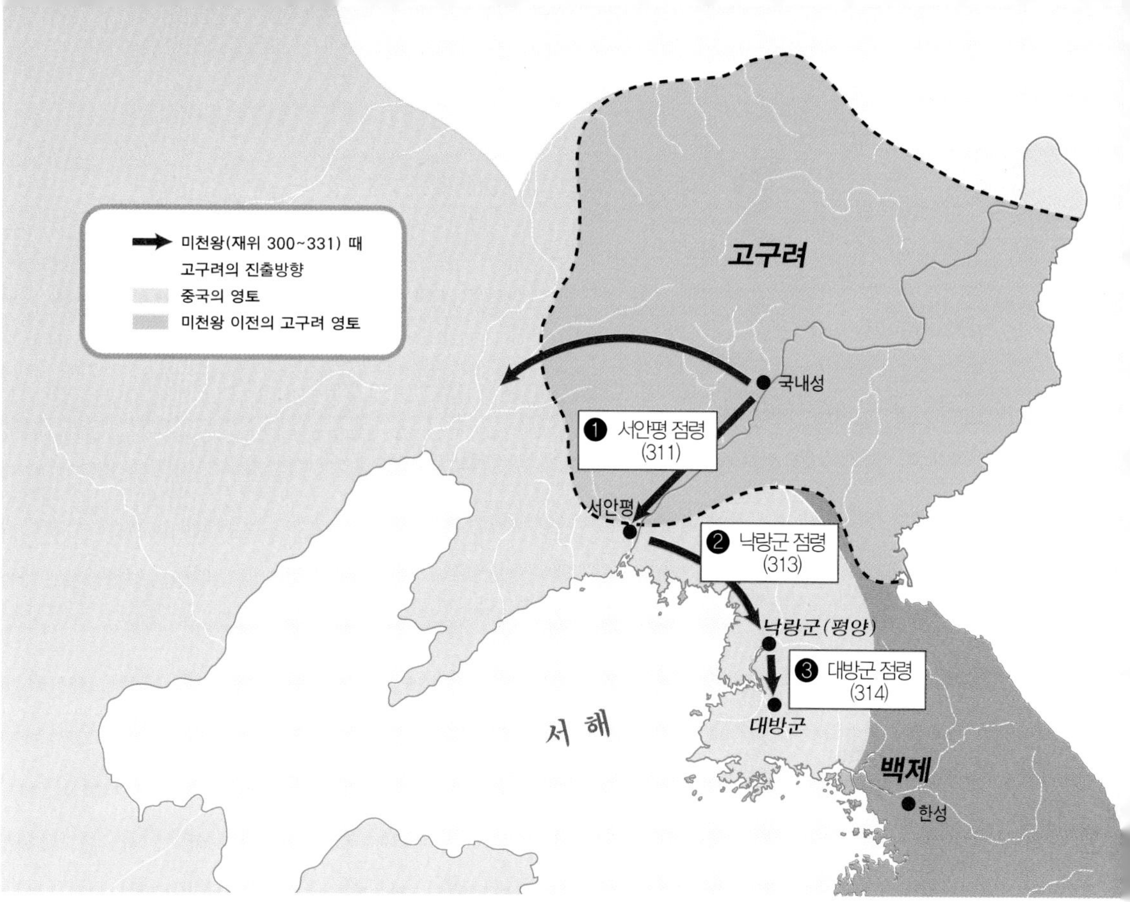

미천왕(재위 300~331) 때 고구려의 진출방향
중국의 영토
미천왕 이전의 고구려 영토
고구려
국내성
❶ 서안평 점령 (311)
서안평
❷ 낙랑군 점령 (313)
낙랑군(평양)
❸ 대방군 점령 (314)
대방군
서해
백제
한성

미천왕 시대의 고구려 영토

함으로써 평안도와 황해도에 자리를 잡고 있던 낙랑군과 대방군은 본국인 중국과의 교통로가 끊어져서 섬처럼 고립되어 버렸어요. 이 때를 놓치지 않고 미천왕은 낙랑군과 대방군을 점령하여 고구려 영역을 한반도 북부까지 확장하였어요.

미천왕 시대

4세기 초 미천왕 때에는 남으로 대동강 유역을 확보한 후, 요동 지역으로 세력을 점차 확대해 나갔다. 그러나 그 후 고구려는 서북쪽의 전연과 남쪽의 백제의 침략을 받으며 국가적 위기를 맞았다.

〈중학교 국사 교과서 33쪽〉

 미천왕의 이름은 왜 '미천왕'인가요?

고구려는 임금들의 이름을 매우 특이한 방식으로 지었어요. 어떤 방식이냐고요? 무덤이 있는 장소를 이름으로 사용했어요. 동쪽 냇가에 무덤이 있어서 동천왕, 서쪽 냇가에 무덤이 있어서 서천왕, 고국천원이라는 언덕에 무덤이 있어서 고국천왕, 민중원의 석굴에 무덤을 만들어서 민중왕 등등 이런 식으로 임금의 이름을 붙여줬어요. 그럼 미천왕美川王은 왜 미천왕이라 했을까요? 그것은 아름다운 냇가 옆에 무덤을 만들었기 때문이에요.

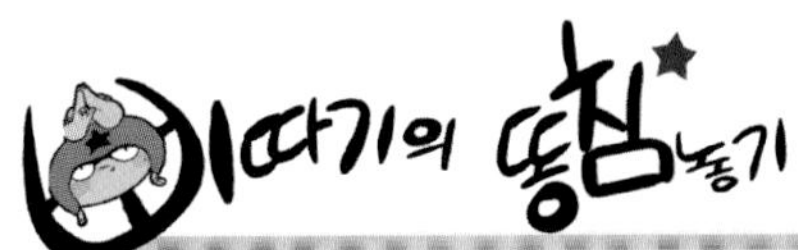

나 삐따기 생각으로는 말이야, 을불을 후원해 주는 비밀 세력이 분명히 있었을 것 같아. 그랬기 때문에 나중에 국상 창조리가 보낸 사람들이 을불을 찾을 수 있었을 거야. 그게 아니면 신분을 꽁꽁 숨기고 살아가는 사람을 어떻게 찾을 수 있었겠냐고?

땅따먹기의 챔피언 광개토대왕

우하하하!!! 나는 땅따먹기의 챔피언, 광개토대왕. 내가 누구인지 모르는 사람은 대한민국에서 간첩 취급을 받아요. 자! 그럼 지금부터 나의 땅따먹기 역사를 장콩샘과 함께 탐구해 볼까요?

광개토대왕과 인연을 맺은 사람들

고국양왕 광개토대왕의 아버지. 광개토대왕이 능력을 발휘할 수있도록 터전을 닦아 주었다.

장수왕 광개토대왕의 아들. 아버지를 이어 고구려를 동아시아의 최강국으로 발전시켰다.

내물마립간 신라의 왕. 광개토대왕의 도움을 받아 신라 땅에 쳐들어온 가야와 왜의 연합 세력을 물리쳤다.

국강상광개토경평안호태왕

고구려의 두 번째 수도인 국내성이 있는 중국의 집안시에 가면, 하늘 높이 우뚝 솟은 비석이 하나 있어요. 높이가 6.39미터, 무게가 37톤이니 엄청나게 큰 비석이지요.

이 비석의 주인공은 '국강상광개토경평안호태왕國岡上廣開土境平安好太王'이에요. 무슨 이름이 이리도 기냐고요? 고구려 사람들이 이 분을 존경하여 붙여 준 이름이니, 길다고 너무 불평하지는 마세요. 좀 짧은 이름은 없냐고요? 물론 있지요. 광개토대왕이에요. 처음부터 광개토대왕이라고 하지, 왜 읽기도 힘든 긴 이름을 말해 줬냐고요? 광개토대왕이 죽은 이후에 고구려 사람들이 붙여 준 정식 이름이니, 알고는 있어야죠.

이 이름을 우리말로 풀이해 보면, '나라 언덕 위의 무덤 안에 계신 넓은 영토를 개척하시고 나라를 평안하게 만드셨던 우리가 좋아했던 위대한 임금님'이라고 할 수 있어요. 그러고 보니, 이름 속에 광개토대왕의 업적이 다 들어 있네요.

서로 북으로 영토를 넓히는 광개토대왕

광개토대왕의 어릴 적 이름은 담덕이었어요. 그는 어릴 때부터 체격이 크고 위엄이 있었대요. 그래서 아버지인 고국양왕은 아들을 무척 총애하였으며, 담덕이 열세 살이 되었을 때 태자로 삼아 일찍부터 제왕의 길을 걷게 했어요. 그런 그가 왕위에 오른 것은 18세 때로, 아버지의 뒤를 이어 고구려의 19대 임금으로 등극하였어요.

광개토대왕이 임금으로 재위할 때, 고구려는 요동 지역 전체를 장악하며 동아시아 최강국이 되었어요. 그는 왕위에 오른 다음해인 392년에 4만의 군사를 이끌고 백제의 북쪽 지역을 공격하여 한강 유역까지 영토를 확장했어요. 이때 백제의 왕은 진사왕이었는데, 그는 광개토대왕이 병법에 능하다는 소문을 듣고 오금이 저려 미처 싸울 생각도 못 하고 멍

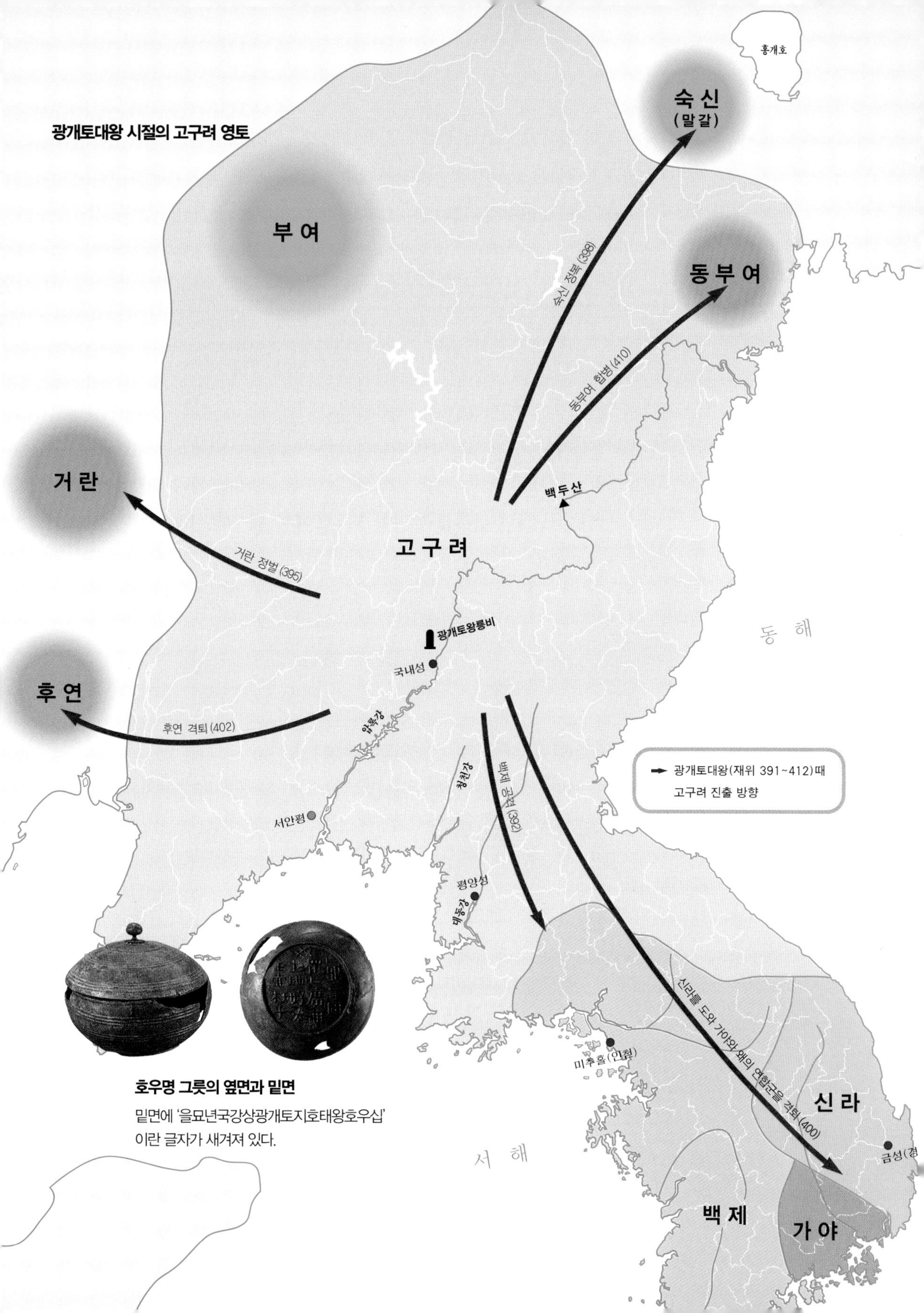

호우명 그릇의 옆면과 밑면

밑면에 '을묘년국강상광개토지호태왕호우십' 이란 글자가 새겨져 있다.

하니 앉아 있다가 10여개 성을 고스란히 빼앗기고 말았대요.

광개토대왕은 395년에는 북방에 있는 거란을, 398년에는 숙신을 복속시켰으며, 402년에는 후연을, 410년에는 동부여를 공격하여 요동 지역 전체를 고구려 땅으로 만들었어요. 이처럼 광개토대왕은 남북 어디든 가는 곳마다 승리를 거두어, 일생 동안 64개 성, 1,400여 마을을 차지하여 막강 고구려 제국을 건설했어요.

한편, 400년에는 신라의 도움 요청으로 신라 땅에 쳐들어온 가야와 왜의 연합군을 물리쳐 줬어요. 신라 왕인 내물마립간은 가야와 왜의 연합군이 쳐들어오자 광개토대왕에게 도움을 요청했고, 이를 받아들인 광개토대왕은 보병과 기병 5만을 보내 왜와 가야 군사들을 물리쳐 줬어요. 경주에 있는 신라의 왕릉급 무덤인 호우총에서 제사에 사용된 그릇이 하나 출토되었는데, 그릇 밑면에 광개토대왕의 이름이 새겨져 있어서 고구려와 신라가 광개토대왕 집권 시절에 친밀했다는 것을 증명해 주고 있어요.

백성들을 편히 살게 해 준 광개토대왕

광개토대왕이 싸움만 잘한 임금은 아니에요. 광개토대왕릉비에 다음과 같은 글이 적혀 있어요.

"대왕의 은혜와 혜택이 하늘에까지 이르고, 위력은 바다에까지 미쳤다. 또한 적들을 쓸어 없애셨으니 백성들은 평안히 자기 직업에 종사했고, 나라가 부강하니 백성이 편안했으며 오곡마저도 풍성하게 익었다."

대왕을 흠모했던 고구려 사람들의 인물평이고, 본인의 무덤 앞에 세워진 비석 글이니, 어느 정도 과장은 되었을 거예요. 하지만 자신들의 삶이 아주 편했다고 쓸 정도로 광개토대왕은 나라 안 살림살이도 상당히 잘했어요.

한편, 광개토대왕 시절에는 고구려 사람들이 자기 나라를 천하의 중

심으로 여길 정도로 자부심이 강했어요. 광개토대왕의 강력한 리더십과 용병술 덕분에 고구려인 전체가 강한 주체 의식을 가지고 있었음을 알 수 있지요.

그러나 안타깝게도 광개토대왕은 412년에 39세의 젊은 나이로 세상을 뜨고 말았어요. 역사에 '만약'이라는 단어를 붙일 수는 없지만, 만약 그가 60세까지만 살았더라도, 당시 동아시아 전체는 고구려 땅이 되었을지도 몰라요.

한번 상상해 보세요. 말까지 철갑으로 무장한 개마무사들이 보무도 당당하게 산천을 헤집고 다니며, 고구려의 영광을 외치는 모습을. 그리고 그들을 인솔하여 영토를 확장해 가는 광개토대왕의 늠름한 모습을. 어때요? 상상만으로도 스릴이 넘치지요?

광개토대왕 시대

삼국 간의 세력다툼은 광개토대왕이 즉위한 4세기 말부터 시작되었는데, 이것은 삼국의 발전을 촉진하는 자극제가 되었다. 삼국 간의 세력다툼에서 주도권을 잡은 것은 중국 세력과 싸움을 통해 성장한 고구려였다.

광개토대왕은 강화된 국력으로 신라와 밀접한 관계를 맺고 영토를 크게 넓혀 고구려의 전성시대를 열었다. 그의 업적은 만주 집안에 남아 있는 광개토대왕릉비에 기록되어 있다. 그가 죽은 뒤, 고구려 사람들은 그를 영토를 크게 넓혔다는 뜻으로 '광개토왕'이라 하여 그의 위업을 그렸다.

〈중학교 국사 교과서 47쪽〉

 **광개토대왕 이야기는 어디에 전해지고 있나요?**

광개토대왕의 업적을 기록해 놓은 역사책은 거의 없어요. 『삼국사기』에 간략하게 소개되어 있을 뿐, 광개토대왕의 부인이 누구인지, 자식은 몇 명인지, 왜 죽었는지에 대한 세세한 기록은 남아 있지 않아요. 그래도 다행인 것은 아들인 장수왕 때에 세워 놓은 광개토대왕릉비에 그의 업적이 자세히 나와 있다는 거예요. 그래서 우리는 그가 어떤 일을 언제 했는지 면밀하게 파악할 수 있어요.

광개토대왕 시절에 고구려 사람들은 '천하의 중심은 고구려'라고 했다던데, 그게 사실인가요?

광개토대왕 시절에 지방 관리를 지냈던 모두루라는 사람의 무덤에 이런 글이 쓰여 있어요. "하백의 손자이며 해와 달의 아들인 추모성왕이 북부여에서 태어나셨으니, 천하 사방은 이 나라 이 고을이 가장 성스러움을 알지니." 고구려가 천하에서 가장 성스러운 곳이란 이야기지요. 또한 광개토대왕릉비에는 고구려 사람들을 가리켜 '천손天孫의 후예'라 하고, 주변 국가나 부족들은 전부 오랑캐라 해 놨어요. 이러한 사실로 보았을 때에 광개토대왕 시절의 고구려 사람들은 고구려를 천하의 중심으로 생각했던 것이 분명해요.

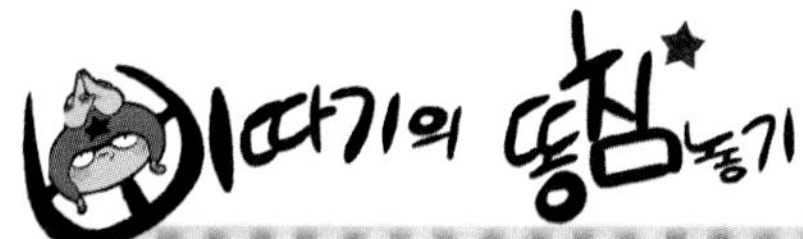

광개토대왕! 대단한 영웅인 것은 분명해. 하지만 말이야, 현대 사회가 추구하는 평화의 관점에서 보아도, 그는 과연 영웅일까? 알렉산더, 나폴레옹, 칭기즈칸, 광개토대왕. 이들은 땅따먹기 전쟁에서 승리한 정복군주들이야. 그렇다면 그로 인해서 고통을 받거나 죽어 간 사람들 또한 무척 많았을 거 아니야? 고통받은 사람들에게도 이들은 과연 영웅일까? 우리 한번쯤 곰곰이 생각해 볼 문제인 것 같아.

가자, 남으로! 장수왕

나는 왕만 78년을 했고 97세에 죽었어요. 그러니 장수왕은 내 이름으로 아주 적격이에요. 내 업적으로 가장 유명한 것은 남진 정책이에요. 남진 정책이 뭐냐고요? 나한테 물어보면 쪽팔리니, 장콩샘과 함께 나의 행적을 더듬어 보도록 해요. 자! 그럼 지금부터 내가 어떻게 남진 정책을 펼쳤는 장콩샘과 함께 탐구해 볼까요?

장수왕과 인연을 맺은 사람들

광개토대왕 장수왕의 아버지. 장수왕 시대에 고구려가 발전할 수 있게 초석을 마련해 주었다.

개로왕 백제의 왕. 장수왕의 계략에 넘어가 호화 생활을 하다가 수도인 한성을 고구려 군사들에게 내주고, 살해되었다.

도림 장수왕이 백제에 파견한 스파이 승려. 고구려 군사들이 백제의 수도인 한성을 손쉽게 점령하는 데 큰 도움을 주었다.

광개토대왕에서 장수왕으로

413년, 땅따먹기의 챔피언이자 위대한 지도자였던 광개토대왕이 39세의 젊은 나이로 세상을 떠났어요. 뒤를 이어 왕이 된 사람은 대왕의 맏아들 거련이었는데, 그는 스무 살을 갓 넘긴 나이에 제국을 물려받아 영토를 더욱 확장시키며 훗날 장수왕으로 불렸어요.

장수왕은 왕위에 오르자마자 연호를 건흥建興으로 정하고 나라 발전을 위한 장기적인 마스터플랜을 짜기 시작했어요. 연호는 왕의 통치 기간을 표시하는 호로, 동아시아 국가들은 대부분 중국에 세워진 나라의 연호를 빌려서 사용하는 것이 일반적이었어요. 그런데 고구려에서는 광개토대왕이 영락永樂이라는 독자 연호를, 장수왕이 건흥이란 독자 연호를 사용하여 고구려가 중국과 대등한 독립국가임을 나타내며, 고구려의 위상을 대내외에 과시했어요.

이름만큼 오래 산 임금님

'태조', '정종', '태종'과 같은 왕호들을 '묘호'라고 해요. 이 이름들은 왕이 죽은 이후에 생전에 쌓아 놓은 업적들을 바탕으로 신하들이 논의하여 정했어요. 그런데 고구려에서는 업적보다는 무덤이 있는 곳의 이름을 묘호로 삼는 경우가 많았어요. 예를 들어 고국원왕은 고국원이란 땅에 무덤이 있었기에, 미천왕은 미천 옆에 무덤을 만들었기에, 소수림왕은 소수림 지역에 무덤이 있어서 붙여진 이름이에요.

하지만 장수왕은 특이하게도 오래 살았다고 해서 '길 장長'에 '목숨 수壽'를 써서 장수왕이라 했어요. 어찌 보면 매우 독특하게 지은 개성 있는 이름이에요.

여기서 잠깐! 장수왕은 정말 이름만큼이나 오래 살았을까요? 그런 것 같다고요? 예, 맞습니다. 장수왕은 97세에 세상을 하직했고, 왕으로 재위한 기간만도 78년이나 돼요.

고구려를 동아시아 최대 강국으로 만든 장수왕

장수왕은 아버지인 광개토대왕이 북쪽 지역으로 아주 넓게 영토를 확장해 놓았기 때문에 위쪽으로는 더 이상 영토를 넓히기가 어려웠어요. 그래서 그는 서북쪽 경계선을 맞대고 있는 중국 세력과는 친선 관계를 유지하면서 남쪽으로 영토를 넓히는 전략을 구사했어요.

장수왕의 이 정책은 기존의 고구려 외교 정책과는 전혀 다른 것이에요. 고구려는 주몽왕이 나라를 세운 이후, 중국 및 북방 세력과 지속적인 싸움을 통해서 영토를 확장시킨 나라예요. 따라서 고구려는 중국이나 북방 세력과 치열하게 다투면서 성장했어요. 그런데 장수왕은 기존의 정책과는 다르게 중국 세력과 평화 관계를 유지하며, 모든 힘을 남쪽

에 있는 백제와 신라를 압박하는 데 사용하려 했어요. 그의 이러한 정책을 '남진 정책', '남하 정책'이라 해요. 이 정책을 추진하기 위하여 장수왕은 수도를 국내성에서 평양성으로 이전했어요.

평양성은 국내성보다 터가 넓어 사람들이 살기에 좋을 뿐만 아니라, 국내성을 기반으로 세력을 형성하고 있던 귀족 세력들의 힘을 약화시킬 수 있었어요. 여기에 백제, 신라의 국경선과 근접한 지역이어서 남진 정책을 추진하기에도 적격인 땅이었어요. 따라서 평양성으로의 도읍지 이전은 일석 삼조의 효과를 가진 효율성 만점의 결정이었어요.

장수왕의 평양 천도에 위기감을 느낀 백제와 신라는 동요하기 시작했어요. 5세기의 고구려 무사들을 상대로 백제나 신라군이 승리를 거둔다는 것은 거의 불가능했거든요. 결국 두 나라는 연합하여 고구려에 대항하기 위해 나·제 동맹[433]을 체결했어요. 하지만 장수왕 시절의 고구려군은 백제와 신라가 연합한다고 해서 물리칠 수 있는 그런 군대가 아니었어요.

464년에 고구려군 100여 명이 남쪽의 국경 지대에서 살해되는 사건이 발생했어요. 장수왕은 바로 대응하지는 않았어요. 하지만 차근차근 준비를 해서 468년에 신라의 실직성[현재 강원도 삼척]을 공격하여 함락시켰으며, 475년에는 백제를 공격하여 수도 한성[漢城]을 점령함과 동시에 개로왕을 붙잡아 죽여 버렸어요. 이로 인해 백제는 수도를 웅진[현재 충청남도 공주시]으로 옮길 수밖에 없었어요. 또한 481년에는 신라로부터 일곱 개 성을 빼앗았어요. 이러한 장수왕의 남진 정책으로 고구려의 국경선은 아산만[牙山灣]에서 죽령[竹嶺]에 이르게 되었고, 백제와 신라의 힘은 크게 위축되었어요.

충청북도 충주시 가금면 용전리 입석[立石] 마을에 가면 예전에 마을 주민들이 빨래판으로 쓰던 비석이 하나 서 있어요. 이 비석을 '중원 고구려비'라고 해요. 여기에는 신라 땅이었던 남한강 지역이 고구려 땅으로 변했음을 알려주는 내용이 새겨져 있어서 장수왕의 남진 정책이 성공리에 추진되었음을 증명해 주고 있지요.

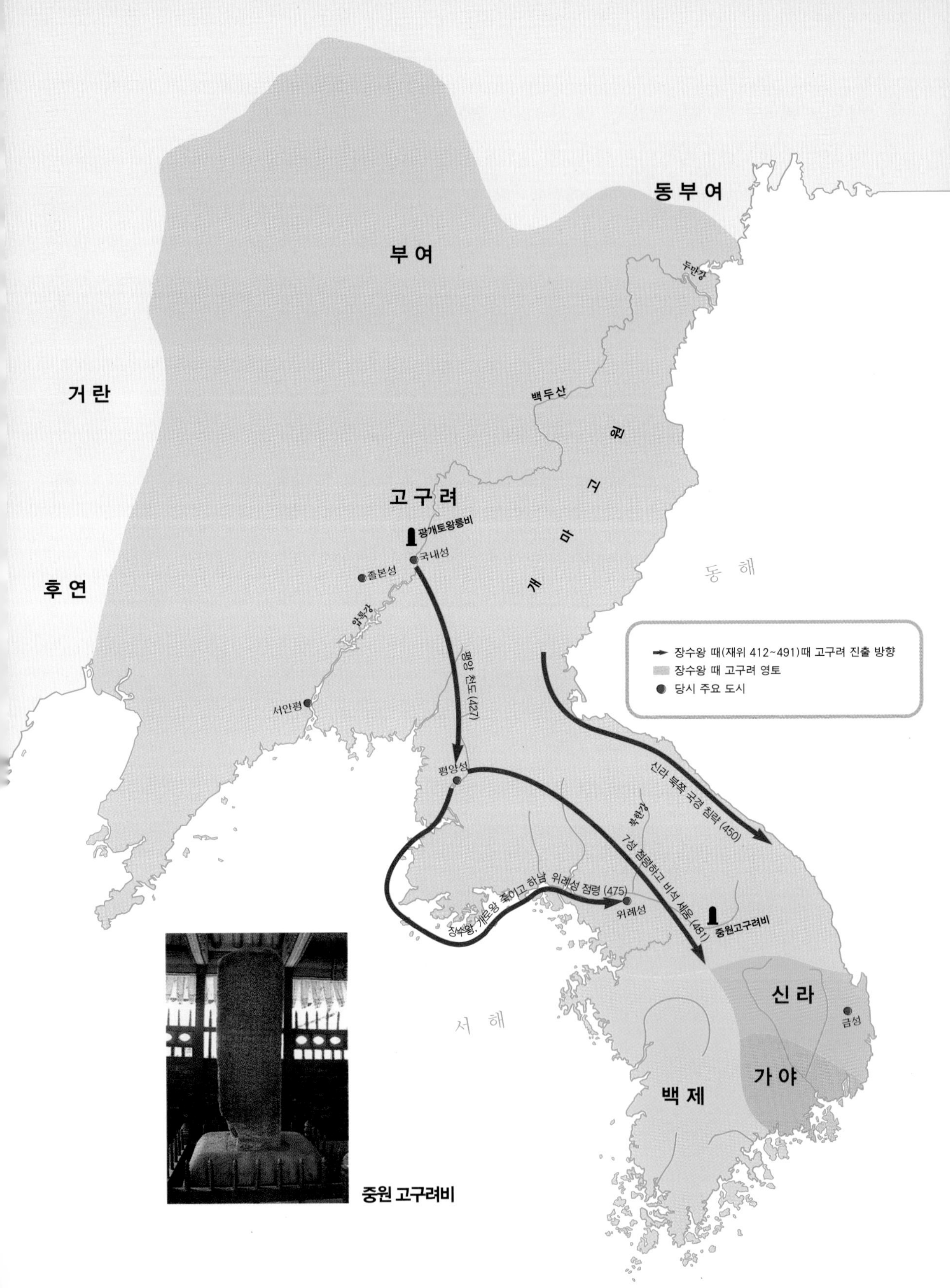

동부여
부여
두만강
거란
백두산
개마고원
고구려
광개토왕릉비
국내성
졸본성
후연
동해
압록강
평양 천도 (427)
서안평
장수왕 때(재위 412~491)때 고구려 진출 방향
장수왕 때 고구려 영토
당시 주요 도시
평양성
신라 북쪽 국경 침략 (450)
북한강
7성 점령하고 비석 세움 (481)
장수왕, 개로왕 죽이고 하남 위례성 점령 (475)
위례성
중원고구려비
신라
금성
서해
가야
백제

중원 고구려비

외교의 달인 장수왕

장수왕은 남진 정책으로 유명세를 떨친 임금인 동시에 고구려를 동아시아 외교의 핵심으로 만든 외교의 달인이기도 했어요. 광개토대왕 시절만 해도 고구려는 영토 확장을 위해 중국 및 북방 세력과 날카롭게 대립했어요. 하지만 장수왕은 국가를 안정적으로 운영하기 위해서 그들과 친하게 지내려 했어요. 따라서 장수왕 시대에는 중국이나 북방에 살고 있는 이민족들과 사이가 좋았어요.

특히 중국에 있는 나라들과는 전부 친하게 지냈는데, 당시 중국에는 북쪽에 북위, 남쪽에 송나라가 있었어요. 이 두 나라는 서로 적대적이었는데, 고구려는 막강한 힘을 바탕으로 북위, 송과 동시에 통교를 하는 양다리 작전을 구사하여 고구려의 이익을 극대화했어요.

이러한 장수왕의 양다리 작전이 성공리에 전개되었음을 보여 주는 사례가 있어요. 고구려의 압력에 다급해진 백제의 개로왕이 472년에 북위의 왕에게 편지를 보냈어요.

"우리 백제는 오랫동안 고구려에 억눌려 지내왔습니다. 고구려는 유연, 송과 힘을 합쳐 귀국을 압박하고 있는데, 이제 우리가 힘을 회복하여 고구려를 공격하고자 하니, 함께 힘을 합쳐 고구려를 공격하면 어떠하겠습니까? 두 나라가 힘을 합치면 고구려도 능히 물리칠 수 있지 않겠습니까?"

막강한 고구려와 국경선을 맞대고 있어서 항시 불안할 수밖에 없었던 북위의 입장에서 백제의 제안은 분명 구미가 당길 만했을 거예요. 하지만 북위의 반응은 예상 밖이었어요. 북위의 왕은 백제의 비밀 편지를 장수왕에게 그대로 가져다주었어요. 중국에서 힘깨나 쓰던 강대국이었던 북위도 고구려를 화나게 하는 행동은 하고 싶지 않았던 것이죠.

이처럼 고구려가 동아시아 외교의 중심으로 활동할 수 있었던 원인은 결국 고구려의 파워가 다른 나라보다 월등했기 때문이에요. 고구려는 이러한 힘을 바탕으로 자기 나라를 천하의 중심이라고 당당하게 외치면서 동아시아의 강자로 군림할 수 있었어요.

장수왕 시대

광개토대왕의 위업을 계승하여 고구려 발전에 새로운 전기를 마련한 왕은 장수왕이었다. 영토가 넓어지자, 다시 안으로 체제를 정비할 필요를 느낀 장수왕은 수도를 국내성에서 대동강 유역의 평양성으로 옮기고(427), 남진 정책을 적극적으로 추진하여 백제와 신라를 압박하였다.

이에 백제와 신라가 동맹을 맺어 고구려의 남진 정책에 대항하였는데, 고구려의 침략 위협을 직접적으로 받은 것은 백제였다. 고구려는 3만의 군대를 보내 백제를 치고 한강 유역을 차지함으로써 삼국 간의 항쟁에서 주도권을 잡게 되었다(475).

이때의 고구려 영토는 아산만에서 소백 산맥을 넘어 영일만을 연결하는 지역에까지 미쳤는데, 이러한 사실은 중원 고구려비를 통해 알 수 있다. 5세기 말에 고구려는 한반도 중부 지방과 요동을 포함한 만주 땅을 차지하여 동북 아시아의 강대국으로 위세를 떨쳤다.

〈중학교 국사 교과서 48쪽〉

장수왕이 백제를 점령하러 갈 때에 스파이를 먼저 보내 백제를 흔들어 놨다던데, 그게 정말인가요?

그래, 맞아요. 알쏭이도 역사 상식이 대단하네요. 샘이 미처 설명하지 못한 부분을 콕 집어 질문해 주었어요. 장수왕은 백제를 치러 가기 전에 백제 내부를 흔들어 놓기 위해 백제 왕실에 스파이를 침투시켰어요. 승려 도림을 간첩으로 만들어 백제 땅으로 비밀리에 들여보낸 거예요. 도림은 장수왕이 싫어 백제로 망명해 온 것처럼 꾸며 백제 땅에 살면서 개로왕에게 접근했어요.

"저는 어려서부터 바둑을 배워 바둑 실력이 출중합니다. 대왕님께 바둑의 참 재미를 알려 드리겠습니다."

바둑을 좋아했던 개로왕은 도림이 바둑을 잘 둔다는 것을 알고 그때부터 나랏일은 하지 않고 도림과 바둑 두는 데만 열중했어요.

그 후 도림은 개로왕이 자신을 신임한다는 확신이 서자, 백제는 궁궐이 너무 작아서 나라의 위엄이 서지 않는다며 개로왕에게 궁궐을 크게 지으라고 부추겼어요. 하지만 도림의 이 건의는 백제의 힘을 약화시키기 위한 고도의 전략이었어요. 도림의 말을 따라 개로왕은 궁궐을 새로 지었는데, 이 때문에 나라의 재물 창고는 텅 비게 되었고 백성들은 궁궐을 짓는 데 동원되어 갖은 고생을 다해야 했어요.

도림은 백제가 멸망의 길로 접어들었다고 판단되자, 백제를 몰래 빠져나와 고구려로 가서 장수왕에게 건의했어요.

"대왕이시여, 지금 백제 백성들의 마음이 왕에게서 완전히 떠나 있습니다. 재물 창고 또한 텅텅 비어서 전쟁이 일어나도 이에 대비할 수가 없을 것입니다. 지금 군사를 일으켜서 백제를 치면 이 전쟁은 백전백승입니다."

도림의 말을 들은 장수왕은 이제 때가 되었다고 생각하여, 군사를 보내 백제를 무차별적으로 공격했어요. 아니나 다를까, 백제는 고구려 군사들의 공격에 힘없이 무너졌으며, 개로왕은 도망치다 고구려 군사들에 붙잡혀서 살해되고 말았어요.

이러한 사실로 보았을 때에, 장수왕은 성격이 매우 치밀하고 꼼꼼한 왕이었음을 짐작할 수 있어요. 또 스파이를 활용한 첩보전의 대가大家인 동시에 장기적인 관점에서 고구려를 통치했던 명군주임을 파악할 수 있어요.

중원 고구려비를 예전에 빨래판으로 썼다고 들었는데, 그게 무슨 말인가요?

중원 고구려비가 발견된 것은 1979년이에요. 단국대학교 학술조사단이 지역의 문화유적들을 조사하고 있었는데, 어떤 사람이 "입석 마을

개울가에 빨래판으로 쓰는 납작한 돌이 하나 있는데, 비석일지 모른다."는 제보를 해 주었어요. 이 말을 들은 조사단은 혹시나 하는 마음으로 입석 마을에 가서 이끼가 다닥다닥 붙은 빨래판을 조사했어요.

아니나 다를까, 빨래판은 비석이었어요. 돌판에 써 있는 한자들을 해석해 보니, 고구려의 남진 정책을 입증할 수 있는 비석이 분명했어요. 이후 문화재청에서는 비석의 중요도를 고려하여 국보 205호로 지정했으며, 지금은 보호각까지 세워 애지중지 보호하고 있어요.

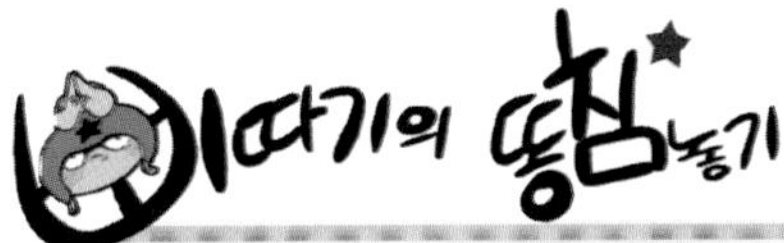

나는 말이야, 장수왕의 그릇된 판단이 나중에 고구려를 멸망시킨 것 같아. 장수왕 시절의 고구려는 천하무적이었을 텐데, 왜 장수왕은 신라와 백제를 없애 버리지 않았을까? 장수왕이 백제와 신라를 묵사발 내 버렸다면, 나중에 신라가 어떻게 삼국 통일을 이룰 수 있었겠어. 혹시 말이야, 장수왕이 너무나 신중한 성격이어서 완벽한 준비 상태에서 백제와 신라를 무너뜨리려다가 그만 기회를 놓쳐 버린 것은 아닐까?

고집쟁이 공주 **평강**

내 이름은 평강 공주예요. 내 아버지는 고구려의 25대 임금, 평원왕이에요. 나는 어려서부터 울보로 유명했어요. 내 남편은 바보로 소문난 온달 장군이지요. 아버지는 내 결혼을 결사적으로 반대했지만, 나는 온달 장군과의 결혼 때문에 역사에 이름을 남길 수 있었어요. 자! 그럼 지금부터 내가 어떻게 온달님과 결혼할 수 있었는지 장콩샘과 함께 탐구해 볼까요?

평강 공주와 인연을 맺은 사람들

평원왕 고구려의 25대 임금으로 평강 공주의 아버지다. 평강 공주가 온달과 결혼할 때 결사적으로 반대했으나, 온달의 무술 실력을 보고 둘의 결혼을 인정해 주었다.

온달 본래 미천한 신분이었으나, 평강 공주를 만나 고구려 최고의 장군으로 성장한 신데렐남(?)이다.

온달과 온달산성

물길, 산길이 수려해서 경치가 좋기로 유명한 충청북도 단양군에 가면 온달산성이 있어요. 고구려의 온달 장군이 이곳에서 신라군과 싸우다가 날아오는 화살에 맞아 죽었다고 해서 유명해진 산성이에요. 그런데 온달 장군은 전쟁에 나가기 전에 부인에게 이런 맹세를 했대요.

"이번 전쟁에서 나는 조령과 죽령 이북의 땅을 반드시 되찾을 것이오. 만약 빼앗지 못하면 나는 돌아오지 않을 것이오."

온달 장군이 차지하려고 한 땅은 남한강 자락으로, 본래 이곳은 신라의 땅이었으나, 5세기 후반 장수왕의 남진 정책 추진으로 고구려 땅이 되었어요. 그러나 6세기 중반에 신라의 진흥왕이 다시 이곳을 차지하여 신라가 재점령했어요.

온달산성
남한강이 내려다보이는 전략적 요충지에 자리 잡고 있다. 온달 장군이 쌓았다고 전해진다.

온달 장군은 광개토대왕, 장수왕 시절의 막강 고구려를 꿈꾸며 이 땅을 다시 차지하기 위하여 군사를 몰고 왔건만, 꿈을 이루지 못하고 온달산성에서 죽고 말았어요. 장군의 영혼이 얼마나 원통했던지, 시신을 넣은 관을 옮기려 할 때 관이 땅에 딱 달라붙어 떨어지지 않았대요. 부인인 평강 공주가 달려와서 온달의 영혼을 달래 준 후에야 관이 움직여서 장례를 치를 수 있었다고 해요. 온달의 남한강 상류 지역 점령 의지가 얼마나 컸는지 잘 알 수 있으며, 두 사람의 사랑 또한 대단했음을 능히 짐작할 수 있어요.

바보 온달과 인연을 맺은 평강 공주

온달 장군의 부인인 평강 공주는 고구려 25대 임금인 평원왕의 딸이었어요. 반면에 온달은 앞 못 보는 어머니와 함께 거지처럼 살아가던 더벅머리 총각이었어요.

그런데 어떻게 해서 평강 공주가 바보 온달에게 시집을 가게 되었을까요? 여기에는 평강 공주의 똥고집이 한몫 단단히 했어요. 평강 공주는 어렸을 적에 고구려 사람들 모두가 알아주는 소문난 울보였어요. 오죽하면 아버지인 평원왕이 이렇게 말을 했을까요.

"너 그렇게 울어대면, 나중에 바보 온달에게 시집보낸다."

이 말을 어린 시절에 귀에 못이 박히도록 듣고 자란 공주는 시집갈 나이가 되자, 본인이 앞장 서서 바보 온달에게 시집을 가겠다고 고집을 부렸어요.

"제가 울 때마다 아버님은 저를 바보 온달에게 시집보낸다고 말씀하셨습니다. 백성들도 약속을 지키지 않으면 엄한 벌을 받는데, 하물며 임금님께서 약속을 지키지 않으면 어찌 백성들이 믿고 따르겠습니까? 저는 아버님이 예전에 하셨던 약속대로 온달을 제 낭군으로 맞이하겠나이다."

평원왕은 어이가 없었어요. 달래도 보고 꾸짖어도 보았지만, 한번 마음을 굳힌 평강 공주는 자신의 뜻을 굽히려 들지 않았어요. 화가 머리끝까지 난 평원왕은 평강 공주에게 최후의 통첩을 보냈어요.

"공주의 몸으로 비천한 거지에게 시집을 가겠다는 것이 말이 되는 소리냐? 어렸을 적에 농담 삼아 한 말을 가지고 네가 그리 고집을 피운다면, 나는 더 이상 너를 자식으로 생각하지 않겠다. 정녕 네 뜻대로 하고 싶으면 부모 자식 간의 인연을 끊을 테니 그리 알아라."

평강 공주는 그날부로 아버지와 어머니께 하직 인사를 올리고 온달의 집으로 갔어요.

바보 온달과 결혼하는 평강 공주

궁궐을 빠져나온 평강 공주는 사람들에게 물어 물어 간신히 온달의 집에 도착했어요. 사립문을 밀고 들어가니, 집 안에는 앞 못 보는 어머니만 앉아 있었어요. 평강 공주는 어머니 앞으로 다가가 공손하게 절을 하고 자신이 이곳에 온 이유를 말했어요.

온달의 어머니가 대답했어요.

"향기로운 냄새가 그대의 몸에서 나는 걸로 보아 귀한 집의 딸 같은

데, 우리 온달은 가난하고 바보여서 그대와 짝이 될 수 없습니다."

평강 공주는 어머니에게 반드시 온달님과 결혼하겠다는 자신의 뜻을 전하고 온달을 찾아나섰어요. 그때 마침 온달은 산에서 나무 짐을 지고 내려오던 중이었는데, 온달을 만난 평강 공주는 그에게 자신의 신분을 밝히고 함께 살자고 했어요. 온달이 생각하기에 평강 공주는 사람이 아니라 어여쁜 처녀로 분장하고 자신을 잡아먹으러 온 저승사자였어요. 그래서 그는 뒤도 돌아보지 않고 잽싸게 집으로 도망쳤어요.

평강 공주는 포기하지 않고 온달의 뒤를 쫓아와서 온달과 그의 어머니 앞에서 다시 한번 자신의 뜻을 밝혔어요. 두 사람은 펄쩍펄쩍 뛰며 손을 내저었지만, 한번 마음을 굳힌 평강 공주의 결심은 그 누구도 꺾을 수가 없었어요.

공주는 몇 날 며칠을 온달의 집 앞에서 보내며 온달을 설득하였고, 결국 둘은 부부가 되었어요. 그 후 평강 공주는 온달에게 글을 가르치고 무술을 연마하게 하여 바보 온달을 문무가 겸비된 준수한 젊은이로 재탄생시켰어요.

평강 공주 덕분에 장군이 된 바보 온달

고구려에서는 매년 3월 3일에 낙랑 언덕에서 하늘에 제사를 지내며 사냥을 하는 대회가 열렸어요. 이 행사에는 왕이 직접 참가하여 사냥을 제일 잘한 사람에게 상을 내렸어요. 평강 공주는 아버지가 매년 이 대회에 참가하는 것을 알고 있었기에, 온달에게도 참가를 권유했어요. 평강 공주의 뒷바라지 속에 무술 실력이 일취월장한 온달은 사냥 대회에 나가 빼어난 실력으로 1등을 차지했어요.

사냥이 끝나고 상을 받으러 온 온달에게 평원왕이 물었어요.

"네 이름이 무엇이냐?"

"대왕마마, 저는 온달이라고 하옵니다."

"뭣이라고! 네가 온달이라고?"

평원왕은 까무러칠 뻔했어요. 바보라고 소문이 난 온달이 기고 난다는 무사들이 모두 출전한 국가 최고의 사냥 대회에서 1등을 할 줄 누가 알았겠어요. 왕은 자신의 귀를 의심하며 재차 물은 후에 온달이 확실하다는 것을 확인하고 장군으로 발탁했어요. 고구려는 실력만 좋으면 높은 자리에 오를 수 있는 개방된 사회였어요. 더구나 3월 3일 낙랑 언덕의 사냥 대회는 인재를 발탁하는 대회였기에 어느 누구도 온달을 장군으로 임명하는 것에 이의를 제기하지 않았어요.

그 후 온달은 평강 공주와 깨가 쏟아질 정도로 알콩달콩 잘 살며, 여러 전투에서 공훈을 세워 고구려 최고 장군으로 성장했어요. 하지만 온달이 남한강 유역을 차지하기 위해 신라군과 싸우다가 온달산성에서 죽음으로써, 두 사람은 영영 이별하고 말았어요.

한강 유역

농경에 적합한 한강 유역은 한반도의 중심에 위치하여 여러 지역의 문화가 합쳐지고, 또 그 주변에 많은 인구와 물자가 모이는 곳이다. 그리고 바다를 통해 중국과 교류하기에 적합한 지리적 이점도 가지고 있다. 따라서 한강 유역을 차지한 나라가 삼국 간의 세력 다툼에서 주도권을 차지하였다.

한강을 중심으로 발전한 백제는 황해를 통해 중국과 교류하면서 일찍이 국가 체제를 정비하였다. 그리하여 근초고왕 때에 이르러 넓은 영토를 차지하고 해외로 진출하여 국력을 과시하였다. 그 후, 백제는 고구려에 한강 유역을 빼앗기고 점차 쇠퇴하였다.

신라는 지리적 위치 때문에 중국과 직접적인 교류를 하기가 어려웠고 나라의 발전이 늦었다. 그러나 진흥왕 때 한강 유역을 차지하면서 고구려와 백제의 연결을 끊을 수 있었고, 황해를 거쳐 중국과 직접 교류하여 국제적 지위를 높일 수 있게 되었다. 그리고 한강 유역의 경제력을 확보하고 한반도의 주도권을 잡으면서 장차 삼국 통일의 기틀을 마련할 수 있었다.

〈중학교 국사 교과서 54쪽〉

평강 공주와 결혼한 온달은 정말 거지였을까요? 신데렐라가 요술 할멈의 도움으로 왕자님과 결혼했다는 동화처럼 이것 또한 지어낸 이야기가 아닐까요?

알쏭이 생각에 샘도 전적으로 동의해요. 하지만, 고구려에서는 평민이라도 실력만 있으면 장군으로 출세할 수 있었어요. 따라서 완전히 지어낸 창작 소설이기보다는 신분이 낮은 온달이 실력으로 고위직에 올라 평강 공주와 혼인한 이야기가 오랜 세월 입에서 입으로 전해지면서 남자 신데렐라 이야기로 재구성되었다고 할 수 있어요. 물론 이것도 샘의 생각일 뿐, 전적으로 맞는 것은 아니에요.

온달 장군이 죽었을 때에 관이 땅에서 떨어지지 않았다는 것도 저는 믿을 수 없어요.

샘 역시 그래요. 그러나 그것 역시 일정한 역사적 사실이 오랜 세월을 거치는 동안 살이 덧붙은 경우라고 생각돼요. 장수왕이 고구려 땅으로 만들어 놨던 한강 유역은 6세기 중반 이후에 신라 땅이 돼요. 이 땅을 되찾기 위해서 평원왕은 혼신의 노력을 다했어요. 이 시기 고구려의 최고 장군은 온달로, 그는 평원왕의 소원인 남한강 유역 재점령을 위해 신라군과 싸우다가 죽었어요. 이게 너무 안타까워서 훗날 사람들이 관이 땅에서 떨어지지 않았다는 과장법을 써서 그의 죽음을 애석해했을 가능성이 있어요.

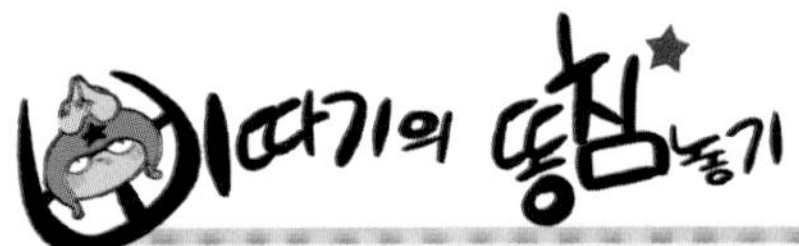

뭐! 거지였던 바보 온달이 임금의 딸인 공주와 결혼했다고? 이게 도대체 말이나 되는 소리야? 온달이 신데렐남(?)이라도 되남? 나는 이거 절대 믿을 수 없다고. 내가 누구야? 세상의 모든 것을 뒤집어보고 거꾸로 보는 삐따기라고. 믿을 수 있는 것을 믿으라고 해야지. 『삼국사기』에 나와 있는 이야기니 믿으라고? 아니야, 아니야. 나는 절대로 믿을 수 없어. 세상에 이런 일이 어떻게 가능할 수 있어. 나는 절대 못 믿는다고. 여러분! 여러분 생각은 어떠세요? 평강 공주가 바보 온달과 결혼했을 것 같나요?

30만 수나라 군사들을 청천강에서 물귀신으로 만든 을지문덕

내 이름은 을지문덕. 나는 내가 언제 태어났고 언제 죽었는지를 몰라요. 왜냐고요? 역사 기록에 나와 있지 않거든요. 다만 나는 후세 사람들에 의해 살수의 영웅으로 기억되고 있어요. 현재의 청천강인 살수에서 수나라의 30만 대군을 수공 작전水攻作戰으로 격퇴시켜 수나라 임금 양제의 코를 납작하게 만들어 버렸거든요.

자! 그럼 지금부터 내가 어떻게 수나라의 30만 대군을 물귀신으로 만들었는지 장콩샘과 함께 탐구해 볼까요?

을지문덕과 인연을 맺은 사람들

영양왕 을지문덕이 살수대첩을 치를 당시 고구려의 왕이었다.

우중문 수나라의 장수. 살수에서 부하의 대부분을 잃어버렸다.

수 양제 113만의 대군으로 고구려를 침범해 왔지만, 을지문덕에게 꼼짝없이 당하고 소득 없이 물러갔다.

을지로의 주인공, 을지문덕

일제시대 때 만주 벌판에서 두루마기 자락을 휘날리며 독립 운동을 했던 단재 신채호 선생이 우리나라 4천 년 역사상 으뜸가는 큰 위인이라고 추앙했던 인물이 있어요. 누굴까요? 을지문덕. 네, 그래요. 단재 선생은 수나라의 30만 대군을 살수[현재의 청천강]에서 수공 작전으로 몰살시킨 고구려의 명장 을지문덕을 우리 역사상 최고의 인물로 생각했어요.

퀴즈를 하나 더 내겠어요. 종로와 함께 서울을 대표하는 도로로 을지로가 있어요. 이 길은 누구의 이름에서 따왔을까요? 을지문덕이라고요? 예, 맞았습니다. 딩동댕동 딩동댕이에요! 이쯤 되면, 우리나라에서 을지문덕이 어떤 대접을 받고 있는지 충분히 짐작할 수 있지요.

수나라와 전쟁을 시작하는 고구려

5, 6세기 중국 땅에는 여러 나라가 나타나서 중국 전체를 통일하기 위하여 서로 싸우고 있었어요. 이 시기를 중국 역사에서는 남북조시대라고 하는데, 그 이유는 중국의 남쪽 지역과 북쪽 지역에 하나 또는 두 개 나라가 연이어 나타나며 서로 대립했기 때문이에요. 이러한 남북조시대는 589년 수나라가 중국을 통일함으로써 끝나요.

위 · 진 남북조 시대의 변천

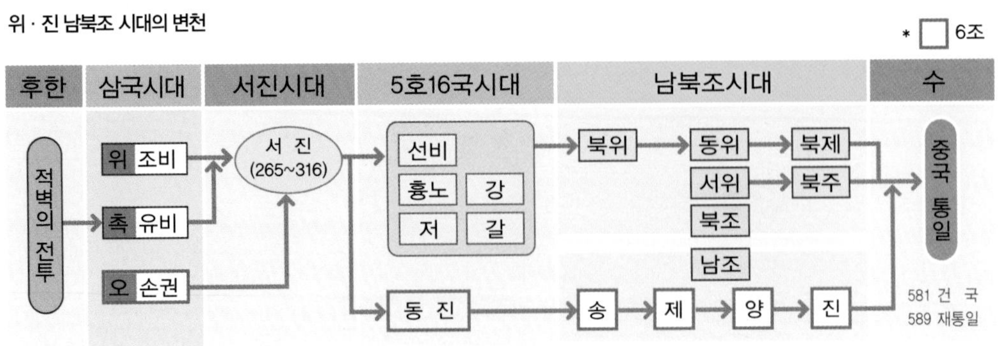

고구려는 수나라가 중국 전체를 차지하자 크게 긴장했어요. 중국과 고구려는 전통적으로 대립하는 경우가 많았는데, 그나마 남북조시대 때는 저희들끼리 서로 눈치를 보느라고 남조, 북조 모두 고구려와 친선 관계를 유지하고 있었어요. 그런데 느닷없이 중국에 통일 왕조가 들어섰으니, 고구려 입장에서는 긴장할 수밖에 없었지요.

고구려는 무기를 수리하고 군량미를 비축하는 등 수나라의 침략에 은밀히 대비하기 시작했어요. 하지만 이를 눈치 챈 수나라의 임금 문제文帝가 고구려에 사신을 보내 엄포를 놓았어요.

"요하가 넓으면 얼마나 넓겠는가? 어찌 황하에 비하리오. 장군 한 사람을 파견하면 충분할 것을 어찌 많은 병력을 동원하겠는가?"

요하는 중국 땅인 요서 지방과 고구려 영토인 요동 지방을 가르는 강으로, 수 문제의 편지는 '요하만 넘으면 너희는 곧 죽음이니 알아서 복종하라.'는 강력한 경고였어요.

그러나 고구려는 수의 이러한 압력에 눈 하나 깜짝하지 않았어요. 오히려 598년에는 요하를 건너 요서 지방을 먼저 공격해 수를 자극하기까지 했어요.

화가 머리끝까지 치민 수 문제는 30만의 대군을 이끌고 고구려를 침입해 왔어요. 하지만 이 전쟁은 고구려의 일방적인 승리로 끝나 버렸어요. 수나라 군대는 고구려를 쉽게 생각하고 쳐들어왔지만, 고구려 군사들은 한 사람이 백 명의 적과 싸운다는 일당백 정신으로 굳게 뭉쳐서 수나라 대군을 박살내 버렸어요. 고구려의 힘이 광개토대왕이나 장수왕 때만큼은 아니었어도 '썩어도 준치'라고, 아직 수나라 정도는 능히 대적할 힘이 있었거든요.

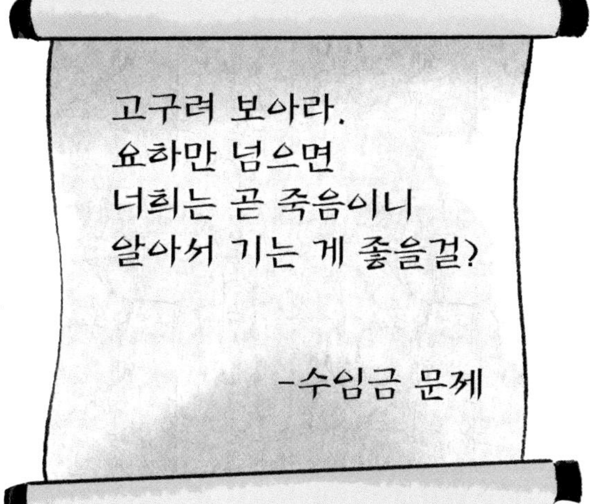

612년, 수나라가 다시 고구려 땅을

침범해 왔어요. 문제의 뒤를 이어 왕이 된 양제가 무려 113만의 대군을 이끌고 기세등등하게 고구려를 쳐들어왔어요. 113만 명이 대군이

냐고요? 그럼요. 일렬로 쭉 세워 놓으면 끝이 보이지 않을 정도로 많은 숫자예요. 인구수로 따져서 우리나라 7위의 도시인 울산광역시 인구가 111만2009년 8월 기준 정도니, 113만의 군사는 대단한 숫자지요. 그런데 옛날에는 전투병 1명에 일꾼 병사 2명 정도가 함께 움직였어요. 무기와 식량을 운반해야 했거든요. 따라서 수 양제의 고구려 침공군은 적어도 350만에 이르는 천문학적인 숫자가 참가한 대규모 원정대였어요. 350만이면 얼마나 되냐고요? 2009년 8월 기준으로 우리나라 2대 도시인 부산광역시 인구가 355만 정도니, 한번 상상해 보세요. 얼마나 많은 숫자인지. 중국 측 기록에 "군사들의 출발이 40일 동안 계속되었으며, 군대 행렬이 960리에 이르렀다."고 나와 있으니, 수 양제가 얼마나 벼르고 별러 고구려 정벌을 단행했는지 알 수 있어요.

고구려의 청야 작전에 속수무책으로 당한 수나라 군사들

고구려는 전통적으로 외적이 쳐들어오면 들판이나 집안에 있는 곡식들을 적들이 활용하지 못하도록 전부 불태워 버리고 성에 들어가 끈질기게 버티며 적을 괴롭히는 작전을 주로 썼어요. 이러한 전술을 들판을 텅 비게 만들어 먹을 것을 구할 수 없게 만든다고 해서 '맑을 청淸'에 '들판 야野'를 써서 '청야 작전淸野作戰'이라고 해요. 따라서 어느 나라건, 고구려와 싸워서 승리하기 위해서는 속전속결로 전쟁을 끝내야 했어요.

그런데 수나라는 상상하기 힘들 정도의 대군을 동원하여 고구려를 쳐들어왔지만, 첫 전투지인 요동성부터 난관에 부딪혔어요. 4개월 동안 젖 먹던 힘까지 동원하여 요동성을 점령하려 했지만, 성은 생각처럼 쉽게 함락되지 않았어요. 추운 겨울은 닥쳐오지, 준비해 온 양식은 달랑달랑하지, 수 양제는 다급해졌어요. 그래서 그는 30만의 별동 부대를 재편성하여 고구려의 수도 평양성을 직접 공격하려 했어요. 별동 부대는 '별도로 움직이는 부대'란 의미로, 요즘의 해병대라고 할 수 있어요.

이제 고구려는 꼼짝없이 당하게 생겼어요. 그러나 걱정 마세요. 고구려에는 명장 을지문덕이 떡하니 버티고 있었으니까요.

수의 30만 별동대를 전멸시켜 버린 을지문덕

30만의 별동 부대를 상대하는 고구려의 작전은 의외로 간단했어요. 을지문덕 장군은 추운 겨울이 닥쳐오기 전에 전쟁을 끝내려고 무리를 해서 쳐들어오는 수의 속셈을 간파했어요. 그는 수나라 군사들이 진격해 오는 길목의 백성들을 산성 안으로 이동시키고 마을 안에 있던 우물들을 모두 메워 버렸어요. 그러고는 소규모 부대를 이끌고 하루에도 몇 번씩 적진을 넘나들며 적을 혼란스럽게 만들었어요.

한편 수나라 군대가 평양성 외곽 30리쯤에 도착하자, 을지문덕 장군은 거짓으로 항복을 하여 적진을 염탐했어요. 수나라 장수 우중문은 이때 을지문덕을 사로잡아 죽이려 했어요. 그러나 부하 장수가 항복하러 온 사신을 가두는 것은 도리가 아니라고 해서 입맛만 쩝쩝 다시며 돌려보냈어요.

간신히 적진을 빠져나온 을지문덕은 우중문에게 한 편의 시를 지어 보냈어요.

신기한 그대의 작전은 하늘의 원리에 통달하였고
오묘한 꾀는 땅의 이치를 꿰뚫었다.
전쟁에서 승리한 공이 이미 높으니
만족한 줄 알고 그만둠이 어떠한가.

'우중문 자네가 뛰어난 인재라는 것은 세상 사람들이 모두 알고 있다. 그러니 이번 전투에서 개망신을 당하지 않으려면, 지금 말머리를 돌려 너희 나라로 돌아가라.'는 경고성 멘트였어요. 이 시를 본 우중문은 사태의 심각성을 깨닫고 군사들에게 급히 후퇴 명령을 내렸어요. 하지만 때는 이미 늦었어요. 고구려 군은 이런 날이 올 것을 미리 예상하여 수나라 군대가 되돌아가는 길목에 있던 살수의 상류를 흙과 돌로 막아 놓고 수나라 군사들이 오기만 기다리고 있었어요.

수의 30만 군대는 허겁지겁 후퇴하며 살수에 도착했어요. 강물을 보니 바지를 조금만 걷어 올리면 충분히 건널 수 있는 깊이였어요. 언제 어디서 고구려 군이 공격해 올지 모르는 상황이었기 때문에 수의 군사들은 앞뒤 재지 않고 오합지졸이 되어 서로 경쟁하듯이 물속으로 뛰어들었어요.

강의 상류에서 기다리고 있던 고구려 군사들은 수의 군사들 대다수가 강물로 뛰어든 것을 보고 막아 놓았던 둑을 터 버렸어요. 수나라 군사들은 파도처럼 밀려오는 강물을 피하지 못하고 거의 전부가 물고기 밥이 되고 말았지요. 이곳에서 살아 돌아간 자가 2,700여 명에 불과했으니, 무려 29만 3천여 명이 물귀신이 되고 말았어요. 이 전투가 을지문덕의 '살수 대첩'이에요.

수나라 격퇴

고구려는 수의 침입을 미리 막고 전략상 유리한 지역을 차지하기 위해 먼저 랴오허 강(요하)을 건너 전략적 요충지인 요서 지방을 공격하였다. 이에 수 문제가 침공해 왔으나, 고구려는 이를 물리쳤다.

그 후, 수 양제가 황제에 올라 천하의 최고 통치자임을 내세우고 동북 아시아의 강국 고구려까지 손아귀에 넣으려고 하였다. 당시 고구려의 줄기찬 공격을 받아 고전하던 신라는 원광을 수에 보내어 군사 원조를 요청하였다.

612년에 수 양제는 직접 113만 대군을 동원하여 고구려를 침공하였다. 요동성을 포위, 공격하는 데 실패하고, 바다를 건너 평양성 부근까지 침략한 수군 또한 참패하자, 초조해진 수 양제는 30만 명의 별동대를 투입하여 평양성을 치게 하였다.

우중문 등이 거느린 별동대는 고구려 장군 을지문덕의 유도 작전에 말려들어 평양성 부근까지 진군하였다가 크게 지치고 굶주려 결국 후퇴하게 되었다. 고구려는 이 틈을 타서, 적군이 살수를 건널 때 그 주력 부대를 공격하여 전멸시켰다. 그리하여 별동대 30만 명 중에서 살아서 돌아간 사람은 겨우 2700명 정도였다고 한다. 이 싸움이 유명한 살수 대첩이다(612).

그 뒤에도 고구려는 수의 공격을 몇 차례 더 물리쳐 나라의 위기를 극복하였다. 수는 무리한 전쟁으로 인한 국력 소모와 내란으로 결국 망하고 말았다.

〈중학교 국사 교과서 58쪽〉

 을지문덕의 고향은 어디이며, 언제 태어났나요?

앗! 알쏭이가 샘의 약점을 제대로 찔렀군요. 샘도 알쏭이처럼 을지문덕이 언제 태어났고, 어떤 성장 과정을 보냈는지가 무척 궁금해요. 하지만 현재로써는 을지문덕이 살수 대첩을 성공리에 이끈 고구려 장군이라는 것 외에는 알 수 없어요. 왜냐하면, 그와 관련된 역사 기록이 살수

대첩을 승리로 이끈 장군이라는 것 외에는 전혀 없거든요. 다만 그가 수나라 장수 우중문을 비꼬면서 쓴 시로 보아 문장과 무술을 겸비한 능력 있는 장군이었음을 짐작할 뿐이에요.

한편 일부 학자는 을지문덕을 선비족 출신의 고구려 장군으로 추정하고 있어요. 왜 그러냐고요? 중국의 역사책인 『자치통감』에 을지문덕이 위지문덕尉支文德으로 기록되어 있는데, '위지'를 선비족의 성인 '위지尉遲'로 판단하여 을지문덕을 선비족 출신의 고구려 망명객으로 생각하는 것이죠. 이 주장은 상당히 신빙성이 있어요. 왜냐하면 고구려는 다민족 국가였고, 고구려의 영토였던 만주와 한반도 북부에는 우리 민족 외에 말갈, 거란족이 함께 살고 있었어요. 또 고구려는 내륙 아시아의 유목 민족들과 꾸준히 교류하였으며, 심지어는 중앙 아시아 지방의 사람들과도 교류를 했어요. 따라서 을지문덕이 순수 우리 민족이 아닌 선비족 출신일 가능성은 충분히 있어요.

을지문덕 장군을 높게 평가했던 단재 신채호 선생님은 어떤 분이신가요?

신채호 선생申采浩, 1880~1936은 근대 우리나라가 낳은 위대한 선각자 중의 한 분이에요. 그는 한말의 격동기에 태어나 나라의 독립을 유지하기 위해 교육과 언론, 역사 연구를 통해서 민족의식을 고취하려 했으며, 일제 강점기 때는 중국으로 망명하여 독립 운동에 헌신하다가 일제 경찰에 붙들려서 감옥에서 일생을 마쳤어요.

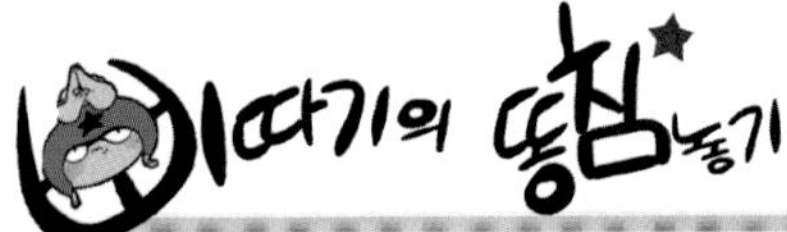

출신 성분도 모르는 을지문덕을 우리 민족의 위대한 영웅이라고 떠받들며 게거품을 무는 사람들을 나는 이해할 수 없어. 단재 신채호 선생이야 자신이 살았던 시대가 일제 침탈기여서 우리의 민족의식을 드높이기 위해 조금 뻥을 섞어서 을지문덕을 높여 주었지만, 지금 시대에는 그래선 안 된다고 봐. 일부 학자들이 그를 선비족이라고 주장하는데, 만약에 그가 정말 선비족이라면, 그때도 왕 침 튀겨 가며 민족의 영웅이라고 말할 사람들이 과연 얼마나 있을까? 너무 민족, 민족 하면 지구촌 시대에 다른 나라 사람들에게 왕따만 당한다고. 민족의식도 적당한 선에서 강조해야 진정한 민족의식이지, 너무 지나치면 국수주의가 되어 일본 극우파와 똑같은 놈이 되고 만다고.

천리장성을 쌓은 **연개소문**

나는 연개소문. 내가 누구인지 모르는 사람은 한국 사람이 아니지요.
나는 고구려 말기를 살았는데 왕도 내 앞에서는 함부로 입을 놀리지 못했을 정도로 막강 파워를 가졌던 사람이에요. 내 업적으로 빼놓을 수 없는 것이 천리장성의 축조와 당나라와의 전쟁을 승리로 이끈 것이에요.
자! 그럼 지금부터 내가 어떻게 당나라와 싸웠는지 장콩샘과 함께 탐구해 볼까요?

연개소문과 인연을 맺은 사람들

당 태종 고구려를 점령하러 왔다가 된통 당하고 병들어 죽었다.

연정토 연개소문의 동생. 연개소문이 죽고 난 이후에 조카들과 권력 다툼을 벌이다 패배하여 신라로 망명하였다.

양만춘 안시성 성주. 당나라와의 전쟁 때 60여 일 동안 성을 지켜 고구려를 위기에서 구했다.

연남건 연개소문의 작은 아들. 막리지인 형을 쫓아내고 막리지가 되었으나, 고구려 멸망 후 당에 끌려가 유배되었다.

연남생 연개소문의 큰아들. 아버지를 이어 막리지가 되었으나, 동생들과의 권력 다툼에서 밀려나 당나라로 망명하였다.

시대에 따라 다르게 평가되는 연개소문

고려시대 역사가인 김부식은『삼국사기』에서 연개소문淵蓋蘇文을 이렇게 평하고 있어요.

“수염이 길고 몸집이 크며 칼을 다섯 자루나 차고 다녔으며, 사람들이 감히 똑바로 볼 생각을 못했다. 말을 타고 내릴 때에는 부하가 항상 땅에 엎드리어 노둣돌이 되어 주었다. 밖에 나갈 때에는 호위병이 줄줄이 늘어서 그를 지켰는데, 선두에서 크게 소리치며 행차를 알리면, 사람들은 두려워서 피하다가 엉겁결에 시궁창에 빠지기도 했다.”

이 사료로 살피면 연개소문은 무식할 정도로 독재를 했던 독불장군이에요. 그러나 일제 강점기 때 독립 운동을 했던 박은식 선생은 연개소문을 국난 극복의 대 영웅으로 평가했어요. 한편 중국 송나라의 한 황제가 역사를 잘 아는 신하에게 당나라가 고구려와의 전쟁에서 진 이유를 묻자, 신하는 “연개소문이 너무 뛰어난 영웅이었기 때문입니다.”라고 답변했어요.

이처럼 연개소문은 시대에 따라, 혹은 평가자의 취향에 따라 독재자이거나 영웅으로, 극과 극을 달리는 평가를 받고 있어요. 왜 그랬을까요? 지금부터 연개소문 장군이 ‘민족의 영웅’ 혹은 ‘고구려를 멸망으로 이끈 민족의 반역자’로 극과 극의 평가를 받는 이유를 자세히 알아봐요.

쿠데타를 통해서 권력을 잡은 연개소문

연개소문은 동부대인 연태조淵太祚의 아들로 태어나 어렸을 때부터 비범한 행동을 자주 했어요. 그는 15세에 아버지의 뒤를 이어 동부대인 대대로가 되었어요. 동부대인은 나라의 동쪽 지역을 책임지던 관리로, 대대로는 고구려 관등 조직 중에서 1등급에 해당하는 고위 관직이었어요.

15세의 어린 나이에 대대로가 되었다는 것이 조금 의아스럽긴 하지만, 연개소문이 살던 시대는 귀족제 사회로 아버지가 죽으면 그의 직책이 아들에게 그대로 승계되었기 때문에 결코 불가능한 일은 아니었어요. 다만 아버지가 죽어 연개소문이 그 지위를 계승하려 할 때, 여러 귀족들이 그의 성품이 포악하다는 이유로 반대를 심하게 해서 연개소문은 어렵사리 동부대인의 직을 이어받을 수 있었대요.

이처럼 어렵게 아버지의 자리를 물려받은 그가 고구려 최고 실력자가 된 것은 천리장성 축조 때문이었어요. 618년에 수나라를 멸망시키고 새롭게 중국을 통치하기 시작한 당나라는 초기에는 고구려와 친하게 지내려고 노력했어요. 하지만 626년에 왕자 이세민이 형제들을 죽이고 아버지를 위협하여 왕위를 물려받으면서 상황이 급변했어요.

훗날 태종으로 불리게 되는 이세민에게 고구려는 언젠가는 손을 봐줘야 할 정복의 대상이었어요. 따라서 그는 고구려의 자존심에 상처를 입히는 무리한 요구를 자주 해 왔어요.

수의 113만 대군도 거뜬하게 물리친 고구려 장군들 입장에서, 당의 이러한 행위는 차마 눈 뜨고는 볼 수 없는 아니꼬운 일이었어요. 하지만 당시 고구려를 이끌던 영류왕은 무리를 해서 당나라와 전쟁을 할 필요는 없다고 생각했어요. 그래서 그는 당나라의 요구를 대부분 들어주며 당 태종의 비위를 맞추는 데 급급했어요. 다만 혹시 몰라서 연개소문을 시켜 고구려 국경선에 당의 침입을 막기 위한 천리장성을 쌓기 시작했어요.

그런데 이 사업이 연개소문을 고구려 최고의 실력자로 만들었어요. 연개소문은 대당 강경론자였어요. 천리장성을 축성하면서 자신을 따르는 지지 세력을 크게 늘린 그는 자신의 지위를 위협하는 반대파를 제거하고 당나라에 저자세로 일관하는 영류왕을 쫓아내는 쿠데타를 일으켰어요. 이 쿠데타는 성공하였고, 이후 연개소문은 대막리지가 되어 고구려 정부를 좌지우지했어요.

당나라와 싸움을 시작하는 연개소문

연개소문이 차지한 대막리지는 국가에 비상사태가 발생했을 때 모든 권한을 행사하는 자리로, 이제 그는 천상천하 유아독존이 되었어요.

고구려에서 정변이 발생하여 대당 강경론자인 연개소문이 집권했다는 소식을 전해 들은 당 태종은 깜짝 놀랐어요.

"개금이 자기 임금을 죽이고 나랏일을 독점하고 있으니, 이는 진실로 용서할 수 없는 일이다. 오늘 우리의 병력으로 고구려 땅을 빼앗기는 어렵지 않으나, 백성들을 수고롭게 하고 싶지 않다. 나는 거란과 말갈을 시켜 그들의 못된 버릇을 길들이고자 한다. 그대들의 의견은 어떠한가?"

개금은 연개소문의 별칭이에요. 연개소문이 부당하게 임금을 교체하였으니, 거란과 말갈의 병사를 움직여 고구려를 치겠다는 뜻이에요. 태종의 말에 처남인 장손무기가 대답했어요.

"개금이 자신의 죄가 큰 줄 알고 우리가 토벌할까 두려워서 방비를 튼튼히 하고 있사오니, 폐하께서는 우선 조금 참으시는 것이 좋겠습니다. 조금만 기다리면 개금이 방심하고 교만해져서 쉽게 이길 수 있는 기회가 반드시 올 겁니다."

한편 한반도 남쪽에서는 백제와 신라가 서로 치열하게 땅따먹기 전쟁을 벌이고 있었어요. 백제의 마지막 왕인 의자왕이 642년에 직접 군사를 거느리고 신라의 40여 개 성을 빼앗았으며, 백제의 장수 윤충은 대야성을 함락시키고 신라의 실력자 김춘추의 사위인 성주 김품석 부부를 포로로 잡아 죽여 버렸어요. 당시 신라는 선덕여왕이 나라를 다스리고 있었는데, 다급해진 여왕은 당나라에 사신을 보내 구원을 요청함과 동시에 김춘추를 고구려로 보내 함께 백제를 물리치자고 제안하게 했어요.

하지만 연개소문은 이를 거부하고 강경한 대외 정책을 펼쳐 당과 신라에 맞섰어요. 이에 격노한 당 태종은 645년 17만의 병사를 이끌고 고구려 국경으로 쳐들어왔어요.

당 태종이 고구려를 쳐들어오면서 내세운 명분은 다음과 같아요.

첫째, 연개소문은 신하된 자로 왕을 죽였다. 나는 영류왕의 원한을 갚기 위해 연개소문을 쳐서 그 죄를 묻겠다.

둘째, 당나라의 신하인 신라를 고구려가 거듭 공격하니, 신라를 돕기 위해서라도 고구려를 치겠다.

그런데, 참 웃기지요. 형과 동생을 죽이고 아버지를 협박하여 왕이 된 사람이 다른 나라에서 발생한 왕위 쟁탈전을 문제 삼아 그 나라를 치겠다니요. 얼마나 명분이 옹색했으면, 자기 얼굴에 침 뱉는 억지 명분을 만들어 전쟁을 시작했을까요?

수성 작전으로 당나라 군사들을 궁지에 몰아넣은 고구려 군사들

전쟁 초기에는 당나라가 우세했어요. 이세적이 이끄는 당의 선발 부

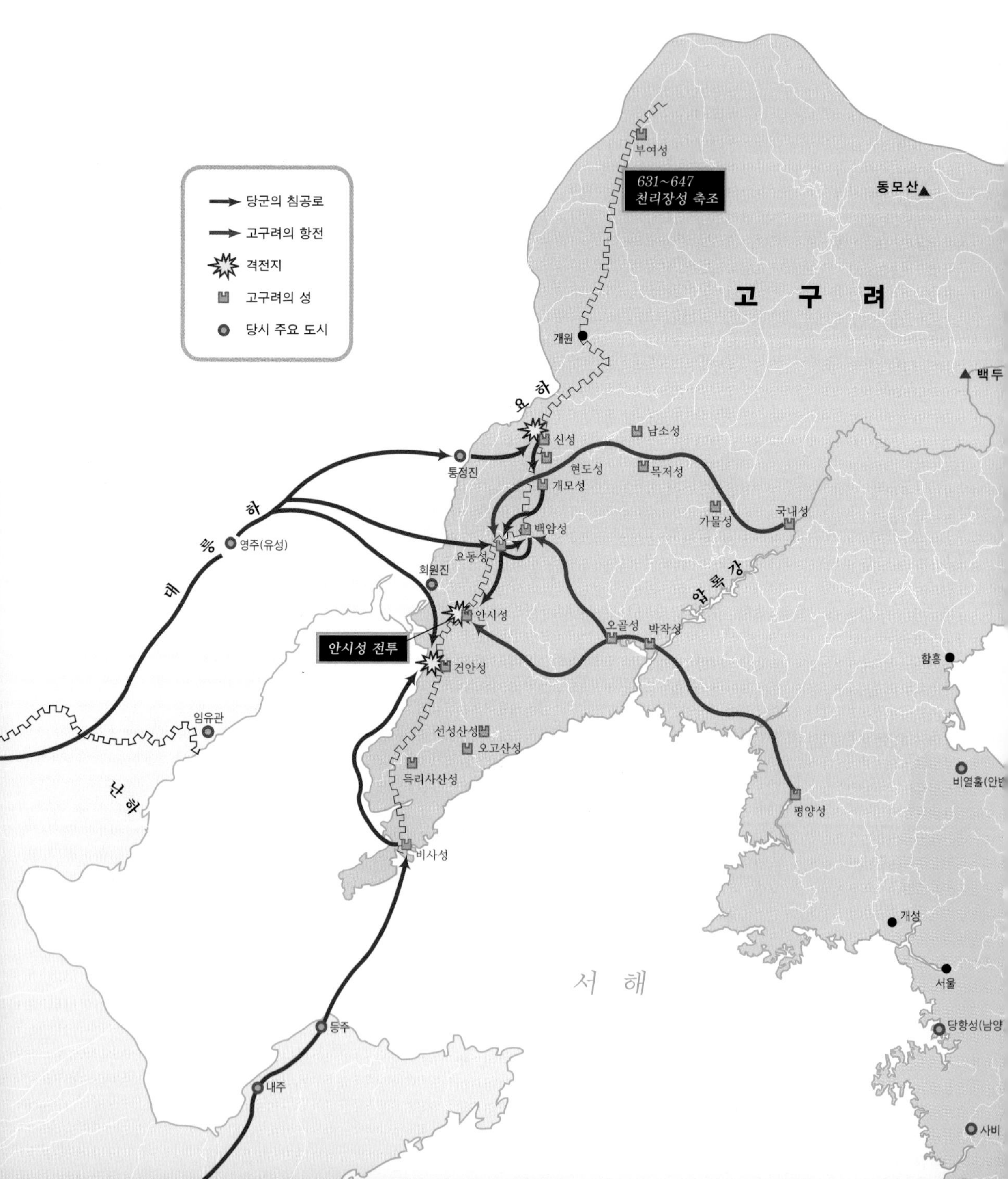

대는 신성과 개모성을 쉽게 점령한 뒤에 당 태종이 직접 이끌고 오는 주력 부대와 연합하여 수 양제가 113만의 대군으로도 점령하지 못했던 요동성마저 무너뜨렸어요.

이제 고구려는 큰일 났어요. 하지만 걱정 마세요. 다음 전투지인 안시성을 지키는 장수가 불세출의 영웅인 양만춘 장군이니까요.

당의 군사들이 요동성을 점령하고 사기가 충천하여 안시성으로 몰려왔을 때, 양만춘은 백성들과 함께 성문을 굳게 닫아 걸고 성을 지키는 데 온힘을 쏟았어요. 당군은 매일같이 공격하며 성을 함락하려 했지만, 안시성은 난공불락이었어요. 60일 동안이나 공격해도 성이 무너지지 않자, 당군은 마지막 작전으로 안시성보다 높은 흙산을 쌓아 성을 공략하려 했어요. 하지만 거대하게 쌓아 올린 흙산은 갑자기 큰비가 내리며 허물어져 버렸고, 이 기회를 틈타 고구려군이 흙산마저 점령해 버렸어요.

당 태종의 안시성 공격은 여지없이 실패로 돌아갔으며, 다가오는 겨울의 추위를 감당할 자신이 없던 당 태종은 어쩔 수 없이 철수 명령을 내려야 했어요. 당나라 군사들은 요하 하류를 건너서 중국 땅으로 되돌아가려 했어요. 그런데 요하의 하류 지역은 늪지대였기 때문에 당 태종까지 허드렛일을 할 정도로 갖은 고생을 하며 철수를 해야 했어요. 고구려를 얕잡아 보고 섣불리 싸움을 걸었다가 작은 고추의 매운 맛을 톡톡히 보고 말았지요.

고구려와의 전쟁 후유증으로 병이 든 당 태종은 시름시름 앓다가 649년에 죽었는데, 그는 죽으면서 자식들에게 이런 유언을 남겼어요.

"나의 자식들은 어떠한 경우라도 고구려를 공격하지 마라. 너희가 이길 수 있는 나라가 아니다. 고구려를 공격하다가 오히려 우리 나라가 위태로울 것이다."

고구려 원정에서 얼마나 혹독하게 고생했으면, 대국의 왕이 죽으면서까지 고구려를 공격하지 말라는 유언을 남겼을까요.

연개소문이 죽고 난 뒤 내분으로 몰락하는 고구려

당나라는 크게 패한 이후에 고구려에 함부로 싸움을 걸지 못했어요. 그들은 신라와 연합하여 먼저 백제를 공략한 후에 고구려를 치기로 작전을 변경했어요. 660년, 신라와 당나라 연합군이 백제를 멸망시켰어요. 그리고 661년에 계획대로 고구려를 공격하기 시작했어요. 그러나 연개소문은 이번에도 당나라 군대의 공격을 적절히 막아 냈어요.

하지만 연개소문이 죽고 난 이후에 문제가 터졌어요. 나랏일을 좌우하던 연개소문이 663년에 죽자, 막리지 자리를 놓고 동생과 아들들이 서로 피 터지게 싸웠어요. 연개소문은 죽으면서 한 자리에 아들들을 모아놓고 다음과 같은 유언을 남겼어요.

"너희 형제들은 싸우지 말고 물고기와 물의 관계처럼 사이좋게 지내라. 서로 자리를 차지하기 위해 다투면 반드시 이웃나라의 웃음거리가 될 것이다."

그러나 동생과 아들들은 연개소문의 유언을 새겨듣지 못하고 고구려 최고의 실력자인 막리지 자리를 차지하기 위하여 서로를 공격하며 나라를 멸망의 구렁텅이로 몰고 갔어요. 이 다툼에서 밀려난 연개소문의 동생 연정토는 신라에 항복해 버렸고, 큰 아들인 연남생은 당에 투항하고 말았어요.

신라와 당나라 연합군은 고구려가 내분으로 힘을 쓰지 못함을 눈치채고 668년에 군사를 일으켜 고구려의 수도 평양성을 공격했어요. 예전의 고구려라면 나 · 당 연합군을 능히 물리칠 수 있었겠지만, 내분으로 세력이 한껏 위축된 상태여서 고구려는 싸움다운 싸움을 한 번도 해 보지 못하고 항복해야 했어요. 주몽왕이 나라를 세운 지 700여 년 만의 일이었지요.

당나라와의 전쟁

수가 망한 뒤에 중국을 통일한 당은 건국 초기에는 고구려와 화친을 꾀하였다. 수와 전쟁할 때 잡힌 포로들을 서로 교환하기로 하여 고구려는 1만여 명의 포로를 송환하였다. 그러나 당 태종이 즉위한 뒤부터는 두 나라의 관계가 점차 벌어지기 시작하였다. 나라의 기틀이 잡히자, 당 태종은 세계 제국을 건설하려는 야심을 가지고 주위의 여러 나라를 침략하는 한편, 고구려에도 압력을 가해 왔다. 이에 고구려는 랴오허 강 주위의 국경선에 천리장성을 쌓고 당의 공격에 대비하였다. 이 때, 고구려에서는 연개소문이 정변을 일으켜 영류왕을 비롯한 여러 대신을 제거하였다.

이어 연개소문은 왕의 조카를 보장왕으로 세우고, 자신은 대막리지가 되어 모든 권력을 장악하였다. 연개소문은 강경한 대외 정책을 써서 신라와 당에 맞섰다. 백제와 힘을 합해 신라에 대한 공격을 한층 더 강화하였으며, 신라에 대한 공격을 중지할 것을 요구하는 당의 간섭을 단호히 물리쳤다.

이에 당은 연개소문의 정변을 구실 삼아 고구려에 쳐들어왔다. 당 태종은 육군과 수군으로 양쪽에서 공격해 왔다. 먼저, 랴오허 강을 건너 요충지인 요동성, 백암성 등을 차례로 함락한 후, 안시성을 공격하였다.

안시성은 조그마한 산성이었지만 서쪽 변경의 중요한 요새였다. 안시성은 당군에 완전히 포위되어 하루에도 6, 7회의 공격을 받았으며, 마지막 3일 동안 총공격을 받았으나 함락되지 않았다. 안시성에서는 성주를 비롯한 모두가 굳세게 저항하여 끝내 당군을 물리치고 성을 지킬 수 있었다(645).

그 후에도 고구려는 당의 침입을 몇 차례 받았으나, 이를 모두 물리쳤다. 고구려가 수·당과 거듭된 싸움에서 승리할 수 있었던 원동력은, 잘 훈련된 군대와 성곽을 이용한 견고한 방어 체제, 탁월한 전투 능력 및 요동 지방의 철광 지대 확보, 그리고 굳센 정신력에 있었다.

수·당의 침입에 맞서 고구려가 거둔 승리는 우리 역사상 매우 특기할 만한 것이었다. 당시 수·당은 고구려를 정복하여 아시아의 패권을 차지하려 하였다. 그러나 고구려가 이들을 물리침으로써 민족적 위기를 극복할 수 있었다.

〈중학교 국사 교과서 59쪽〉

 **왜 연개소문에 대한 평가는 좋은 것과 나쁜 것이 극과 극을 달릴까요?**

역사라는 학문의 특징 때문이에요. 역사는 과거의 사실을 연구하는 학문이지만, 역사가 필요한 이유는 과거 사람들의 삶 속에서 우리가 살고 있는 현재, 또는 미래 삶의 지향점을 찾을 수 있기 때문이에요. 따라서 현재를 살고 있는 사람들의 관심사에 따라 동일한 사건도 다르게 해석되는 경우가 종종 있어요.

『삼국사기』를 쓴 김부식은 유학자로 '충'과 '사대주의'를 강조했기에 연개소문을 반역자로 평가했어요. 쿠데타를 통하여 자신이 모셨던 임금을 죽였고, 대국인 당나라에 끝까지 대항했으니까요.

반면에 일제시대 때 독립 운동의 일환으로 역사를 했던 사람들에게 연개소문은 국난 극복의 영웅이었어요. 그래서 일제시대 때 대표적인 역사가인 박은식 선생은 "독립 자주의 정신과 대외 경쟁의 담략을 지닌 우리 역사상 제1인자"로 연개소문을 치켜세웠으며, 단재 신채호 선생은 "위대한 반역아", 문일평 선생은 "천고의 영걸"로 연개소문을 높이 평가했어요.

 **연개소문 장군은 칼을 다섯 개나 차고 다녔다는데, 무슨 칼을 그렇게 많이 차고 다녔나요?**

『삼국사기』는 연개소문을 칼을 다섯 자루나 차고 다닌 흉폭한 사람으로 서술하고 있어요. 하지만 고구려의 남자들은 대체로 칼을 다섯 자루씩 차고 다니며 사냥도 하고 전투도 했대요. 따라서 연개소문이 칼을 다섯 자루나 차고 다닌 것은 당시 사회의 일반적 관행이 그러했기 때문이지, 성품이 포악해서가 아니에요.

그런데 알쏭이는 중국의 전통 연극인 경극을 아나요? 얼굴에 알록달록한 분장을 한 남자들이 큰 몸동작으로 대사를 읊으며 하는 연극인데, 잘 모르겠으면 영화 〈패왕별희〉를 한번 봐 보세요. 경극을 주제로 한 영화거든요.

그런데 경극 중에 연개소문을 주인공으로 하는 것이 있어서 우리의 호기심을 자극해요. 당 태종 이세민이 연개소문에게 쫓겨 죽을 위기에 빠지자, 설인귀가 구해 준다는 내용으로, 연개소문과 설인귀가 주연이고 당 태종은 여기서 조연에 불과해요. 중국 사람들이 만든 연극이라 역사적 사실과는 다르게 설인귀가 연개소문을 죽이는 걸로 막이 내리지만, 중국 사람들에게 연개소문이 얼마나 무서운 존재였는지 잘 알 수 있게 하는 연극이에요. 또 중국 명나라 시대에 만든 「막리지비도대전」이라는 목판화가 있는데, 이 그림에도 연개소문이 다섯 자루의 칼로 당 태종을 죽이려 하는 것을 설인귀가 활을 쏘아 막는 장면이 그려져 있어요.

막리지비도대전

명나라 시대에 만들어진 책에 실린 목판화. 대막리지 연개소문이 당 태종을 향해 나는 칼을 던지자 설인귀가 화살을 쏘아 이를 막고 있는 장면을 표현한 것이다.

연개소문이 '연' 씨가 아니라 '천' 씨라는 소문도 있던데요?

연개소문의 성씨는 연 씨가 분명해요. 그런데 왜 천 씨라는 소문이 나돌까요? 그 이유 또한『삼국사기』에서 찾을 수 있어요. 김부식은『삼국사기』를 쓰면서 연개소문을 천개소문이라 써 놓았어요. 김부식이 남의 성씨까지 바꿔 놓은 이유는 '연'이 당나라를 세운 이연李淵과 글자가 같기 때문이에요.

1923년에 중국 하남성 낙양의 남쪽에서 연개소문의 큰아들인 남생의 무덤이 발견되었는데, 무덤 안에 남생의 생애를 알려주는 돌판이 들어 있었어요. 이 돌판을 지석誌石이라고 하는데, 여기에 "천남생泉男生의 증조부는 자유이고 조부는 태조이다. 나란히 막리지를 역임했는데, 부친 개소문은 대대로를 역임하였다. 조부와 부친이 철을 제련하는 기술이 뛰어났고 활을 잘 다루었다. 아울러 군대를 장악하고 나라의 권세를 모두 잡았다."라고 기록되어 있어요. 남생은 분명 연개소문의 아들인데, 그의 무덤 안에 있는 지석에 천남생으로 기록되어 있으니 어째 이상하지요? 이것 역시 당나라를 건국한 고조의 이름자를 피하기 위해서였어요.

왕조시대에는 왕의 성씨나 이름자와 같은 한자를 써야 할 경우에는 그 글자를 쓰지 않고 비슷한 뜻을 가진 다른 글자로 바꾸어 썼어요. 이를 '이름자를 꺼리고 피한다.'고 해서 '꺼릴 기忌'에 '피할 휘諱'를 써서 기휘忌諱라고 해요. 연개소문 집안이 천개소문 집안으로 둔갑한 것은 결국 기휘 때문이었죠.

삐따기의 똥침 놓기

흥! 연개소문이 영웅이라고? 나라를 말아먹은 놈이 뭔 놈의 영웅은 영웅이여. 생각해 봐. 그가 아니었다면, 고구려가 그리 쉽게 망했겠어? 당시 고구려의 실력으로 보았을 때, 그토록 쉽게 망할 나라가 절대 아니었다고. 연개소문이 독재만 하지 않았다면, 아니 자기는 독재를 했더라도 능력이 있는 부하에게 정권을 물려주었다면, 분명 고구려는 더 오래 나라를 유지했을 거야. 그런데 연개소문은 자기 집안이 대대손손 영화를 누리는 것만 바라고 나라를 다스릴 만한 경륜도 없는 자식들에게 권력을 물려주어 나라를 삽시간에 말아먹고 말았어. 이런 놈이 영웅이라고? 나, 삐따기는 절대 동의할 수 없어!

안 그래요, 여러분!!!

온조왕
기원전 18년에 한강의 위례성 지역에 백제를 세우다.

근초고왕
371년에 고구려 평양성까지 쳐들어가 고국원왕을 죽이고 황해도 일대를 차지하다.

왕인
백제 아신왕 때 일본에 건너가 유학을 가르쳐 서수의 시조로 추앙을 받다.

제 2 장

백제의 역사 인물

무령왕
중국 남조의 양과 문화 교류를 맺고 고구려를 압박하는 동시에 백제 문화를 꽃피우다.

무왕
마를 파는 아이의 신분으로 선화 공주와 결혼하여 백제의 왕이 되다.

계백
660년에 황산벌에서 5천의 군사로 신라군 5만과 싸우다 전사하다.

흑치상지
백제 멸망 후 임존성에서 부흥운동을 일으키다.

백제를 세운 고구려 왕자 온조왕

나는 백제를 세운 사람이에요. 내 고향은 고구려로, 나와 내 형님 비류는 둘 중 하나가 아버지 주몽의 뒤를 이어 고구려 왕이 될 줄 알았어요. 그런데 한 번도 보지 못한 이복형 유리가 부여에서 내려와 고구려를 물려받아 버렸어요. 그래서 우리는 하는 수 없이 어머니와 함께 남으로 내려와 새 나라를 세워야 했어요. 처음에는 나라 이름을 십제라 했으나, 백성들 모두가 나를 잘 따라서 백제라고 이름을 바꾸었어요. 자! 그럼 지금부터 내가 어떻게 백제를 세웠는지 장콩샘과 함께 탐구해 볼까요?

온조와 인연을 맺은 사람들

주몽 온조의 아버지. 유리를 자신의 후계자로 지목하여 온조의 마음을 아프게 했다.

소서노 온조의 어머니. 자기가 낳은 아들인 비류와 온조가 왕이 되지 못하자, 과감하게 고구려를 떠난 여장부이다.

비류 온조의 형. 비류 백제를 세웠으나, 온조 백제에 합병되고 말았다.

오간 · 마려 백제를 세우는 데 큰 힘이 되어 준 일등 공신들이다.

남으로 내려오는 고구려 왕자들

백제를 세운 사람은 온조예요. 그는 고구려를 세운 주몽의 아들이었어요. 주몽은 부여에서 졸본 지역으로 도망쳐 와, 졸본 지역 족장의 딸인 소서노와 결혼을 해서 두 명의 아이를 낳았어요. 큰 아들이 비류, 작은 아들이 온조였지요. 비류와 온조는 아버지를 이어서 자신들 중 한 명이 후계자가 되리라고 생각했어요. 하지만 현실은 그게 아니었어요. 듣도 보도 못한 이복형 유리가 녹슨 칼 반쪽을 가지고 부여에서 내려오더니, 큰아들로 인정받아 고구려의 2대 임금이 되어 버렸어요.

나중에 알고 봤더니, 아버지 주몽은 부여에서 이미 결혼을 해서, 도망쳐 나올 때에 부인인 예씨가 임신을 하고 있던 상태였어요. 그럼에도 불구하고 주몽은 졸본에 정착하면서 소서노와 다시 결혼을 하여 비류와 온조를 낳았지요.

주몽이 죽고 유리가 왕위를 계승하자, 비류와 온조는 어머니인 소서노와 앞날을 의논했어요. 세 사람은 고구려에서 유리의 눈치를 보며 사느니, 힘이 들더라도 남으로 내려가 자신들의 나라를 건설하기로 뜻을 모았어요. 비류와 온조의 결정에 오간 · 마려 등 10명의 신하들이 의기투합했고, 이들은 함께 가고자 하는 무리들을 데리고 길을 나섰어요.

남으로 남으로 내려온 비류와 온조 일행은 한강이 내려다보이는 산 위에서 주변을 살피며 살 만한 땅을 찾기 시작했어요. 신하들이 말했어요.

“큰 강이 북에 있고 동쪽으로 높은 산이 있으며, 남쪽으로 비옥한 들이 있는 저곳이 우리가 살기에 적당할 듯합니다.”

온조는 고개를 끄덕이며 신하들의 생각에 동조했어요. 하지만 비류의 생각은 달랐어요.

“나는 이곳보다 강의 하류 쪽으로 더 내려가서 바다가 보이는 곳에 나라를 세우고 싶다.”

신하들이 말렸어요.

“바다 쪽 땅은 소금기가 많아 농사가 잘되지 않습니다. 지금 저곳이 땅도 넓고 기름져서 한 나라의 수도로 적당합니다.”

그러나 비류는 계속 자기 생각을 고집했어요. 결국 형제는 각자 자기가 원하는 곳에 나라를 세우기로 결정하고 헤어졌어요.

백제를 세우는 온조

온조는 비류가 무리를 이끌고 더 좋은 땅을 찾아 떠나간 뒤에 신하들과 힘을 합하여 하남 지역에 성을 쌓고 새 나라를 세웠어요. 성 이름을 위례성, 나라 이름은 십제十濟라 했어요. 나라 이름을 '십제'로 정한 이유는 10명의 신하가 도와주어 국가를 세웠기 때문이에요. 때는 고구려 유

리왕 2년으로, 기원전 18년이었어요.

한편 비류는 한강 자락을 따라 하류로 더 내려가서 미추홀 부근에 정착했어요. 그러나 현재의 인천 지역인 미추홀은 땅이 질퍽하고 물이 짜서 농사짓기가 힘들었어요. 결국 그는 정착에 실패하여 하남 위례성으로 되돌아올 수밖에 없었어요.

위례성에 와서 보니, 사람들이 모두 편안하게 잘 살고 있었어요. 이것을 본 비류는 자신의 잘못된 결정을 후회하며 병들어 죽었어요.

비류가 죽자 비류를 따르던 무리들이 모두 온조에게 몸을 의지하였어요. 온조는 백성들 모두가 자신을 즐겨 따르자, 나라 이름을 백제[百濟]로 바꾸었어요. 백제의 '백'은 많다는 의미로, '모든 백성들이 따른다.'고 해서 정한 이름이에요.

이후 백제는 신라와 당나라 연합군의 공격을 받아 멸망[660년]할 때까지 31명의 왕이 나라를 이끌면서 고구려 · 신라와 함께 삼국시대의 한 축을 담당했어요.

백제 건국

백제는 북쪽에서 내려온 유이민들이 한강 유역의 위례성에 자리 잡으면서 마한의 한 나라인 백제국으로부터 시작되었다(기원전 18). 한강 유역은 일찍부터 철기 문화와 농경 문화가 크게 발달한 데다 바다를 통해 중국의 선진 문화를 받아들이기 좋은 곳이기 때문에 나라가 빨리 발전하였다.

백제의 건국 설화를 보면, 백제 건국을 주도한 세력이 고구려계의 유이민이었음을 알 수 있다. 백제 왕실이 부여씨를 칭한 것이나, 서울 석촌동의 돌무지무덤이 압록강 유역의 고구려 무덤과 관련이 있는 것은 이러한 사실을 뒷받침해 준다.

〈중학교 국사 교과서 35쪽〉

 백제를 세운 세력이 고구려로부터 내려왔음을 증명하는 유적들이 있나요?

많지는 않지만 전혀 없는 것은 아니에요. 대표적인 유적이 서울 석촌동 고분군이에요. 서울시 송파구 석촌동에는 백제 초기 시대의 것으로 생각되는 무덤들이 몇 개 있어요. 그런데 이 무덤들 중 돌무지무덤은 고구려 초기 시대의 것과 비슷해서 백제를 세운 세력이 고구려에서 남하해 온 세력임을 증명해 주고 있어요.

국내성이 있던 만주 집안 지역의 고구려 초기 시대 무덤들

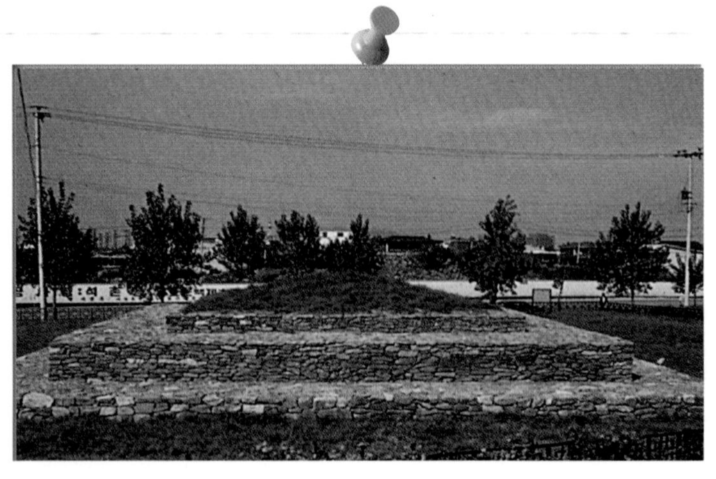

초기 백제시대 무덤인 서울 석촌동 고분

 온조가 처음 나라를 세운 하남 위례성은 어디이며, 비류가 나라를 세우려 했던 미추홀은 어디예요?

하남 지역이나 미추홀 모두 정확히 어디인지는 알 수 없어요. 하지만 많은 학자들이 하남 위례성을 서울시 송파구에 있는 풍납토성으로, 비류가 정착했던 미추홀은 인천으로 추정하고 있어요. 그러나 위례성을 경기도 광주로 추정하는 학자도 있고, 또 일부 학자는 충남 천안시 입장면 호당리로 생각하기도 해요. 미추홀도 인천이 아니라 충남 아산시 인주면 지역으로 추정하는 학자도 있으니, 확실히 어디라고 단정 지어 말하기는 아직 힘들어요.

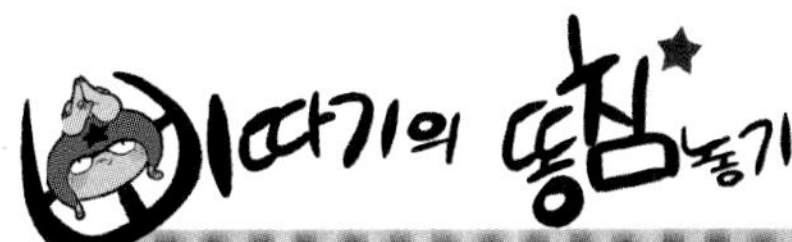

유리가 고구려의 왕이 되었을 때, 비류와 온조는 아버지 주몽의 결정에 순순히 승복했을까? 나 같으면 분명히 반발했을 텐데. 비류와 온조가 어머니와 함께 남쪽으로 내려온 것은 혹시 고구려 왕실 내부의 권력 투쟁에서 그들이 패배했기 때문이 아닐까? 여러분! 여러분은 어떻게 생각하세요?

백제의 힘을 동아시아에 과시한

근초고왕

나는 백제 최대의 영토를 확보했던 왕이자, 해외에 식민지를 개척한 것으로 유명한 왕이에요. 나는 요서 지방을 점령해서 해외에 식민지를 두었다는 데 큰 자부심을 가지고 있어요.

생각해 보세요. 내가 아니면, 그 누가 먼 바다를 건너 요서를 점령할 생각이나 했겠어요.

자! 그럼 지금부터 내가 어떻게 영토를 확장해 나갔는지 장콩샘과 함께 탐구해 볼까요?

근초고왕과 인연을 맺은 사람들

비류왕 근초고왕의 아버지.

고국원왕 고구려 16대 임금. 근초고왕이 평양성을 공격했을 때 맞서 싸우다가 전사하였다.

근구수왕 백제의 14대 임금. 근초고왕의 아들로 태자 시절에 일본 왕에게 칠지도를 보냈다.

백제의 전성시대를 연 임금

고구려의 땅따먹기 챔피언이 광개토대왕이라면, 백제에서는 근초고왕이 땅따먹기의 챔피언이에요. 근초고왕은 백제의 13대 임금으로, 비류왕의 둘째 아들로 태어나 어릴 적부터 영특하여 아버지의 사랑을 독차지했어요.

그런 그가 아버지의 뒤를 이어 왕이 된 것은 346년으로, 이후 30년 동안 백제를 다스리며 북으로는 황해도, 남으로는 전라도 해안까지 백제의 힘이 미치도록 했어요.

근초고왕이 세운 업적들

백제는 고구려, 신라보다 늦게 건국되었어요. 하지만 전성기는 가장 먼저 누려서, 4세기 중반 근초고왕 시대가 백제 최대의 발전기였어요.

근초고왕의 정복 활동은 크게 세 방향으로 진행되었어요. 먼저 소백산맥을 넘어가서 가야 연맹의 7개 소국들을 정벌했으며, 전라도 지역에 뿌리를 내리고 살던 마한의 여러 나라들을 백제의 영향권에 두었어요.

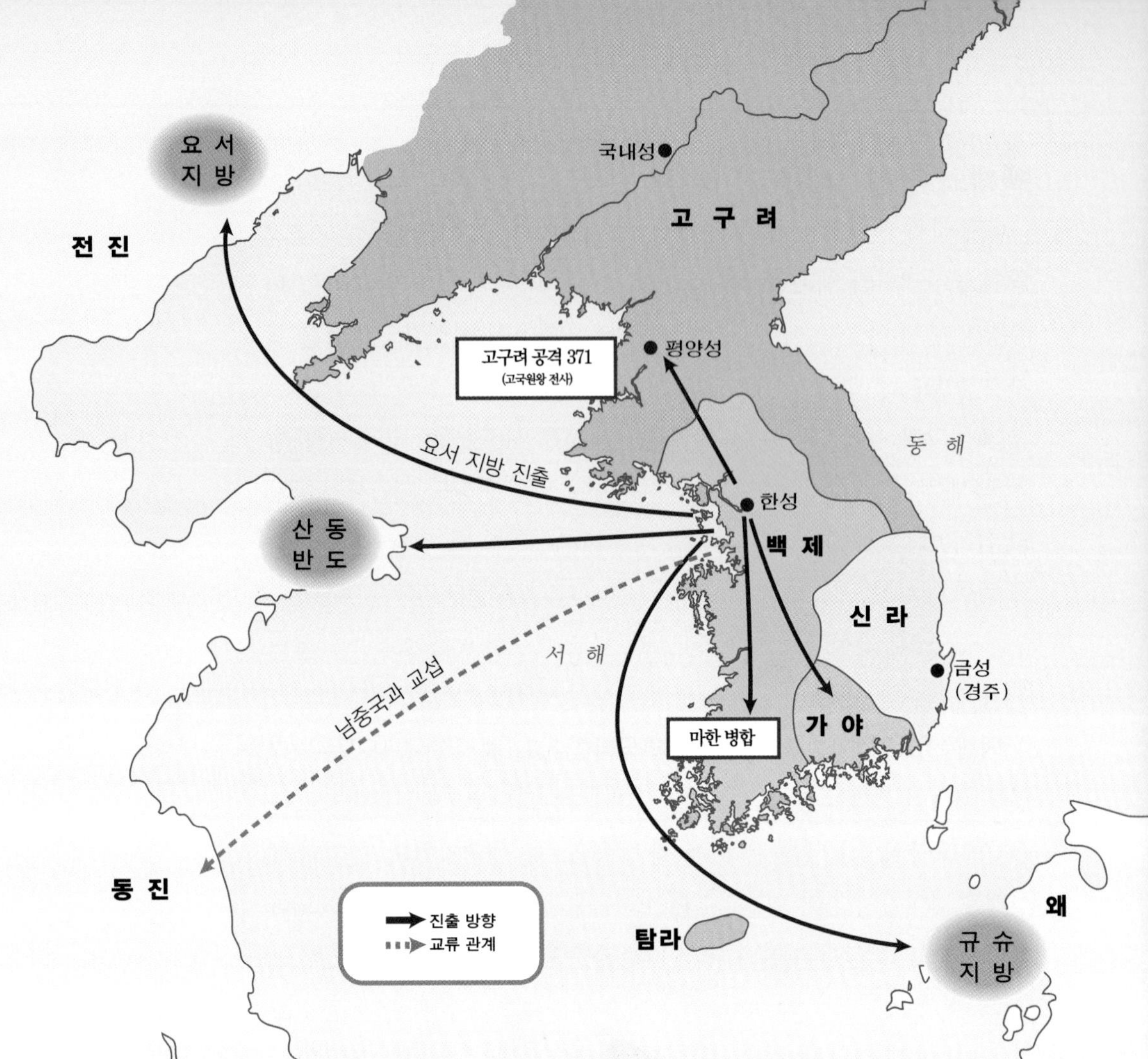

근초고왕 시대의 백제 발전

또한 북쪽으로도 영토를 확장해서, 369년에 2만여 명의 고구려 군사들이 국경을 침범해 오자 태자를 보내 기습 작전을 펼쳐 5천여 명의 고구려 군사들을 죽이거나 사로잡았어요. 여기에 371년에는 친히 정예부대 3만을 이끌고 평양성까지 가서 고구려의 고국원왕을 죽이고 황해도 땅 전역을 백제 영토로 삼았어요.

한편 근초고왕은 해외로도 눈을 돌렸어요. 중국의 역사서인『송서』와『양서』에 다음과 같은 기록이 남아 있어요.

"백제는 본래 고구려와 더불어 요동에서 동쪽으로 천 리나 떨어진 곳에 있다. 고구려가 요동을 정벌하자, 백제는 요서를 공격해 진평현을 설치했다." — 『송서』

"백제는 본래 고구려와 함께 요동의 동쪽에 있다. 진나라 때 고구려가 요동을 공격하여 차지하자, 백제 또한 요서 · 진평을 빼앗아 차지하고 스스로 백제군을 설치하였다." — 『양서』

백제가 요서 지방을 차지했음을 알려주는 자료예요. 이 외에도 백제는 중국의 산동 반도 지역과 일본의 규슈 지방에 세력권을 두고 있어서 중국, 일본 등과 수시로 왕래하면서 경제 및 문화를 발전시켰어요. 또한 근초고왕은 박사 고흥을 시켜서 백제의 역사를 기록한 책인『서기』를 편찬하였는데, 아쉽게도 이 책은 현재 전하지 않고 있어요.

이처럼 근초고왕은 강력한 군사력과 경제력을 바탕으로 왕권을 강화하여 백제의 정치 · 경제 · 문화적 기반을 튼튼히 했으며, 정복 활동을 활발히 전개하여 백제 최대의 영토를 확보한 정복 군주였어요.

교과서 속의 근초고왕 시대

백제가 전성기를 맞게 된 것은 4세기 후반 근초고왕 때였다. 이 때, 안으로 왕위의 부자 상속이 이루어졌으며, 밖으로는 북으로 황해도 일대를 장악하고, 남으로는 마한 전 지역을 확보하였다. 이렇게 영토가 크게 확대되자, 백제의 국제적 지위도 한층 높아졌다.

백제는 중국의 동진, 가야, 왜와 외교 관계를 맺고 고구려를 견제하였다. 이를 기반으로 백제는 황해를 건너 중국의 요서 · 산둥 지방과 일본의 규슈 지방으로 진출하여 활동 무대를 해외로 넓혔다.

이 무렵, 백제는 동진에서 불교를 받아들여 왕실의 권위를 높이고 사상을 통일하고자 하였으며, 강력한 왕권을 바탕으로 중앙 집권 국가로 발전하게 되었다.

〈중학교 국사 교과서 36쪽〉

백제의 건국이 고구려보다 늦다는 것은 이해가 되는데, 신라보다 늦다는 것은 이해가 안 돼요. 정말 백제가 신라보다 늦게 만들어졌나요?

『삼국사기』에 따르면, 신라, 고구려, 백제 순으로 나라가 만들어졌어요. 하지만 많은 학자들이 이 순서에 의문을 품고 있어요. 학자들은 고구려가 먼저 만들어졌고, 나중에 백제와 신라가 성립된 것으로 이해하고 있어요. 그러나 이것을 증명할 만한 자료가 아직은 없기에 『삼국사기』의 기록에 따라 나라의 성립 순서를 신라, 고구려, 백제 순으로 말하고 있어요. 『삼국사기』에는 신라가 기원전 57년, 고구려가 기원전 37년, 백제가 기원전 18년에 세워졌다고 기록되어 있어요.

백제가 근초고왕 시대에 해외에 식민지를 건설했다는데, 정말일까요? 믿어지지 않는데요?

물론 근초고왕의 해외 식민지 건설에 의문을 품고 있는 학자들이 있어요. 그들은 우리나라 역사책에 근초고왕의 요서 점령 기록이 실려 있지 않다는 점과, 중국 측 역사서인 『송서』나 『양서』의 기록이 잘못되었을 수도 있다는 점을 들어 근초고왕의 해외 식민지 개척을 부정하고 있어요. 또 일부 학자들은 '굳이 바다를 건너가면서까지 군대를 보내 먼 곳에 영토를 만들 이유가 있었겠는가?'라는 의문을 품기도 해요.

하지만 『송서』는 백제가 요서를 차지했다는 시기로부터 불과 100년 정도 뒤에 만들어진 역사책이며, 백제와 송나라는 외교 관계를 맺어 서로 친밀하게 지내던 사이였기 때문에 없는 내용을 수록하거나 틀리게 기록하지는 않았을 거예요. 또 근초고왕이 요서에 진출하던 시기가 그 지역을 장악하고 있던 전연의 힘이 쇠퇴할 무렵이어서 맘만 먹으면 정복이 가능했던 때였어요. 따라서 근초고왕의 해외 식민지 개척이 전혀 근거가 없는 이야기라고는 할 수 없어요.

 **근초고왕이 일본에 가지가 7개 달린 칼을 보냈다던데요?**

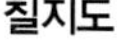
칠지도

정확히 말하면 근초고왕이 아니라, 그의 아들인 근구수왕이 태자 시절에 보낸 칼이에요. 일본 나라현 덴리天理시의 이소노카미신궁石上神宮에 보관되어 있어요. 칼날이 나뭇가지처럼 좌우로 3개씩 나 있고 중심 칼날까지 합치면 총 7개의 가지가 달린 칼이어서 흔히들 '칠지도'라고 해요. 실제 사용한 칼은 아니고 의식용 칼이라고 할 수 있어요.

이 칼에는 몸체에 61자의 글씨가 새겨져 있어요. 그 내용은 "백제 왕과 세자가 모든 외적을 물리칠 수 있는 신묘한 칼을 만들어 일본 왕에게 주노라."예요. 그런데 일본의 소수 사람들은 이 내용을 "백제 왕이 일본 왕에게 진상하였다."는 식으로 해석하여 백제가 당시에 일본의 속국이었다고 주장하고 있어요. 하지만 이러한 주장은 일본 내에서도 크게 인정받지 못하고 있으며, 당시 국력으로 보았을 때에 백제가 일본에 하사한 칼로 생각하는 것이 타당한 해석이에요.

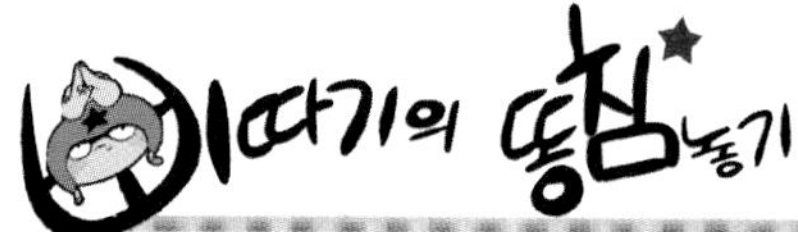

근초고왕이 백제 최고의 정복 군주라고 하는데, 차지한 땅은 기껏해야 한반도의 4분의 1 정도밖에 안 되네. 이 정도 가지고 백제 최고의 정복 군주네, 백제 최고의 융성기네 하고 떠벌릴 필요가 있겠어? 아이고, 창피해라.

일본 유학 발전의 아버지 **왕인**

나는 우리나라에서는 알아주는 사람이 별로 없지만, 일본에서는 유학의 기틀을 다진 사람으로 인정되어 곳곳에 신으로 모셔져 있는 사람이에요. 내 본래 고향은 백제지만, 나는 일본 왕의 초청을 받아 일본에 건너가서 태자의 스승으로 활동했으며, 죽을 때까지 일본에 살면서 일본 학문 발전에 기여했어요.
자! 그럼 지금부터 내가 일본 문화 발전에 얼마나 기여했는지 장콩샘과 함께 탐구해 볼까요?

왕인과 인연을 맺은 사람들

아직기 백제의 사신으로 일본에 가서 왕인의 일본행을 적극 추천해 주었다.
응신천왕 일본의 15대 임금. 왕인을 일본에 불러들인 임금으로 알려져 있다.
아신왕 백제 17대 임금으로 왕인이 백제에 살던 시절에 집권했다.

일본 역사책에 나오는 백제 사람, 왕인

우리나라 고대사를 기록한 대표적인 책이 『삼국사기』라면, 일본의 고대사를 기록한 대표적인 책은 『일본서기』예요. 이 책에 백제의 학자 왕인에 대한 이야기가 나와요.

"백제 왕이 (일본에) 아직기를 보내 좋은 말 2필을 바치니 아직기에게 말을 돌보게 하였다. 그런데 아직기가 경전을 잘 읽었으므로 태자의 스승으로 삼았다. 왕이 아직기에게 '그대보다 더 나은 박사가 또 있는가?' 하고 물으니, 아직기는 '왕인이 뛰어납니다.'라고 대답했다. 왕은 곧바로 백제에 사신을 보내 왕인을 초빙했다. 왕인은 태자의 스승이 되어 여러 경전들을 가르쳤는데, 태자가 배우는 데 막힘이 없었다. 왕인은 서수의 시조이다."

백제 왕의 명령으로 말 2필을 가지고 일본 땅에 사신으로 갔던 아직기가 유학 서적을 잘 읽어 일본 왕이 "너보다 글 잘하는 사람이 백제 땅에 또 있느냐?" 하고 물어보니, 아직기가 "왕인이라는 학자가 나보다 훨씬 글재주가 뛰어납니다."라고 답변을 했고, 이 말을 들은 일본 왕이 왕인을 초청하여 태자의 스승으로 삼았다는 내용이에요.

왕인의 정체는?

왕인이 언제 살았던 사람인지는 알 수 없어요. 왜냐하면 우리나라에는 그에 관한 기록이 전혀 없거든요. 다만 『일본서기』의 내용으로 보아 왕인은 오경박사로서 유교 경전인 『논어』와 기초 한자를 적은 『천자문』을 가지고 5세기 초반경에 일본으로 건너가 태자의 스승이 되어 일본 유학 발전에 기여했음을 알 수 있어요. 백제에서는 어느 한 분야에서 독보적인 실력을 갖춘 전문가를 '박사'라고 불렀어요. 유교 경전에 능한 사람을 오경박사, 기와 굽는 전문가를 와박사, 천문과 점술 전문가를 역박사, 의사를 의박사라고 했어요.

왕인이 일본에 갔던 5세기 초반은 백제가 고구려의 확장 정책 때문에 점차 위축되던 시기였어요. 고구려의 광개토대왕이 백제를 압박하여 한강 북부 지역을 고구려의 영토로 삼았던 시기가 4세기 말에서 5세기 초반이었거든요. 이 시기에 백제의 임금은 아신왕이었는데, 그는 고구려의 압력에 대항하기 위하여 일본과 친밀한 관계를 맺으려 했어요. 그래서 그는 태자 전지를 일본에 볼모로 보내 일본의 환심을 샀으며, 아직기와 왕인 같은 전문가들을 파견하여 일본과의 관계를 돈독하게 했어요.

아무튼 우여곡절 끝에 일본에 간 왕인은 죽을 때까지 일본에 살면서 태자의 스승으로 일본 유학이 발전할 수 있는 기틀을 닦아 주어 '서수書首의 시조'로 추앙받았어요. '서수'는 학문을 담당하는 관리를 가리켜요.

현재 일본에서 찾을 수 있는 왕인 유적들

일본 오사카부大阪府의 히라카타枚方에는 왕인 박사의 묘라고 전해지는 무덤이 있는데, 오사카부는 1938년에 이 무덤을 사적 13호로 지정하여 현재까지 중요 문화재로 관리하고 있어요. 또 일본의 각 지역에 왕인을

왕인 무덤

신으로 모시는 신사가 있으며, 일본 왕실의 보물을 보관하는 창고인 쇼소인正倉院에는 '백제국 왕인이 응신천왕을 만나다.'라는 제목으로 왕인이 일본 왕을 만나는 장면을 그린 그림이 보관되어 있어요. 이처럼 왕인이 죽은 지 무려 1,500여 년이 지났지만, 일본에는 아직도 왕인을 받들어 모시는 분위기가 유지되고 있어요.

왕인이 살던 시기의 백제

백제는 중앙 집권 국가로 발전하면서 왕족인 부여씨와 8개의 귀족 가문이 왕과 연합하여 정치를 주도하였다. 이 중 귀족들은 정사암에 모여서 재상을 선출하였는데, 이는 귀족 회의의 전통을 보여 주는 것이다.

중앙에는 왕 밑에 좌평을 비롯한 16등급의 관리가 있어 나랏일을 맡아 보았는데, 그 중에서 상좌평이 최고 책임자였다.

〈중학교 국사 교과서 37쪽〉

우리나라에는 왕인 박사를 기록한 역사서가 전혀 없다고 했는데, 그럼 왕인 박사의 자취를 살필 수 있는 유적지 같은 것도 없나요?

기록상으로는 없지만, 흔적은 남아 있어요. 월출산으로 유명한 전라남도 영암 지역에 왕인 박사 전설이 전해지고 있지요.

영암군 동구림면에 성기동이라는 동네가 있어요. 왕인 박사는 이곳에서 태어나서 동네 뒷산에 있는 책굴에서 공부를 했다고 해요. 또 상대포라는 포구에서 일본으로 떠났는데, 포구로 넘어가는 고개에서 잠시 멈춰 서서 정든 고향과 작별했기에 이 고개 이름을 '돌정 고개'라 했대요. '돌아서서 정을 주었던 고개'라는 의미지요.

상대포는 현재 육지가 되어 있지만, 예전에는 영산강 자락에 있던 포구였어요. 아직 항해술이 발달하지 못하여 해류와 바람에만 의존하여 먼 거리를 떠나야 했던 고대 사회에서 일본과 중국으로 가는 대표적인 무역 항구였어요.

아무튼 이러한 전설 때문에 영암군에서는 왕인의 고향을 영암으로 생각하여 월출산 서쪽 자락에 있는 성기동에 왕인 박사 전시관을 만들어

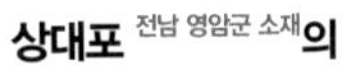

상대포 전남 영암군 소재**의 현재 모습**

현재는 물길이 끊어져서 호수처럼 보이지만, 왕인이 일본으로 출발하던 당시에는 이곳에서 배를 타고 영산강으로 나가 남해를 거쳐 일본으로 갔다.

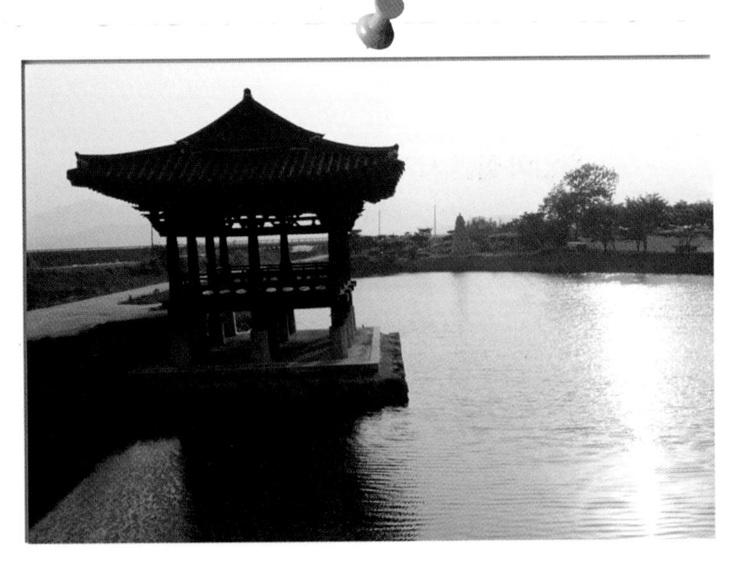

운영하고 있으며, 성기동에서 약간 떨어진 곳에 있던 상대포를 복원해 놓았어요.

왕인 박사 이야기가 적혀 있는 『일본서기』는 왜곡된 부분이 많아 믿을 수 없는 역사책이라던데, 정말 그런가요?

일본의 고대 사회를 기록하고 있는 『일본서기』는 8세기 전반에 만들어진 책이에요. 8세기 전반이면 우리나라에 통일신라가 있었던 시기로, 현재 전하고 있는 우리나라 역사책 중에서 가장 오래된 김부식의 『삼국사기』보다 400여 년 정도 앞서서 만들어진 책이죠.

일본 사람들은 이 책을 비교적 객관적으로 서술한 역사서라고 자부하고 있어요. 하지만 초기 부분이나 우리나라와 연관된 부분은 왜곡이 심해서 우리나라 학자들 중 일부는 이 책을 역사서가 아니라 '속일 사[詐]'자를 써서 '사서[詐書]'라고 비아냥거리며 그 신빙성을 의심하고 있어요. 특히 삼국시대 때 우리나라 남부 지방이 일본의 식민지였다는 도저히 믿을 수 없는 내용이 들어 있어서, 책의 신뢰성을 한층 더 떨어뜨리고 있어요.

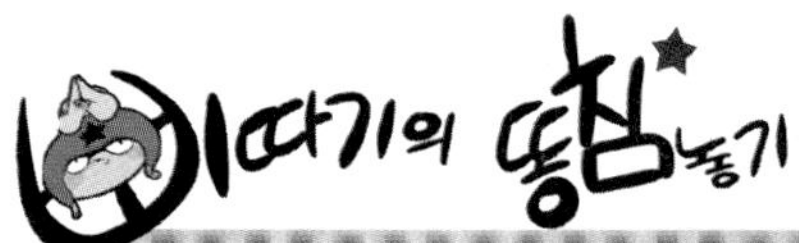

왕인이 도대체 우리나라 발전을 위해서 한 일이 뭐냐고?
나는 장콩샘이 백제를 대표하는 인물로 왕인을 이 책에 넣어 놓은 이유를 알 수 없어. 일본 역사책에는 나오지만, 우리 역사책에 이름이 없다는 것은 별 볼일 없던 사람이라는 얘기 아니야?

동양 3국의 문물을 이용하여 초호화판 무덤을 만든 무령왕

내 이름은 무령왕. 나는 백제의 25대 임금으로 업적보다 무덤 때문에 유명해진 사람이에요. 내 출생지는 일본 앞바다에 있는 섬으로, 어머니가 일본으로 가는 도중에 섬의 동굴에서 나를 낳았어요.
자! 그럼 지금부터 내가 어떤 활약을 했는지 장콩샘과 함께 탐구해 볼까요?

무령왕과 인연을 맺은 사람들

동성왕 백제 24대 왕. 『삼국사기』에는 무령왕의 친아버지로 나와 있다.

곤지 『일본서기』에 의하면 백제 개로왕의 동생으로 무령왕의 아버지다. 동성왕의 명을 받아 일본으로 가는 도중 부인이 아들을 낳자, 백제 땅으로 돌려보냈다. 이 아이가 나중에 동성왕의 뒤를 이어 무령왕이 된다.

처녀분으로 세상에 공개된 무령왕릉

1971년 7월, 충청남도 공주에서 한국 고고학계를 뒤흔드는 일대 사건이 일어났어요. 백제시대 왕과 귀족들의 무덤으로 알려진 송산리 무덤군에서 배수로 작업을 하던 인부들이 땅을 파다가 벽돌무덤을 발견했어요. 고고학자들이 급히 발굴을 시작하여 무덤의 입구를 막고 있던 돌들을 치우자, 무덤방으로 들어가는 입구에 돌판 두 장이 나란히 놓여 있었고, 묘지를 지키는 수호 동물도 보였어요.

돌판에는 글자들이 새겨져 있었는데, 오른쪽 판에 '영동대장군 백제 사마왕寧東大將軍 百濟 斯麻王'이라는 글자가 보였어요. 발굴 조사를 하러 무덤방에 들어갔던 학자들은 쾌재를 불렀어요. 사마는 백제 25대 무령왕의 본명이고, 영동대장군은 무령왕이 521년에 중국 양나라의 임금 무제로부터 받은 직책이었어요. 따라서 이 무덤이 무령왕릉임을 확실하게 알 수 있었죠.

무덤 안은 전부 벽돌로 축조되어 있었는데, 왕과 왕비의 관과 함께 다양한 귀금속들이 무덤 안 여기저기에 널려 있었어요. 부장품들을 거두어 놓고 보니 모두 108종 2,906점이었어요. 이 중에서 현재 국보로 지정된 것만 12점에 달할 정도니, 참으로 대단한 발굴이었어요.

그런데 흥미로운 점은 이 무덤이 백제는 물론이고 중국 남조의 양나라, 일본 기술까지 동원된 동양 3국 문화의 집결체였다는 것이에요. 백제 무덤은 돌무지무덤에서 굴식돌방무덤으로 변해 갔는데, 무령왕릉은 벽돌을 쌓아 무덤방을 만든 특이한 무덤이에요. 이러한 무덤은 중국 남쪽 지역에서 주로 만들던 것으로, 무령왕릉이 중국 남조의 영향 속에 축조되었음을 알 수 있게 해요. 여기에 무령왕과 왕비의 시신을 담고 있는 관은 재질이 금송으로 되어 있었어요. 금송은 우리나라에서는 자라지 않고 일본 열도의 남부 지방에서 자생

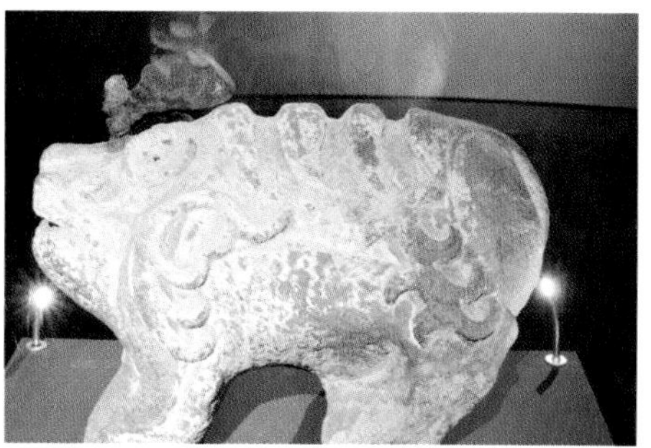

무령왕릉에서 출토된 석수

하는 나무예요. 따라서 무령왕릉은 동양 3국, 즉 백제 · 중국 · 일본의 무덤 양식이 혼합된 특이한 무덤이에요.

이러한 사실로 보았을 때에, 무령왕은 백제의 왕이면서도 중국의 남조나 일본과 긴밀한 연결 고리를 가지고 나라를 다스렸던 국제적인 임금이었음을 알 수 있어요.

무령왕은 누구?

무령왕릉에서 출토된 돌판에 따르면, 무령왕은 462년에 태어나서 40세가 되던 해인 501년에 왕위에 올랐으며, 523년 5월에 62세의 나이로 세상을 떠났어요.

『삼국사기』에는 무령왕이 동성왕의 둘째 아들로 키가 8척이나 되었으며, 인자하고 너그러워 백성들에게 인기 짱인 왕이었다고 나와 있어요. 하지만 『일본서기』는 백제 사람이 쓴 『백제신찬』이라는 책을 인용하여 무

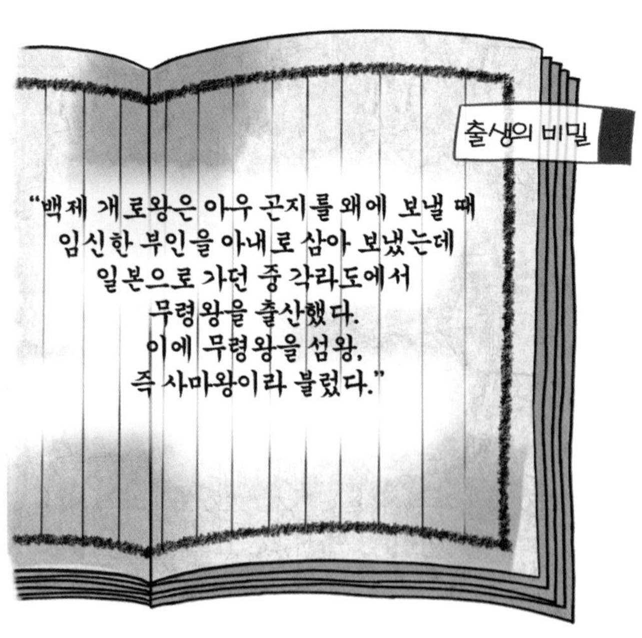

령왕의 출생 비밀을 다음과 같이 기록해 놓고 있어요.

"백제 개로왕은 아우 곤지를 왜에 보낼 때 자신의 임신한 부인을 아내로 삼게 했는데, 일본으로 가는 도중 각라도 일본 규슈 북쪽의 가카라시마에서 무령왕을 출산했다. 이에 무령왕을 섬왕, 즉 사마왕이라 불렀다."

백제 개로왕은 아우인 곤지를 왜에 보낼 때 임신한 자신의 부인을 아내로 삼아 함께 가게 했어요. 그런데 그 부인이 일본 규슈의 북쪽에 있는 섬인 가카라시마에서 무령왕을 출산했고, 그래서 이름을 '사마'로 했다는 이야기지요. 일본어로 섬을 뜻하는 '시마'가 '사마'로 변했다는 것이에요. 여기에 덧붙여 『일본서기』는 "아이가 태어나자마자 배에 태워 백제로 다시 보냈다."라고 기록하고 있어요.

이러한 내용으로 보았을 때에 무령왕이 살던 시대에는 백제와 일본이 매우 친밀한 관계였고, 무령왕은 일본의 왕실과 큰 인연을 가진 임금임을 알 수 있어요.

무령왕의 업적

무령왕의 전 임금인 동성왕은 501년에 신하인 백가에 의해 살해당했어요. 이때 무령왕의 나이는 40세였는데, 그는 동성왕을 이어 왕위에 올라 백가의 반란을 진압하여 왕권을 안정시켰으며, 담로 제도를 시행하여 지방에 대한 통제력을 강화하였어요. 담로는 지방의 주요 지역 22곳에 왕족이나 충성스런 신하를 파견하여 다스리게 한 제도로, 이를 통해서 무령왕은 지방 세력들을 유효적절하게 통제할 수 있었어요.

또한 그는 농사에 필요한 수리 시설을 정비하여 농민들의 생활을 안정시켰으며, 방어 위주의 수세적 입장에서 벗어나 주변국들에게 공격적인 자세를 취하며 백제를 강대국으로 변모시켰어요.

한편 무령왕은 외교 활동에도 적극적으로 나서서 일본과 매우 친밀한 관계를 형성하였으며, 중국 남조의 양나라와도 친하게 지내 521년에

는 양나라의 무제로부터 '사지절도독백제군사영동대장군使持節都督百濟諸軍事寧東大將軍'에 책봉되기도 했어요. 양나라는 당시 문화 선진국이었어요. 이런 나라가 비록 상징적일망정 자진하여 백제 왕을 자기 나라 장군으로 임명했다는 것은 당시 백제 위상이 상당히 높았음을 보여 주는 것이에요.

무령왕 시대

백제는 무령왕 때 중국 남조의 양과 국교를 맺고 문화 교류에 힘썼다. 또, 지방의 요지인 담로에 왕족을 파견하여 지방 통제를 강화하고, 고구려에 대한 적극적인 공세를 펴 국력을 점차 회복하였다. 무령왕릉에서 나온 많은 유물들은 당시 백제가 중국 남조와의 교류를 통해 문화적으로 세련되었음을 보여 준다.

〈중학교 국사 교과서 50쪽〉

무령왕릉에서 나온 유물로는 어떤 것들이 있나요? 샘님이 하나하나 자세히 소개 좀 해주시죠.

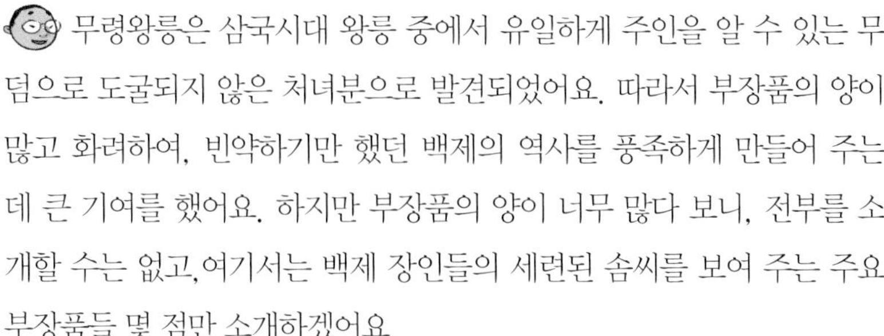

무령왕릉은 삼국시대 왕릉 중에서 유일하게 주인을 알 수 있는 무덤으로 도굴되지 않은 처녀분으로 발견되었어요. 따라서 부장품의 양이 많고 화려하여, 빈약하기만 했던 백제의 역사를 풍족하게 만들어 주는 데 큰 기여를 했어요. 하지만 부장품의 양이 너무 많다 보니, 전부를 소개할 수는 없고, 여기서는 백제 장인들의 세련된 솜씨를 보여 주는 주요 부장품들 몇 점만 소개하겠어요.

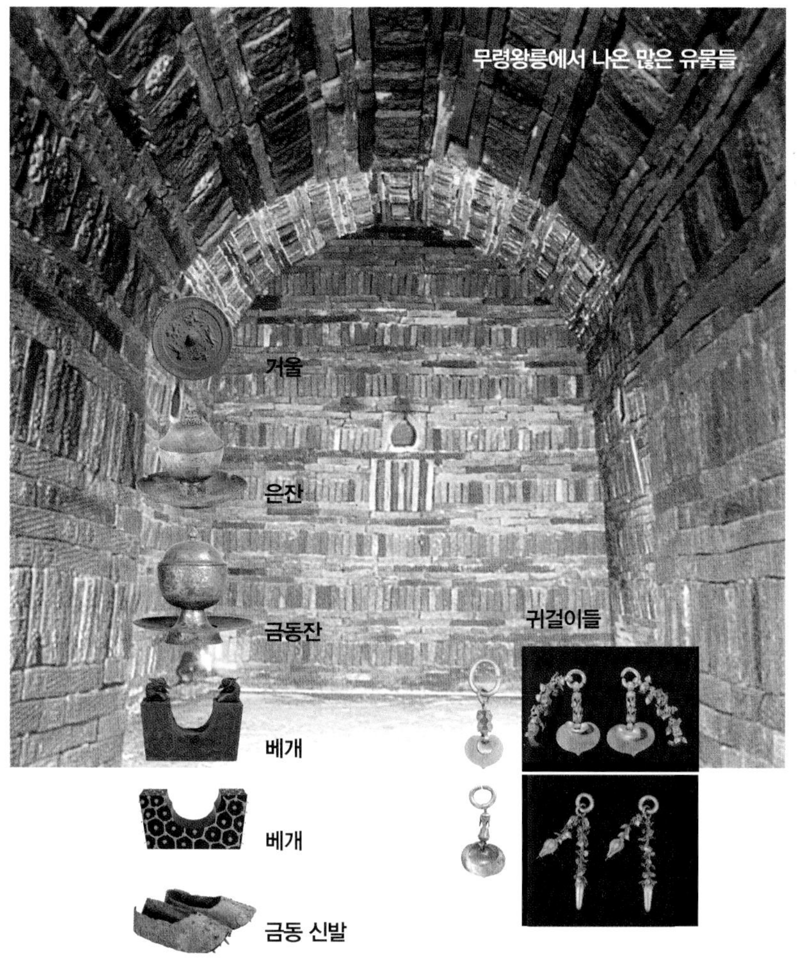

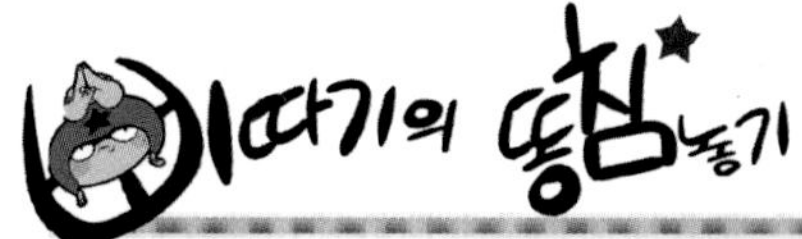

무령왕이 실제 존재했던 인물인 거야? 도무지 헷갈리네. 개로왕이 자신의 임신한 부인을 일본으로 떠나는 동생의 부인으로 삼게 했고, 부인이 일본으로 가는 도중에 아이를 낳았다면, 도대체 이 아이는 누구 아들이야? 개로왕이야, 곤지야? 이게 말이나 되는 소리야?

여러분! 여러분 생각은 어떠세요?

서동요의 주인공 무왕

내 이름은 무왕. 나는 백제의 30대 임금으로 신라의 선화 공주와 결혼해서 당대 최고의 스캔들을 일으킨 사람이에요. 나는 어렸을 적에 시장에서 마를 팔러 다니며 생계를 유지했기에 많은 사람들이 내가 왕이 된 것을 의아해해요. 하지만, 내 출생 비밀을 엿보면 나는 왕이 될 만한 신분이었음이 분명해요.

자! 그럼 지금부터 내가 적국의 공주인 선화 아가씨와 어떤 인연으로 부부가 되었는지 장콩샘과 함께 탐구해 볼까요?

무왕과 인연을 맺은 사람들

법왕 무왕의 아버지. 그러나 아닐 수도 있다.

선화 공주 무왕의 부인. 신라 진평왕의 셋째 딸로 알려진 여인이나 아닐 수도 있다.

지명 법사 무왕의 스승 겸 조력자이다.

『삼국유사』에 나오는 서동과 선화 공주

선화 공주니믄(선화 공주님은)
남 그즈지 얼어 두고(남몰래 시집을 가서)
맛둥방을(맛둥 서방을)
바매 몰 안고 가다.(밤에 몰래 안고 간다.)

서동과 선화 공주의 사랑 이야기를 담고 있는 「서동요」예요. 우리나라 최초의 향가로 알려진 작품이지요.

이 노래의 지은이는 백제 무왕으로, 『삼국사기』에 따르면 무왕은 백제 30대 임금이에요. 그런데 흥미로운 것은 승려 일연이 쓴 『삼국유사』에 무왕의 젊은 시절 사랑 이야기가 주몽의 고구려 건국 신화만큼 신비롭게 기록되어 있다는 것이에요.

무왕의 어머니는 일찍 과부가 되어 사비[현재 부여]의 남쪽 연못가에 살았어요. 연못에는 용이 한 마리 살고 있었는데, 여인은 용과 정을 통해 아이를 낳았어요.

이 아이는 어려서부터 마를 캐어 생계를 꾸렸기에, 사람들이 마를 파는 아이라는 뜻에서 '맛둥'이라 불렀어요. 이 이름을 한자로 쓰니 '마 서[薯]'에 '아이 동[童]'을 써서 서동[薯童]이라 했어요.

하루는 서동이 시장에서 마를 팔다가 신라 진평왕의 셋째 딸인 선화 공주가 매우 아름답다는 이야기를 듣게 되었어요. 이때부터 서동은 선화 공주를 자신의 아내로 삼는 꿈을 꾸기 시작했어요. 밤이면 밤마다 꿈속에 나타나는 아리따운 여인, 선화 공주가 너무나 보고 싶었던 서동은 그녀를 만나기 위해 신라의 수도 경주로 남몰래 들어갔어요. 그러고는 아이들에게 마를 공짜로 나눠 주며 자신이 지은 노래를 부르게 했어요. 이 노래가 「서동요」예요. 선화 공주가 맛둥과 밤중에 몰래 만나 사랑을 나눈다는 내용의 노래로, 요즘으로 치면 19세 이상이나 듣고 부를 수 있는 19금禁 노래였어요.

서동요는 삽시간에 경주 전체에 퍼졌어요. 부르기 쉽고 중독성이 강해서 지금의 「노바디」나 「Gee」처럼 신라 사람이라면 누구나 즐겨 부르는 국민 가요가 되었어요. 심지어는 궁궐 안에 살고 있는 진평왕까지 이 노래를 듣게 되었지요.

진평왕은 공주가 듣도 보도 못한 놈과 비밀리에 만나 연애를 한다는 노래가 유행하는 것을 알고는 기가 막혀 선화 공주를 궁궐 밖으로 쫓아내려 했어요. 어머니가 선화 공주를 감싸 주었지만, 진평왕은 "아니 땐 굴뚝에 연기가 나냐?"면서 선화 공주의 변명을 들으려 하지 않았어요. 하는 수 없이 선화 공주는 어머니가 몰래 싸 준 금덩어리를 품에 안고 궁궐 밖으로 나서야 했어요.

궐 밖으로 나온 선화 공주는 어디로 가야 할지 갈피를 잡을 수 없었어요. 이때 흑기사가 '짜잔~' 하고 나타났으니, 서동이었어요. 서동은 갈

곳을 몰라 방황하고 있던 선화 공주에게 다가가서 자신이 「서동요」의 주인공 맛둥임을 밝히며 공주를 너무나 사랑해서 본인이 일을 꾸몄다고 고백했어요. 선화 공주는 깜짝 놀랐으나, 서동이 꾀가 많고 도량이 넓은 것을 확인하고는 그를 따라 서동의 고향 땅인 백제로 건너왔어요.

공주는 서동의 집에 당도하여 어머니가 챙겨 준 금덩이를 내보이며 말했어요.

"이 정도의 금이면 가히 백 년은 넉넉히 살 수 있을 겁니다."

그러자 서동이 어이없다는 듯이 물었어요.

"이게 무엇입니까?"

"황금이옵니다. 이걸 조금씩 떼어서 내다 팔면 한평생 편히 살 수 있을 겁니다."

그러자 서동이 깔깔 웃으며 대답했어요.

"이런 것은 내가 마를 캐던 곳에 지천으로 널려 있습니다."

선화 공주는 깜짝 놀라 물었어요.

"그게 정말입니까? 만약 그게 사실이라면, 우리는 큰 횡재를 한 것입니다. 모두 모아 경주 궁궐에 계시는 아버님께 보내면 우리 둘 사이를 정식으로 인정해 줄 것입니다."

서동은 평소에 마를 캐던 산으로 올라가 금덩이를 수북하게 모았어요. 그런데 아무리 생각해도 경주까지 가지고 갈 방도가 마땅하지 않았어요. 그래서 그는 용화산의 사자사에 살고 있는 지명 법사를 찾아가 경주까지 금을 옮길 방법을 물었어요. 서동의 말을 전부 들은 지명 법사는 도술을 부려 금덩이들을 경주까지 옮겨 주겠다고 장담을 했어요.

서동이 절 앞까지 금을 가져가니 지명 법사는 선화 공주가 쓴 편지와 함께 금을 하룻밤 사이에 신라 궁궐로 모두 옮겨 주었어요. 이후 신라의 진평왕은 서동을 자신의 사위로 인정하였으며, 서동 또한 민심을 얻어 백제의 왕이 되었어요.

이상이 『삼국유사』에 나와 있는 서동과 선화 공주의 사랑 이야기예요.

왕이 된 서동

서동이 법왕의 뒤를 이어 왕이 된 것은 600년이에요. 그런데 특이한 것은 재위 기간 동안 그는 신라와 쉼 없이 싸웠어요. 신라의 아막산성, 가잠성, 모산성, 서곡성, 독산성 등지를 계속 공격하여 신라를 곤혹스럽게 만들었지요. 그래서 일부 학자들은 서동이 신라 왕의 사위라는 데에 의문을 품기도 해요. 생각해 보세요. 만약 그가 정말 신라 왕의 사위였다면 장인의 나라이자 사랑하는 선화 공주의 조국인 신라 땅을 매번 침범했겠어요? 하지만 『삼국유사』의 기록도 완전히 무시할 수만은 없어서, 서동과 선화 공주의 사랑 이야기는 아직도 완전한 해석이 불가능한 미스터리로 남아 있어요.

한편 무왕은 대외적으로 중국 및 일본과 관계를 돈독히 하며, 고구려 · 신라와의 경쟁에서 우위에 서려고 노력하는 등 백제를 중흥시키는 데 힘썼어요. 하지만 그는 대규모 토목 공사를 자주 벌여 백성들을 힘들게 하기도 했어요. 가뭄으로 살기 힘든 때에 궁전을 호화롭게 재단장하기 위해 사람들을 동원하기도 했고, 궁성 남쪽에 연못을 크게 파서 왕실의 놀이터로 삼기도 하여 백성들의 원성을 들어야 했어요. 또한 자신의 고향인 익산 지방에 대규모 사찰인 미륵사를 창건하여 막대한 재정 낭비를 가져왔어요. 이러한 일들은 아들인 의자왕 대에도 이어졌고, 결국 백제는 국론이 분열되어 멸망하게 되었어요.

무왕 시대

신라는 한강 유역을 차지하였으나, 고구려와 백제의 협공으로 고립되었다. 고구려는 빼앗긴 한강 유역을 되찾기 위해, 백제는 전사한 성왕의 원수를 갚기 위해 신라를 협공하였다. 두 나라는 중국 교류의 관문인 당항성을 맹렬히 공격하였다.

〈중학교 국사 교과서 57쪽〉

동양 최대의 절이라는 익산 미륵사를 지은 이유가 선화 공주가 간절히 원했기 때문이라고 하던데, 정말인가요?

그래요, 『삼국유사』의 기록대로라면. 『삼국유사』 제2권 무왕 조에 "하루는 무왕이 부인과 사자사에 가려고 용화산 밑 큰 연못가에 이르니, 미륵 삼존이 연못에서 나타나는지라 수레를 멈추고 경의를 표하였다. 부인이 왕에게 '이곳에 큰 절을 세우는 것이 소원입니다.' 하니, 왕이 허락하였다. 지명 법사에게 연못을 메울 방법을 물으니, 법사가 신통력을 부려 하룻밤 사이에 평지로 만들었다. 이에 미륵 삼존을 기려 세 군데에 절을 짓고 그 앞에 탑을 세워 미륵사라 하니, 진평왕이 기술자들을 보내 도왔다."라고 나와 있어요. 지금은 절은 무너지고 터만 남아 있지요.

그런데 2009년 1월에 미륵사지에 있는 미륵사지 석탑을 해체하는 과정에서 석탑을 만든 경위를 적어 놓은 금판이 석탑 내부에서 발견되었어요. 거기에는 무왕의 비가 좌평 사택적덕의 딸이고, 왕비의 발원으로 석탑을 세웠다는 내용이 적혀 있어요. 이 기록대로라면, 『삼국유사』의 서동과 선화 공주의 결혼 이야기는 사실이 아니라 후세 사람들이 꾸며 낸 설화에 불과해요. 사택은 백제의 대표적인 귀족 집안의 성씨고, 좌평은 백제 최고의 관직이에요.

하지만 금판에는 『삼국유사』의 기록과 비슷하게 미륵사가 무왕 시절

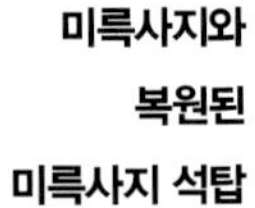

미륵사지와 복원된 미륵사지 석탑

에 연못을 메워 세운 절이며, 미륵 삼존을 기려 집과 탑을 세 군데 세웠다고 쓰여 있어요. 따라서 『삼국유사』 기록을 전부 의심할 수는 없어요. 상황이 이렇다 보니 서동과 선화 공주의 사랑 이야기는 진실 여부를 두고 앞으로도 계속 학자들 간에 공방전이 펼쳐질 가능성이 높아요.

알쏭이는 어떻게 생각해요? 무왕이 된 서동은 신라의 선화 공주와 진짜 결혼했을까요?

우리나라 고대사는 『삼국사기』와 『삼국유사』를 기본 자료로 삼아 복원했다고 하던데, 도대체 『삼국사기』와 『삼국유사』는 어떤 책이에요?

『삼국사기』는 12세기 중반인 고려 인종 시대에 임금의 명을 받아 김부식이 주도하여 만든 역사서예요. 삼국의 성립부터 신라의 삼국 통일, 멸망까지를 유교적 관점에서 서술해 놓은 우리나라의 대표적인 역사책이지요. 『삼국사기』를 지을 당시에는 그 전에 만들어 놓은 역사책들이 있었기에 그 책들을 참조하여『삼국사기』를 편찬할 수 있었어요. 하지만 현재는 그런 책들이 모두 없어져 버려서 지금 우리나라에 전해지는 역사책 중에서는『삼국사기』가 가장 오래되었어요.

『삼국사기』를 편찬한 12세기 중반은 문벌 귀족 세력의 전성기로 사회가 안정되어 있었어요. 그래서 지배층들이 고려 이전의 역사 정리에도 큰 관심을 보여 지배층의 적극적인 후원 속에 편찬 작업이 이루어졌을 것으로 생각돼요. 하지만 다른 측면에서 생각해 본다면, 이 시기가 문벌 귀족 세력들의 전성시대였지만 귀족들 간에 갈등과 대립 또한 심각했기에, 분열과 갈등의 조장이 국가 멸망의 원인이 될 수 있다는 것을 역대 왕조의 역사에서 찾아 귀감으로 삼기 위해 만들었을 수도 있어요. 아무튼 이 책은 현재까지 남아 있는 역사책 중 가장 오래된 것으로 후대에 편찬된 역사서의 모범이 되었다는 점에서 높이 평가할 수 있어요.

『삼국유사』는 인각사[경북 군위군에 있는 절]에 있던 승려 일연이 13세기 후반인 고려 충렬왕 7년[1281]에 편찬한 역사서예요. 삼국시대와 통일신라시대의 역사적 사실과 기이한 이야기들을 불교적 관점에서 엮어 놓은 책으로, 우리나라 고대사 연구에서 『삼국사기』와 쌍벽을 이루고 있지요. 특히 『삼국유사』에는 단군 신화와 이두 문자로 쓴 향가 14수가 수록되어 있어, 고대 국문학을 연구하는 데 반드시라고 할 정도로 없어서는 안 될 소중한 역사서예요.

『삼국사기』와 『삼국유사』의 가장 큰 차이점은 『삼국사기』가 나라에서 주도하여 만든 정통 역사서라면, 『삼국유사』는 개인이 자기 관심 분야 위주로 엮은 야사체 역사서라는 점이에요. 승려 일연은 『삼국사기』를 '본사本史'라고 존중하면서, 『삼국사기』에 기록되지 않은 단군 조선, 가야 등의 기록과 수많은 불교 설화 및 향가 등을 『삼국유사』에 수록해 놓았어요.

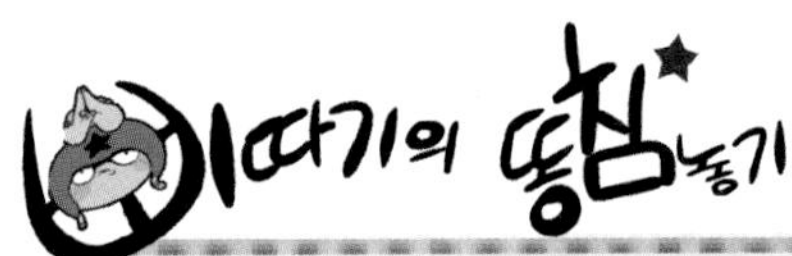

무왕과 선화 공주의 결혼 사실은 절대 인정할 수 없어. 2009년 1월에 미륵사지 석탑을 해체하는 과정에서 발견된 금판에 분명하게 무왕의 부인은 사택적덕의 딸이라고 기록되어 있어. 이러한 증거품이 나왔는데도 무왕과 선화 공주의 설화를 진짜처럼 생각하는 것은 정말 문제가 있다고 생각해. 하기야 일부 학자들은 선화 공주와 먼저 결혼했던 무왕이 알 수 없는 이유로 인하여 사택적덕의 딸과 다시 결혼했다고 주장하니, 과연 무엇이 진실일까? 삐따기는 그게 너무 너무 궁금해!!! 여러분! 여러분은 어떻게들 생각하세요?

무왕과 선화 공주의 로맨스가 사실일 것 같나요?

백제 최후의 명장 계백

내 이름은 계백. 사람들은 나를 황산벌의 영웅이라고 불러요. 하지만 나는 사실 전투에는 이기고 전쟁에서는 진 패장에 불과해요. 그럼에도 불구하고 나를 명장으로 대접해 주는 이유는 5천의 병사를 데리고 5만이나 되는 신라군을 상대로 4번이나 이겼기 때문이에요.
자! 그럼 지금부터 내가 이끈 황산벌의 5천 결사대가 어떻게 5만의 신라군을 상대로 전투를 했는지 장콩샘과 함께 탐구해 볼까요?

계백과 인연을 맺은 사람들

의자왕 백제의 마지막 왕으로 태자 시절부터 계백 장군을 총애했다.
김유신 황산벌 전투에서 계백 장군과 맞선 신라의 장수이다.
관창 신라의 화랑. 황산벌 전투에서 목숨을 버려 신라군에게 승리의 원동력을 제공했다.

의자왕과 충신 세 사람

백제의 마지막 임금은 의자왕이에요. 그는 무왕의 맏아들로 태어나 사람됨이 용감하고 담력과 결단력이 뛰어나서 태자 시절부터 능력을 인정받았어요. 또한 부모에 대한 효성과 형제 간의 우애가 남달라 해동증자[海東曾子]로 일컬어졌어요. 중국 사람인 증자는 공자의 사상을 발전시킨 춘추전국시대의 유학자로, 부모에 효도하는 것을 최고의 가치로 삼았던 사람이에요. 이런 사람의 이름을 태자였던 시절에 붙여 주었으니, 의자왕이 얼마나 효성이 지극한 사람이었는지 잘 알 수 있지요.

의자왕은 임금이 되고 나서 2년 만인 642년에 신라의 대야성[현재 경남 합천 지역]을 공략하였으며, 643년에는 당나라와 무역을 했던 신라의 대표적 포구인 당항성[현재 경기도 화성시]을 공격하는 등 백제의 세력을 확장하는 데도 힘을 쏟았어요. 그러면서 정치도 잘했기에 백성들이 손뼉을 치면서 의자왕을 칭송했어요.

하지만 의자왕 시대의 태평성대는 초기에만 반짝했어요. 신라 공략이 어느 정도 성공을 거두자, 의자왕은 자만심에 빠져서 사치와 향락에 물들어 버렸어요. 성충 · 홍수와 같은 충신들이 나라와 백성들을 위해서 바른 정치를 하라고 거듭하여 충고했으나, 그들의 말은 묵살해 버리고 매일같이 간신들과 어울려서 향락만을 일삼았어요.

성충과 홍수가 어떤 사람들이었냐고요? 그들은 계백과 함께 백제의 3충신으로 알려진 인물이에요. 성충은 의자왕 시절에 백제 최고 관등인 좌평으로 있으면서 향락에 빠진 왕에게 바른 정치를 할 것을 충고하다가 의자왕의 미움을 사서 감옥에 갇혔어요. 656년에 옥중에서 병사했는데, 그는 죽으면서까지 백제의 앞날을 걱정했어요. 만약 전쟁이 벌어지면 육로로는 탄현을 막고, 물길로는 서해 바다에서 금강으로 들어오는 입구인 기벌포에서 방어를 하라는 유언을 남기고 죽었어요.

홍수 또한 성충과 함께 의자왕에게 충고를 하다가 유배되었어요. 660년에 나 · 당 연합군이 쳐들어오자, 의자왕은 유배지에 관리를 보내 홍수에게 위기 극복 방안을 물었어요. 이때 흥수는 성충과 똑같이 당나라 군이 금강을 거슬러 오지 못하도록 하구에서 막고, 신라군은 탄현을 통과하지 못하게 하라고 조언을 했대요. 하지만 의자왕은 시간과 군사력이 부족하여 이들의 조언을 실행에 옮기지 못하고 나·당 연합군에게 항복하고 말았어요.

나·당 연합군의 결성과 백제의 침략

660년, 신라와 당나라의 연합부대가 백제로 쳐들어왔어요. 당시 신라의 임금은 태종 무열왕이었는데, 그의 이름은 김춘추예요. 그는 진덕여왕을 이어서 임금이 된 사람으로 백제에 대한 원한이 깊었어요. 대야성 주로 있던 사위와 딸이 백제 군사들과 싸우다가 전사했거든요. 그때 이후로 춘추에게 백제 정복은 평생의 소원이었으며, 이를 이루기 위해 그는 위험을 무릅쓰고 고구려와 당나라를 넘나들며 백제 멸망 작전을 짜는 데 여념이 없었어요.

김춘추는 우선 고구려와 협력하여 백제를 멸망시키려 했어요. 그래서 주변 사람들의 만류에도 불구하고 고구려 땅에 혼자 들어가 당시 고구려의 실력자 연개소문을 만나 동맹을 제안했어요. 하지만 연개소문은 신라가 차지한 옛 고구려 땅의 반환을 요구하며 춘추를 감옥에 가둬 버렸어요. 춘추는 이때 기지를 발휘하여 간신히 고구려를 탈출할 수 있었으나, 고구려와의 동맹은 물건너 가버렸지요. 이후 그는 일본과 당나라를 연달아 방문하며 이들 나라의 힘을 빌려 삼국 통일을 이루고자 했어요.

그후 당나라와 이야기가 잘되어 나·당 동맹이 결성될 수 있었어요. 김춘추는 진덕여왕을 이어 왕위에 오르자, 당나라와 연합하여 자신의 필생 사업인 삼국 통일 전쟁에 적극적으로 나섰어요.

황산벌에서 접전을 벌이는 백제군과 신라군

나·당 연합군이 백제를 치기 위해 치밀한 작전을 짜고 있었음에도 백제의 의자왕은 느긋하기만 했어요. 만약 신라와 당나라가 전쟁을 일

나·당 연합군의 백제 공격

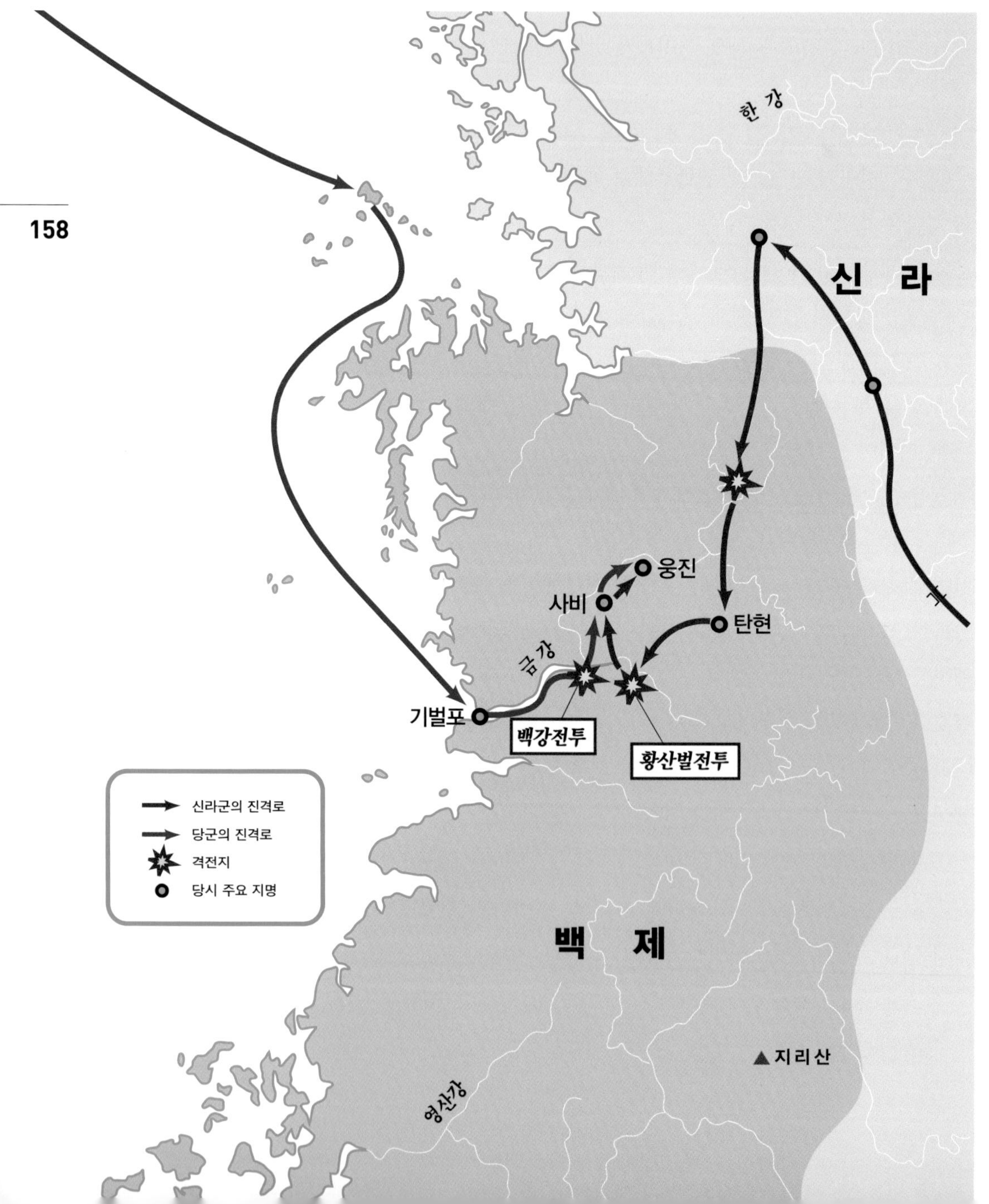

으킨다면, 그 상대는 고구려일 거라고 믿어 의심치 않았기에 그는 먹고 노는 데 열중하며 띵가띵가 살았어요.

하지만 두 나라의 공격 목표는 백제였어요. 이 사실을 뒤늦게 알아 챈 의자왕은 그제야 정신을 차려 방어에 나섰어요. 그러나 이미 때는 늦고 말았어요. 660년, 김유신이 이끄는 5만의 신라군은 소백산맥을 넘어 상주를 거쳐 백제 땅인 논산으로 진격해 왔고, 소정방이 이끄는 13만의 당나라 군대는 배를 타고 서해를 건너 금강 하구로 몰려왔어요. 다급해진 의자왕은 금강 하구로 급히 군사를 보내면서, 계백에게는 군사 5천으로 김유신이 이끄는 5만 신라군을 막도록 했어요.

의자왕이 태자로 있던 시절부터 총애했던 신하인 계백은 전쟁터로 떠나기 전에 가족들을 모두 자기 손으로 죽이는 뼈아픈 결단을 내렸어요.

"나 혼자 몸으로 당나라와 신라의 대군을 당해 내야 하니 국가의 앞날을 알 수 없다. 내 가족이 포로로 잡혀 노비가 되는 것보다는 차라리 내 손에 죽는 것이 낫다."

백제의 멸망을 미리 예견했던지, 아니면 군사들의 사기 진작책으로 '읍참마속泣斬馬謖'*을 한 행동이었는지는 알 수 없어도, 아무튼 계백은 사랑하는 부인과 아들 · 딸들을 자신의 손으로 죽이고 황산벌로 진군하며 부하들에게 당부했어요.

* 큰 목적을 위하여 자기가 아끼는 사람을 버림을 이르는 말.

"옛날 월나라 왕 구천은 5천의 군사로 오나라 70만 대군을 격파하였다. 오늘 우리가 마땅히 힘을 합쳐 용기 있게 싸우면 신라의 군사들은 조무래기에 불과하다. 젖 먹던 힘까지 다하여 신라군을 물리쳐 국가의 은혜에 보답하자."

계백의 일장 연설에 용기를 얻은 백제의 5천 결사대는 한 마음 한 뜻으로 굳게 뭉쳐 5만의 신라군을 상대로 황산벌에서 4번 싸워 4번 모두 이겼어요. 김유신이 이끄는 신라군 진영에서는 당연히 난리가 났지요. 얼른 계백의 군대를 물리치고 사비성으로 가서 당나라 군대와 만나야 하는데, 황산벌에 발이 묶여 버렸으니까요.

이때, 신라군 진영에 신라 군사들의 용기를 북돋아 준 인물이 혜성처럼 나타났으니, 그의 이름은 관창이었어요. 신라 장군 품일의 아들인 화랑 관창은 16세의 나이로 아버지와 함께 전쟁에 참가했어요. 그는 신라군이 좀처럼 승기를 잡지 못하자, 단독으로 백제군 진영에 뛰어들어 신라의 매운 맛을 보여 주려 했어요. 그러나 혼자 힘으로 백제의 5천 군사를 상대하기에는 힘이 부족하여 그는 곧바로 붙잡혀 버렸어요.

백제 군사들은 생포한 관창을 계백 장군 앞에 데리고 갔어요. 투구를 벗겨 보니 솜털이 아직 보송보송한 미소년이었어요. 계백은 나이 어린 그가 홀로 적진에 뛰어든 것을 가상하게 여겨 죽이지 않고 말에 강제로 태워 신라 진영으로 되돌려 보냈어요.

관창은 무척 창피했어요. 젊은 혈기로 적진에 뛰어들었으나 적군의 사기만 올려 주고 말았으니, 아버지는 물론 신라의 모든 병사들을 볼 낯이 없었어요. 그래서 그는 물 한 모금을 마신 후에 다시 백제 진영으로 뛰어들었어요. 관창을 재차 붙잡은 계백 장군은 이번에는 하는 수 없다는 듯이 관창을 죽였어요. 그리고는 꽃다운 나이에 죽은 관창이 너무 안타까워서 그 시체를 말안장에 묶어 신라 진영으로 보내 주었어요.

하지만 이게 실책이었어요. 관창의 살신성인 정신은 의기소침해 있던 신라 군사들을 하나로 뭉치게 했어요. 어린 관창이 적진에 홀로 뛰어들어 용감하게 싸우다 살해당했다는 소식을 접한 신라군은 관창의 원수를 갚자며 너도 나도 일어서기 시작했어요. 결국 최후의 결전에서 계백이 이끄는 백제의 5천 결사대는 신라군에게 패배하였으며, 계백 장군도 이 전투에서 죽고 말았어요. 이후 김유신이 이끄는 신라군은 사비성으로 가서 금강을 거슬러 올라온 당나라 군대와 힘을 합쳐 사비성을 함락시켰어요.

한편, 의자왕은 웅진성현재 충남 공주시 공산성으로 간신히 도망쳤으나, 나·당 연합군이 웅진성마저 포위하자 더 이상 버틸 재간이 없음을 알고 스스로 성문을 열고 나와 나·당 연합군에게 항복하고 말았어요. 온조가 나라를 세운 지 678년 만에 일어난 비극이었지요.

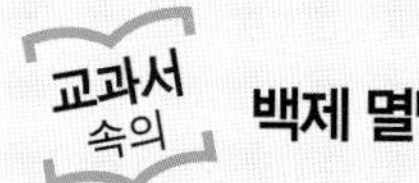

백제 멸망

고구려가 중국의 수·당군과 치열한 전쟁을 계속하고 있는 동안, 백제는 신라를 자주 공격하였다. 의자왕이 즉위하면서부터 싸움이 보다 격렬해져 신라의 대야성을 비롯한 40여 개의 성을 빼앗았고, 신라에서 당으로 가는 교통로를 끊기 위해 고구려와 함께 당항성을 공격하였다.

위기에 처한 신라는 앞서 고구려의 힘을 빌리고자 하였으나 실패하고, 당에 구원을 청하였다. 김춘추는 당으로 건너가 나·당 간의 동맹을 맺고 백제와 고구려를 멸망시킨 다음, 대동강 이북의 땅을 당에 넘겨주겠다는 비밀 약속을 하였다.

김유신이 이끈 신라군과 소정방이 이끈 당군은 먼저 백제를 공격하였다. 신라군은 황산벌에서 계백의 결사적인 저항을 물리치고 당군과 함께 사비성을 함락하였다(660).

〈중학교 국사 교과서 61쪽〉

계백 장군은 황산벌로 떠나기 전에 정말 자기 가족을 모두 죽이고 떠났을까요?

그건 샘도 알 수 없어요. 하지만 『삼국사기』에 계백이 황산벌로 떠나기 전에 자신의 전 가족을 죽이고 떠났다는 이야기가 수록되어 있으니, 거짓말이라고 단정 지어 말할 수는 없을 것 같아요.

항복한 의자왕은 어찌 되었나요?

의자왕은 태자 등 1만 2천여 명과 함께 당나라로 끌려가서 그곳에서 병들어 죽었어요. 백제 멸망 이후 당나라는 백제 땅을 식민지로 삼기 위하여 웅진 도독부를 설치하여 자기 나라 땅처럼 관리했어요. 이때 웅진 도독으로는 의자왕의 아들인 부여융이 임명되었는데, 당나라 장수 유인원은 공주에 있는 취리산에 신라 문무왕과 부여융을 함께 불러 놓고 백마를 잡아 피를 나눠 마시게 하며 서로 사이좋게 지내게 하는 의식까지 치렀대요. 하지만 676년 신라와 당나라의 전쟁에서 신라가 승리한 이후에 부여융은 당나라로 들어가 살다가 그곳에서 죽었어요. 묘지는 하남성 낙양의 북망산에 있어요.

의자왕의 아들인 부여융의 무덤 안에서 출토된 묘지석 탁본

묘지석은 무덤 속 주인공의 일생과 약력을 적어 놓은 돌판으로 부여융 묘지석은 현재 하남성 개봉도서관開封圖書館에 소장되어 있다.

삐따기의 똥침 놓기

계백이 백제의 명장이라는 사실에 나는 동의할 수 없어. 만약 관창의 시신을 신라 진영에 넘겨주지 않았다면, 신라군은 여러 번의 전투에서 패해 사기가 크게 떨어져 있었기에 기를 쓰고 막아 내는 백제군을 쉽게 이기지 못했을 거야. 그런데 계백의 값싼 동정심 때문에 백제군은 마지막 전투에서 추풍낙엽이 되고 말았어.

또 하나 웃긴 것은, 사랑하는 가족들을 전부 죽이고 전쟁터로 떠난 냉혹한 장군이 남의 나라 군사인 관창에게는 온정을 보였다는 것이 말이나 되는 소리야? 소가 웃고 갈 일이라고. 이런 장군이 어떻게 큰 전쟁에서 승리할 수 있었겠어? 그래서 삐따기는 계백이 백제의 명장이라는 일반적인 생각에 절대 동의할 수 없어. 여러분들 생각은 어때? 계백이 명장이라고 생각해?

음메에

백제 부흥 운동을 벌인 흑치상지

내 이름은 흑치상지. 성은 흑치고 이름이 상지예요. 내가 거주하던 지방에 검은이를 가진 사람이 많아서 성을 흑치라고 했는데, 이게 확실한지는 솔직히 나도 몰라요. 나는 본래 백제의 왕족으로 백제가 멸망할 때 부흥 운동을 했던 장군이에요. 하지만 나는 당나라 왕인 고종의 권유로 당나라에 투항한 뒤로는 오히려 부흥 운동군을 섬멸하는 데 앞장섰으며, 그 공으로 당나라 장수로 역사에 이름을 남겼어요.

자! 그럼 지금부터 나의 파란만장한 일대기를 장콩샘과 함께 탐구해 볼까요?

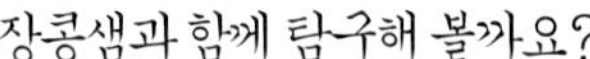

흑치상지와 인연을 맺은 사람들

부여풍 의자왕의 셋째 아들로 백제 부흥 운동의 중심이었다.

복신 · 도침 흑치상지와 힘을 합해 백제 부흥 운동을 이끌었으나 내분으로 실패했다.

당 고종 당나라 3대 임금. 백제 부흥 운동을 하는 흑치상지를 회유하여 당나라 장수로 만들었다.

부흥 운동에 나서는 백제 사람들

백제가 멸망한 후에 백제 땅에서는 의자왕의 셋째 아들인 부여풍을 왕으로 추대하여 백제를 되살리기 위한 부흥 운동이 전개되었어요. 복신과 도침이 주류성에서 부흥군을 이끌었으며, 임존성에서는 흑치상지黑齒常之가 군사들을 인솔하여 당나라 침략군에 대항했어요.

흑치상지는 백제 서부 사람으로 체구가 단단하고 키가 컸으며, 지략 또한 뛰어났어요. 백제의 달솔로 풍달군장風達郡長을 겸직했는데, 그 직은 당나라의 자사와 같은 직책이었다고 해요. '자사'는 지방 장관들이 고을 일을 잘하는지를 감시 · 감독하는 관리로, 현재 우리나라로 치면 도지사라고 할 수 있어요. 따라서 풍달군장은 풍달군을 책임진 관리라 할 수 있지요. 달솔은 백제의 2등급 관직이에요.

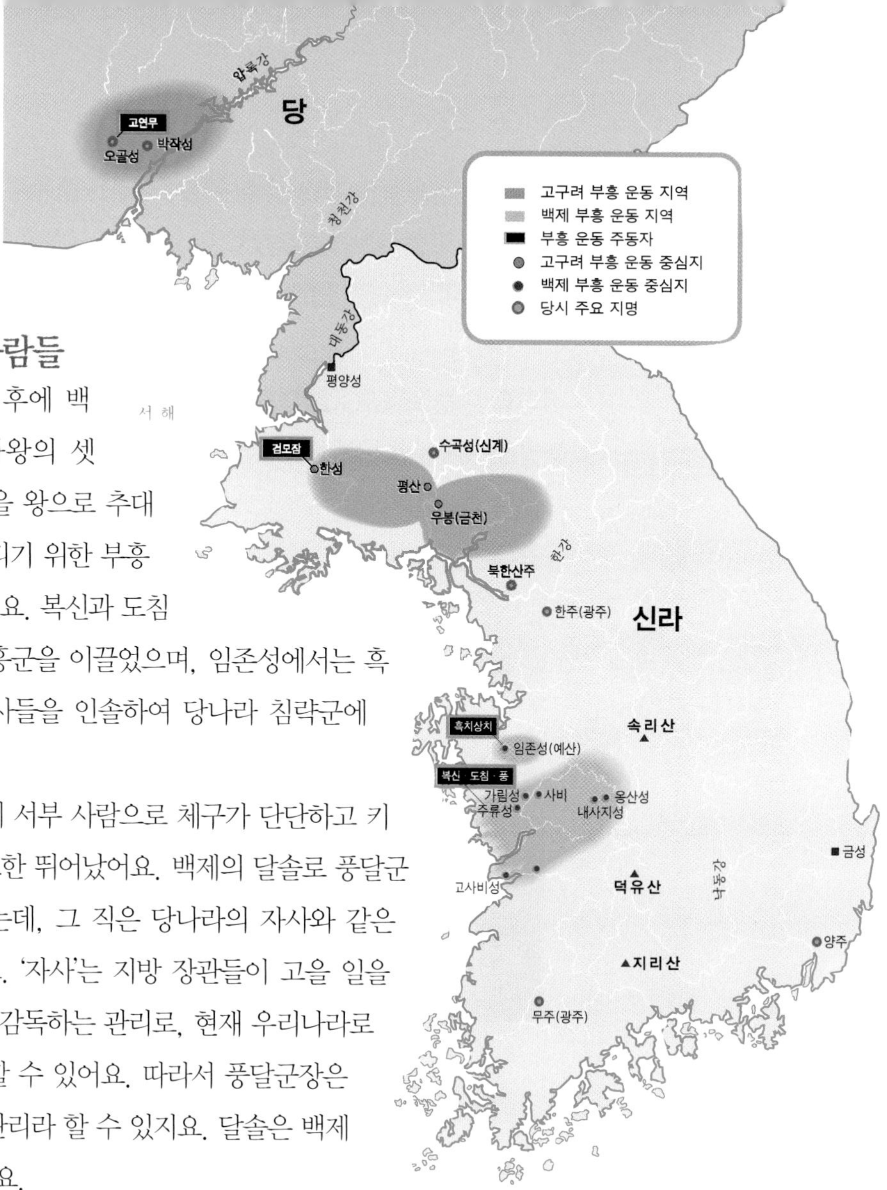

고구려와 백제의 부흥 운동

이처럼 흑치상지는 백제의 고위 관리였는데, 백제가 멸망할 적에 의자왕을 따라 당의 장수 소정방에게 항복했어요. 하지만 소정방이 이끄는 당나라 군사들이 늙은 의자왕을 괴롭히며 약탈을 일삼자, 이에 분개하여 임존성을 기반으로 백제를 되살리기 위한 부흥 운동에 나섰어요.

당시 흑치상지 진영에는 3만 정도의 백성들이 있었는데, 그는 이들을 무장시켜 백제의 200여 성을 회복하는 등 기세를 떨쳤어요. 그러나 그는 부흥 운동을 주도했던 사람들이 주도권을 잡기 위해 서로 싸움을 벌이자 부흥 운동 자체에 실망했으며, 이러한 시기에 당나라 임금 고종이 사신을 보내 항복을 권유해 오자, 백제 부흥 운동을 포기하고, 당의 장수가 되어 오히려 부흥군을 섬멸하는 데 앞장섰어요.

한편 그는 나 · 당 전쟁 이후에 당나라로 건너가 당의 장수로 여러 전투에서 승리를 거두어 그 이름을 중국 땅에 크게 떨쳤어요.

임존성
흑치상지가 백제 부흥 운동을 일으킨 임존성

당나라에서 이름을 크게 날린 흑치상지

흑치상지는 당나라에서 30년 동안 전투에 참가하면서 한 번도 진 적이 없었다고 해요. 그가 결정적으로 당나라 임금의 눈에 든 것은 토번과의 전쟁 때문이었어요. 토번은 현재 티벳 지방으로 당나라 초기에 이곳 사람들이 당의 국경을 자주 침범해 와, 당의 3대 임금 고종은 678년, 토번 공격에 대대적으로 나섰어요. 그런데 전투 도중에 당나라 군대는 늪지대에서 포위되어 전멸할 지경에 처했어요. 이때 흑치상지가 결사대 500명을 이끌고 적진으로 뛰어들어 수백 명의 적을 사살하며 당군을 위기에서 구해 냈어요. 이 전투 이후 흑치상지는 초고속으로 승진하여 마침내는 연나라를 책임지고 다스리는 제후의 반열에 오르게 되었어요.

하지만 흑치상지의 죽음은 너무나 허무했어요. 당나라 조정 안에 잘나가는 흑치상지를 질투하던 관리가 있었어요. 이 관리가 왕에게 "흑치상지가 나라를 뒤엎으려는 자들과 서로 내통한다."고 거짓 보고를 하였고, 이 말을 믿은 임금은 흑치상지를 감옥에 가두어 버렸어요. 그후 흑치상지는 감옥에서 병이 들어 파란만장한 일생을 마감해야 했어요.

백제 유민들의 부흥 운동

백제가 멸망한 뒤에 백제인들은 침략자들을 몰아내려는 싸움을 계속하였다. 왕족 복신과 승려 도침은 주류성(충남 서천)에서, 흑치상지는 임존성(충남 예산)에서 각각 군사를 일으키니, 200여 성이 호응하여 그 기세가 드높았다. 이들은 일본에 가 있던 왕자 풍을 맞아들여 왕으로 삼고, 사비성을 포위하여 여기에 주둔하고 있던 당군과 신라군을 공격하였다. 그러나 백제 부흥 운동은 지도층의 내분으로 실패하였고, 이를 도우러 왔던 일본 세력도 백강(금강 하류)에서 격퇴되었다.

〈중학교 국사 교과서 62쪽〉

 **흑치상지가 백제의 왕족이었다는 소문이 있던데, 정말인가요?**

그래요. 흑치상지의 성인 '흑치黑齒'는 '검은 이'라는 의미로, 흑치씨는 본래 백제의 왕실 성인 부여씨였어요. 그런데 당나라에서 큰 공을 세워 흑치 지역의 제후로 봉해지면서 흑치를 성으로 삼았다고 해요.

중국의 남쪽 지방인 광서성 장족 자치구 흠주의 옹령현에 백제향이란 동네가 있으며, 이 마을의 중심에 백제허가 있어요. 백제허는 '옛날 백제의 도읍지'란 뜻으로, 일부 학자들은 이곳을 흑치상지 집단의 거주지로 추정하고 있어요. 무엇으로 증명하냐고요? 장족 자치구의 주인들인 장족들이 자신들의 선조가 산동 반도와 백마강에서 왔다고 이야기하고 있고, 백제허에 살고 있는 사람들이 '백제허'라고 쓰고, 읽기는 '대박제DaeBakjae'로 발음하고 있으며, 또한 이 지역에 예전에 이가 검은 사람들이 다수 살고 있었다고 해요.

 **흑치상지가 어떤 성품의 사람이었는지에 대한 기록은 없나요?**

알쏭이가 너무 어려운 질문을 하네. 『삼국사기』 열전 흑치상지 조에 다음과 같이 기록되어 있어요.

"한 군사가 흑치상지가 타는 말에 매질을 했다. 부하 장수가 그 자를 죄주고자 하니, 상지가 '어찌 내가 타는 말을 매질하였다는 이유로 관병을 매질할 수 있겠는가?' 하였다. 전쟁이 끝나고 받은 상은 모두 부하들에게 나누어 주고 자신은 재물을 차지하지 않았다. 그가 죽자 사람들이 모두 그가 억울하게 죽었다며 매우 슬퍼했다."

이 기록으로 보았을 때에 흑치상지는 부하들을 사랑으로 대했고, 자신의 이익보다는 공적 이익을 먼저 생각하고 실천한 매우 공명정대한 사람이었음을 짐작할 수 있어요.

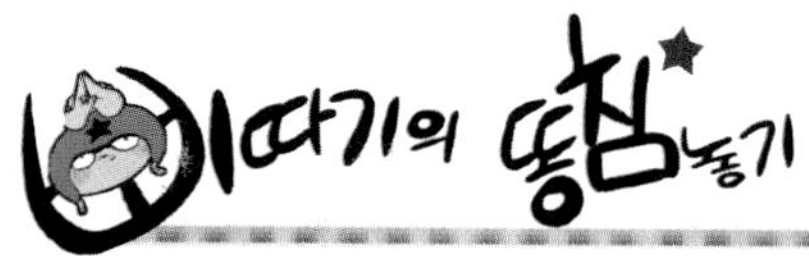

흑치상지가 우리 민족에게 뭐지? 백제를 부흥시키기 위해 군사를 일으켰으면 죽을 때까지 최선을 다해서 당과 싸웠어야지, 결국에는 당나라에 붙어서 백제를 완전히 절단 내 버렸잖아. 이런 놈이 왜 우리 인물을 소개한 이 책에 등장해야 하지? 삐따기는 이해할 수 없어. 여러분들 생각은 어때요? 백제의 배신자 흑치상지를 장콩샘이 구태여 이 책에 소개할 필요가 있을까요?

장콩샘 왈왈왈!!!

그러게요. 저도 고민 많이 했어요. 하지만 백제 멸망 후에 부흥 운동이 있었다는 것을 알려주고 싶었고, 또 백제 유민들 중에서 중국에까지 이름을 날린 인물이 있었다는 점, 현재 중국 남부 지역에 백제와 관련된 유적이 있다는 점을 두루두루 소개하고 싶었어요.

박혁거세
기원전 57년에 경주에 신라를 세우다.

석탈해
62세의 나이로 신라 4대 임금에 오르다.

김알지
탈해왕 때 시림의 황금 나무 상자에서 나와 경주 김씨의 시조가 되다.

김유신
668년에 고구려를 멸망시키고 삼국 통일을 완수하다.

문무왕
죽어 용이 되어서도 신라의 바다를 지키다.

원효
정토종을 만들어 신라 불교를 대중화하다.

지증왕
중국 문물을 받아들이고 512년에 우산국을 정벌하다.

진흥왕
553년 나 · 제 동맹을 깨뜨리고 백제를 공격해 한강 유역을 차지하다.

선덕여왕
632년에 신라 최초 여왕이 되어 황룡사 9층탑을 세우다.

태종 무열왕
660년에 당군과 함께 백제를 멸망시키다.

제3장 신라 · 발해의 역사 인물

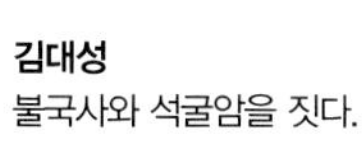

김대성
불국사와 석굴암을 짓다.

장보고
828년에 청해진을 설치하여 해상 무역을 장악하다.

대조영
698년에 동모산 지역에 고구려 유민과 말갈족을 모아 발해를 세우다.

문왕
737년에 발해의 3대 왕이 되어 대외 관계를 안정시키고 문화를 발전시키다.

신라를 세운 박혁거세

나는 신라 최초의 왕이자, 이 땅에 살고 있는 모든 박씨들의 시조예요.
경주 박씨, 밀양 박씨, 청주 박씨 등 많은 박씨들이 이 땅에 뿌리를 내려
살고 있는데, 이들은 모두 내 핏줄을 물려받은 내 자손들이에요.
또한 나는 하늘에서 내려온 사람으로 내 부인인 알영 또한 하늘에서 내려와
나와 결혼했지요. 특히 내 부인은 닭처럼 생긴 용의 왼쪽 겨드랑이에서
태어난 여자로 유명하지요.
자! 그럼 지금부터 나와 내 마누라에 대해서 장콩샘과 함께 탐구해 볼까요?

박혁거세와 인연을 맺은 사람들

알영 박혁거세의 부인. 계룡의 왼쪽 겨드랑이에서 탄생했다.
촌장 박혁거세를 왕으로 모시기 위해 하늘에 빌었던 사람들.

우물 옆에서 알로 태어난 사람

신라가 탄생하기 전인 진한 시절, 훗날 신라의 수도가 되는 경주 땅에는 6개의 마을이 있었어요. 알천 양산촌, 돌산 고허촌, 자산 진지촌, 무산 대수촌, 금산 가리촌, 명활산 고야촌이 그 마을들로, 하루는 여섯 마을 촌장들이 알천 언덕에 모여 회의를 했어요.

"나라를 다스릴 임금이 없으니, 사람들이 무엇을 어떻게 해야 하는지 모르는 것 같소. 덕스러운 사람을 찾아 임금으로 모시고 나라를 세우는 것이 어떠하겠소?"

"좋소."

"나도 찬성이오."

"맞는 말이오. 그럼 어서 덕 있는 사람을 찾아 왕으로 추대합시다."

촌장들은 임금으로 추대할 사람을 찾기 위하여 높은 산에 올라 천지사방을 둘러보았어요. 그런데 남쪽에 있는 '나정蘿井'이라는 우물 옆이 유난히 빛나 보였어요. 모두들 고개를 쭉 빼고 살펴보니, 흰 말이 나정 옆에 엎드려 절을 하고 있었어요. 촌장들은 "저기다!" 하고 재빨리 산을 내려와 나정으로 달려갔어요.

웅성거리며 다가오는 사람들을 보고 말은 길게 울음을 울더니 하늘로 올라갔고, 무릎을 꿇고 있던 자리에는 큰 알이 하나 단정하게 놓여 있었어요. 촌장 하나가 알을 조심스럽게 건드렸어요. 그러자 알이 쪼개지며 사내아이가 우렁차게 울기 시작했어요. 이 아이를 동쪽 냇가로 데리고 가서 목욕을 시키니, 새와 짐승들이 춤을 추고 천지가 진동하며 해와 달이 밝게 떴어요.

촌장들은 아이의 이름을 혁거세赫居世라 지었어요. 왜냐고요? 밝게 세상을 다스릴 사람이라는 의미에서였지요. 성은 박朴씨로 정했는데, 깨고 나온 알이 둥그스름한 박처럼 생겨서예요.

결혼을 하는 박혁거세

경주 땅 골짜기의 여섯 마을 사람들은 혁거세가 하늘이 보내 준 임금이라 크게 기뻤어요.

"우리가 섬길 임금님을 하늘에서 보내 주셨으니, 이제 이에 걸맞은 여자를 물색해서 서로 짝을 지어 줍시다."

이러한 논의들을 하고 있을 때에, 사량리에 있는 알영정閼英井이라는 우물가에 닭처럼 생긴 용이 나타나서 왼쪽 겨드랑이 밑으로 아이를 낳았어요. 곱디곱게 생긴 여자 아이였는데, 이상하게도 입술이 닭의 부리처럼 생겼어요. 사람들은 이 아이를 월성 북쪽의 냇가로 데리고 가서 씻겼어요. 맑은 물로 얼굴을 씻겨 주자 부리가 떨어져 나갔어요. 이 시내를 부리가 떨어진 곳이라 해서 '발천撥川'이라 했으며, 태어난 곳인 알영정에서 이름을 따와 아이 이름을 '알영'이라 했어요.

그 후 여섯 마을 사람들은 경주의 남산 서쪽 기슭에 궁궐을 짓고 두 아이를 정성을 다해 길렀어요. 그리고 열세 살에 결혼을 시켜, 왕과 왕비로 추대하여 정식으로 나라를 세웠어요. 이때가 기원전 57년으로 나라 이름을 서라벌이라 했는데, 서라벌은 서벌 · 사라 · 사로 · 계림으로도 불렀어요.

죽을 때도 신비롭게 죽은 혁거세왕

백성들의 존경을 받으며 61년 동안 나라를 다스린 혁거세는 죽어서 하늘로 올라갔어요. 그런데 이상한 일이 벌어졌어요. 죽은 지 7일 만에 하늘에서 혁거세의 시신이 부위별로 나뉘어 땅으로 떨어졌어요. 때를 맞춰 알영 왕후가 죽자, 서라벌 사람들은 왕의 시신을 다시 하나로 모아 왕후와 함께 장사를 지내려 했어요. 하지만 큰 뱀이 나타나 사람들을 쫓아다니며 시신을 모을 수 없게 방해했어요. 그래서 하는 수 없이 사람들은 머리, 몸통, 양 팔, 양 다리를 따로따로 묻어 혁거세의 무덤은 다섯 개나 되고 말았어요. 이 무덤을 '오릉五陵', 또는 뱀 때문에 만들어진 무덤이란 뜻에서 '사릉蛇陵'이라고 해요.

신라 건국

신라는 진한의 여러 나라 가운데 경주 평야에 있던 사로국에서 시작하였다(기원전 57). 신라는 박, 석, 김 3성의 시조 설화에서 보듯이, 여러 세력 집단이 연합하여 이루어진 나라였기 때문에 국가적 통합이 비교적 늦었다.

〈중학교 국사 교과서 38쪽〉

 신라를 세운 박혁거세 이야기는 책마다 약간씩 다르게 쓰여 있던데 왜 그럴까요?

알쏭이가 여러 책을 읽었나 보네요. 그래요, 알쏭이 말이 맞아요. 그러나 박혁거세 신화만 그런 것이 아니에요. 고구려, 백제, 신라를 세운 사람들의 이야기가 모두 그런 편이죠. 그 이유는 각 나라의 건국 신

화가 여러 역사책에 약간씩 다르게 기록되어 있기 때문이에요. 즉, 중심 줄거리는 같으나, 세부적인 부분들은 책에 따라 약간씩 다르게 서술되어 있어요. 상황이 이러하다 보니, 어떤 역사책의 내용을 기본으로 삼아 글을 쓰느냐에 따라 이야기의 흐름이 약간씩 달라져요. 참고로 장콩샘은 박혁거세 건국 신화를 『삼국유사』를 기본 자료로 삼아 『삼국사기』 내용을 약간 첨가하여 재구성했어요.

 **신라는 처음부터 '신라'라는 이름을 사용하지 않았나요?**

예, 그래요. 『삼국유사』에 따르면, 초기에는 서라벌 또는 서벌, 사라, 사로, 계림으로 불렀어요. '신라'라는 국명이 사용되기 시작한 것은 6세기 초반 지증왕 때부터예요.

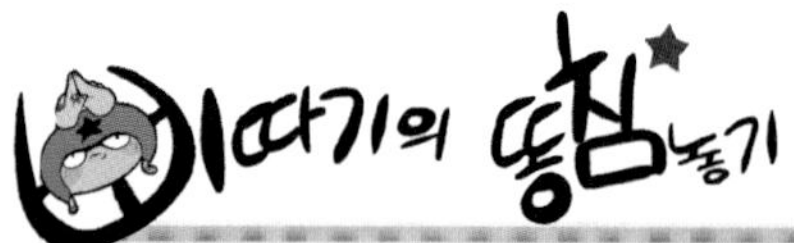

사기를 치더라도 적당히 쳐야지, 뭐 이런 개떡 같은 경우가 다 있어.
도대체 사람이 알에서 태어났다는 게 말이나 돼? 여기에 부인인 알영은 또 뭐야?
용이면 용이지 닭 같은 용은 또 뭐냐고. 도무지, 도무지 삐따기는 혁거세와 알영의 탄생
이야기를 믿을 수 없어. 이건 말이야, 혁거세로 상징되는 부족과 알영으로 상징되는 부족이
서로 연합하여 나라를 만들고 자기들이 하늘로부터 인정받은 나라라는 것을 주변 부족들에게
홍보하기 위해서 뻥을 친 것이 분명해. 여러분! 여러분들은 어떻게 생각해요?

잔머리를 잘 굴려 왕이 된 석탈해

나는 석탈해. 신라의 4대 임금이에요. 하지만 나는 신라 본토 사람이 아니에요. 일본에서도 한참 멀리 떨어진 용성국에서 배를 타고 이주해 잔머리 하나로 최고봉인 임금 자리에 오른 특이한 사람이에요. 그러나 내가 잔머리만 잘 굴린 것은 아니에요. 나는 쇠를 잘 다뤄서 임금이 되었어요. 지금이야 쇠 다루는 기술이 별거 아니지만, 내가 살았던 시대에는 반도체를 생산하는 기술만큼이나 최첨단 기술이었어요.
자! 그럼 지금부터 쇠의 왕자, 나 석탈해에 대해서 장콩샘과 함께 탐구해 볼까요?

탈해왕과 인연을 맺은 사람들

아진의선 탈해가 신라 땅에 처음 발을 디뎠을 때 정성스럽게 보살펴 준 할머니이다.
남해왕 신라의 2대 임금. 탈해의 영특함을 누구보다 먼저 알아채고 자신의 사위로 삼았다.
유리왕 신라의 3대 임금. 아버지인 남해왕이 죽은 후 탈해에게 임금 자리를 양보하려 했으나 나이가 더 많아 먼저 임금이 되었다.

바다를 건너온 탈해

신라의 2대 임금 남해왕 때였어요. 가야국 해안에 배가 한 척 멈춰 섰어요. 가야를 세운 수로왕은 나라에 큰 복이 들어왔다고 생각하여 백성들과 함께 해안가로 나가 북을 두드리며 이 배를 맞이했어요. 하지만 배는 가야 해안에 멈추는 듯하더니, 쏜살같이 달아나서 신라 땅인 아진포 앞바다에 멈춰 섰어요.

아진포에는 아진의선이라는 할머니가 살고 있었어요. 할머니는 까치들이 잔뜩 모여 있는 이상한 배가 포구 앞바다에서 흔들거리는 것을 보고, 이를 기이하게 여겨 배로 올라가 봤어요.

배 안의 이곳저곳을 살피던 할머니는 갑판에서 큰 나무 상자를 하나 발견했어요. 할머니는 상자 안이 너무 궁금했어요. 하지만 그 속에서 무엇이 나올지 몰라 선뜻 열 수가 없었어요. 할머니는 고심에 고심을 하다가 하늘에 기도를 올리고 아주 조심스럽게 상자를 열었어요.

그런데 이게 웬일이에요? 상자 안에는 아주 잘생긴 남자가 종들의 시중을 받으며 금은보화 속에 앉아 있었어요.

할머니가 남자에게 물었어요.

"자네는 어디서 온 사람인가?"

할머니가 물어도 남자는 묵묵부답이더니, 7일이 지나자 드디어 입을 열었어요.

"나는 용성국의 왕자요. 우리 아버지가 오래도록 아들이 없어 자식 얻기를 간절히 바라더니 어머니가 임신 7년 만에 큰 알을 하나 낳았소. 깜짝 놀라 신하들을 모아 놓고 물으니, 신하들이 이구동성으로 사람으로서 알을 낳은 것은 좋은 일이 아니라고 했소. 그러자 아버지는 상자에 나를 넣어 바다에 버렸소. 사람들이 축원하기를 부디 인연이 있는 땅에 가서 나라를 세우고 집을 이루어 살라 하매, 붉은 용이 배를 보호하여 여기까지 왔소."

남자는 자신이 신라 땅까지 온 연유를 자세히 밝혔어요. 그러고는 두

종을 거느리고 경주의 명산 토함산에 올라가 자기가 살 땅을 찾기 시작했어요.

호공과 잔머리 대결을 벌이는 석탈해

토함산 정상에서 경주 땅 곳곳을 살펴보니, 초승달처럼 생긴 땅이 눈에 들어왔어요. 그곳이 마음에 든 남자는 산에서 내려와 서둘러 초승달 터로 갔어요. 하지만 이를 어쩌나요? 이미 그곳에는 호공이라는 사람이 살고 있었어요. 남자는 난감했어요. 어찌할까 궁리를 하다가 꾀를 하나 생각해 냈어요.

그는 밤중에 호공의 집 주위에 숫돌과 숯을 몰래 묻었어요. 그리고 다음날 아침에 호공의 집으로 찾아가서 시치미를 뚝 떼고 "이곳은 내 조상들이 살았던 땅"이라고 막무가내로 우기기 시작했어요. 호공은 어이가 없었지만, 처음 보는 사람이 막가파식으로 우기자 관청에 이 사실을 신고했어요. 하지만 호공의 이러한 행동은 오히려 자기 발등을 찍는 꼴이

되고 말았어요.

사실 여부를 파악하러 나온 관리가 남자에게 물었어요.

"무슨 증거로 너희 집이라고 우기느냐?"

남자가 대답했어요.

"이 땅은 내 조상들이 아주 오래전부터 살던 곳으로, 우리 집안은 대대로 대장장이였으니, 집 주변을 파 보면 그 증거물이 분명히 나올 것이오."

남자의 말을 들은 관리는 호공의 집 주변을 파기 시작했어요. 아니나 다를까, 남자의 주장대로 숫돌과 숯 부스러기가 집 주변 곳곳에서 나왔어요. 관리는 남자의 손을 들어 주어 호공에게 집을 양보하라라고 했어요. 호공은 남자의 잔꾀에 속아 넘어가 꼼짝없이 집을 빼앗길 수밖에 없었어요. 잔머리꾼인 이 남자가 바로 신라의 4대 임금 석탈해예요.

'석탈해'라는 이름을 가지게 된 이유

탈해가 석씨 성을 얻게 된 이유로는 두 가지 설이 있어요. 하나는 호공의 집을 잔머리를 굴려 빼앗았으므로 '석昔'을 성씨로 삼았다고 해요. '昔석'은 옛날을 의미하는 한자예요. 또 다른 설은 탈해가 타고 온 배를 까치들이 호위하고 있었는데, 이러한 이유 때문에 '까치 작鵲' 자에서 '새조鳥'를 떼 버리고 석昔 자를 성으로 삼았다고 해요.

탈해라는 이름은 상자를 열 때 알을 깨고 나왔다고 하여 '벗을 탈脫'에 '열 해解' 자를 썼다고 하지요.

임금의 사위가 된 탈해

남해왕은 탈해가 호공의 집을 빼앗았다는 이야기를 전해 듣고 그가 지혜로운 사람임을 곧바로 눈치 챘어요. 그래서 그는 첫째 딸을 탈해에게 시집보냈어요.

남해왕이 죽은 뒤, 다음 임금 자리를 놓고 남해의 아들인 유리와 사위인 탈해가 물망에 올랐어요. 그러자 두 사람은 '형님 먼저, 아우 먼저' 하면서 서로에게 왕위를 양보했어요. 두 사람의 양보로 새 왕의 결정이 늦어지자, 신하들은 두 사람에게 떡을 베어 물게 했어요. 신라에서는 이가 많은 사람이 덕망이 높다고 생각했기에 덕이 많은 사람을 왕으로 모시기 위한 최후의 수단이었지요.

두 사람은 동시에 떡을 깨물었어요. 떡에 새겨진 이 자국을 세어 보니, 유리의 이가 더 많았어요. 그래서 유리가 먼저 왕위에 올라 신라의 3대 임금이 되었고, 이때부터 신라에서는 나라를 다스리는 지배자의 칭호를 이사금이라 했어요. 이사금은 이의 금을 의미하는 '잇금'에서 나온 지배자의 명칭이에요. 이러한 전설은 나이가 많아 경험이 많이 축적된 사람이 왕위를 계승했음을 보여 주는 이야기로, 탈해보다 남해가 나이가 많아 임금 자리에 먼저 올랐음을 알 수 있게 해 줘요.

유리왕을 이어 탈해가 임금이 되었는데, 유리는 죽으면서 다음과 같은 유언을 남겼어요.

"내 아버지가 죽으면서 말씀하시기를 '나 죽은 뒤에 아들 사위를 막론하고 나이 많고 어진 자로 내 뒤를 잇게 하라.' 하셨소. 이런 연유로 나이 많은 내가 먼저 임금을 했으니, 이제는 마땅히 왕의 자리를 탈해에게 물려줄 때요. 탈해는 내 동서로 나라를 위하여 여러 차례 큰 공을 세웠소. 또한 두 아들의 자질이 탈해에 비해 너무도 떨어지니, 내가 죽거든 탈해를 왕으로 섬기시오."

유리왕이 죽고 나자 신하들은 왕의 유언을 받들어 탈해를 임금으로 추대했어요. 이때 탈해의 나이 62세로, 이주민이었던 탈해가 본토 사람들을 물리치고 신라 4대 임금으로 등극한 뜻 깊은 날이었어요.

신라 문화재들

신라는 '황금의 나라'로 불릴만큼 찬란한 금속 문화재가 많다. 신라에서 금이 처음 등장하는 것은 4세기 후반부터이며 이후 5세기와 6세기 전반까지가 황금 문화의 전성기였다. 이 무렵 신라의 왕족은 머리에 금관을 비롯하여, 금귀걸이와 금목걸이, 은허리띠, 금동신발로 온몸을 치장하였다. 특히 신라 금관은 상징성이 강하고 장식 또한 아름다워 한국의 공예품을 대표하는 명품이다.

금관 장식

서봉총 금관

천마도

탈해가 빼앗은 호공의 집은 정말 살기 좋은 터였을까요?

호공의 집터가 초승달 모양이었다는 것 자체가 명당임을 증명해줘요. 초승달은 계속 커져서 보름달이 될 터이고, 그런 모양의 터에서 산다면 집 주인은 날로 발전할 가능성이 있으니까요.

반월성

초승달 모양의 성터. 신라 초기의 궁궐터로 추정된다.

대장장이 자손인 탈해가 임금이 된 것은 도저히 이해가 안 돼요. 신분 구별이 철저했던 신라 사회에서 철을 다루는 대장장이 자손이 어떻게 임금을 할 수 있었을까요?

탈해가 살았던 시대는 나라들이 이곳저곳에 세워지던 때로 철기가 최첨단 도구로 각광을 받던 시기였어요. 이러한 시기에 덩이쇠를 불속에 넣어 자유자재로 모양을 바꾸며 각종 도구를 만드는 대장장이는 대단한 능력가였어요. 석탈해로 상징되는 집단은 이주민이었지만, 쇠를 잘 다루었기에 신라의 지배층에 편입될 수 있었으며, 우세한 경제력을 바탕으로 임금까지 될 수 있었어요.

철제 농기구와 무기들

신라는 지배자인 왕을 가리키는 명칭이 다양하다고 들었는데, 그에 대해서 설명해 주세요.

신라는 6세기 초반에 임금을 했던 지증왕 이전까지는 고유한 지배자의 이름을 사용했어요. 박혁거세 때는 거서간이라 했으며, 2대 남해 때는 차차웅, 3대 유리부터는 이사금을 사용하다가 17대 내물 시절부터 마립간이라 했어요. 그러다가 지증왕 대에 이르러 비로소 중국식 지배자의 칭호인 '왕'을 사용했어요. 따라서 남해나 유리, 탈해를 남해왕, 유리왕, 탈해왕이라 하는 것은 엄밀하게 말하면 틀린 것이에요. 다만 샘은 알쏭이 같은 학생들이 당시의 지배자들을 쉽게 이해할 수 있도록 유리나 탈해이사금도 유리왕, 탈해왕으로 썼어요.

지배자 명칭	거서간	차차웅	이사금	마립간	왕
사용 시기	1대 박혁거세	2대 남해	3대 유리~ 16대 흘해	17대 내물~ 21대 소지	22대 지증~ 56대 경순
의 미	신령한 제사장	제·정 일치 시대의 군장	연장자, 계승자	나라의 우두머리	중국식 지배자 칭호

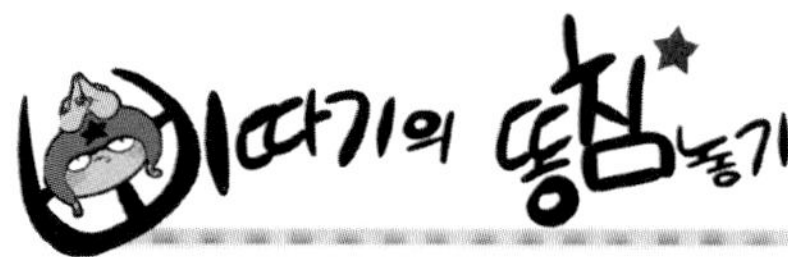

탈해? 허, 허! 이놈 완전히 봉이 김선달이구먼. 요즘 같았으면, 감옥에 처박혀 있을 놈이 시절을 잘 만나서 임금까지 되었으니, 그놈 참 운도 좋구먼. 그런데, 정말 이래도 되는 거야? 봉이 김선달 같은 놈을 임금으로 추대한 신라 사람들은 도대체 생각이 있는 사람들이야, 없는 사람들이야?

나 원 참, 알다가도 모르겠네.

경주 김씨 집안의 시조 김알지

나는 김알지. 나 또한 알에서 태어났어요. 성을 김씨로 삼은 이유는 내가 금궤 안에서 태어났기 때문이며, 알지라는 이름은 당시 말로 아기를 뜻해요. 따라서 김알지는 '금궤 안에서 태어난 아기'라는 뜻이지요. 나는 왕을 하지 못했어요. 하지만 신라 56명의 왕 중 38명이 내 자손인 경주 김씨여서 나는 신라를 세운 시조로 추앙받고 있어요.

자! 그럼 지금부터 내 전설과 함께 경주 김씨가 어떻게 해서 신라 왕권을 장악했는지 장콩샘과 함께 탐구해 볼까요?

김알지와 인연을 맺은 사람들

탈해 신라의 4대 임금. 시림에 있던 황금 상자 안에서 알지를 거두어 성장시켰다.

호공 탈해에게 초승달 집터를 빼앗겼던 관리. 탈해왕 시절에 고위 관리로 근무하며 알지가 담긴 금궤를 가장 먼저 발견하였다.

파사 신라의 5대 임금. 알지의 양보로 왕이 되었다.

38명의 신라 임금을 배출한 경주 김씨 가문

흔히들 신라를 말할 때에 '천 년 왕국'이라고 해요. 그 이유는 기원전 57년에 박혁거세가 나라를 세운 이후 992년 동안 번영을 누렸기 때문이에요.

신라는 천 년 동안 임금을 총 56명 배출했는데, 초기에는 박씨, 석씨, 김씨 부족이 번갈아 가며 임금을 했어요. 김씨 부족 사람으로 처음 임금을 했던 인물은 3세기 후반의 미추였어요. 그는 경주 김씨의 시조 김알지의 6대손으로, 석씨 출신 임금인 첨해이사금의 뒤를 이어 신라 13대 임금이 되었어요. 하지만 14대부터는 다시 석씨 부족에서 임금이 나왔고, 다시 김씨가 임금 자리를 차지한 것은 17대 내물마립간부터에요.

내물마립간은 4세기 중반에서 5세기 초반까지 나라를 다스렸던 임금인데, 그는 왕권을 강화하면서 김씨의 왕위 세습권을 확립하여 이때 이후로 신라 임금은 김씨가 거의 독점했어요.

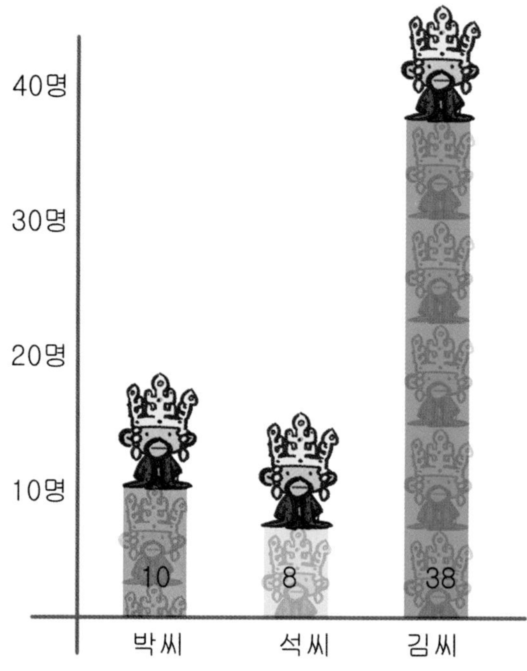

경주 김씨의 시조 김알지는 누구?

탈해이사금 시절이었어요. 호공이 길을 가다 보니, 서라벌현재 경주의 시림始林에서 오색찬란한 빛이 사방으로 퍼지고 있었어요. 이를 이상하게 여긴 호공은 말을 몰아 시림으로 갔어요. 안개처럼 자욱하게 깔린 자줏빛 구름을 헤치며 숲 속으로 들어서니, 나뭇가지에 황금 상자가 걸려 있었고, 그 아래에선 흰 닭이 울고 있었어요. 호공이 깜짝 놀라 왕궁으로 달려가서 탈해이사금에게 아뢰었어요.

"시림 나무에 황금 상자가 걸려 있나이다."

호공의 보고를 받은 탈해이사금은 무리들을 데리고 서둘러 시림으로 갔어요. 과연 자욱한 안개구름 속에 휩싸인 나뭇가지에 황금 상자가 있었어요. 이 상자를 손수 열어 보니, 사내아이가 누워 있다가 벌떡 일어났어요.

탈해는 아이 이름을 알지라 했으며, 금궤金櫃에서 나왔으므로 성을 김金씨로 했어요. 알지는 신라 말로 '아이'를 뜻해요.

김알지의 탄생 설화를 간직하고 있는 경주의 시림(始林)

탈해는 좋은 날을 택하여 알지를 태자로 삼아 자신의 뒤를 잇게 했어요. 하지만 알지는 임금 자리를 유리왕의 아들인 파사에게 양보했으며, 본인은 파사가 나라를 잘 다스리도록 보조만 해 주었어요.

신라 고분군

황남동 고분군은 신라 초기의 무덤으로 누구의 무덤인지 모르는 많은 무덤이 흩어져 있는 곳이다. 1973년부터 고분 발굴 작업이 진행되어 왔고 그때 우리에게 알려진 155호 고분이 천마총으로 그 곳에서 천마도가 나왔고, 98호 고분으로 알려진 황남대총에서는 금관같은 많은 유물들이 쏟아져 나왔다.

황남동 고분군

왜 신라 초기에는 박씨, 석씨, 김씨가 서로 번갈아 가며 임금을 했나요?

그 이유는 뻔할 뻔이에요. 초기 신라는 6개 부족이 연합하여 세운 사로 6촌이었고, 아마 여섯 부족 중 박씨 부족, 석씨 부족, 김씨 부족의 힘이 더 강했을 거예요. 그런데 이 세 부족의 힘이 거의 비슷해서 나라를 세운 초기에는 서로 협력하여 나라를 다스려야 했어요. 따라서 지배자 또한 돌아가면서 할 수밖에 없었지요.

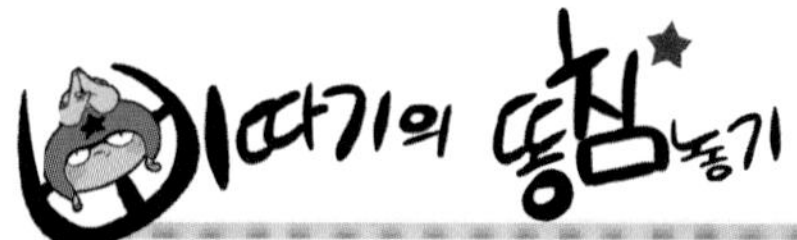

경주를 본관으로 하는 성씨들은 전부 새를 시조로 두었구먼. 그것 참, 얼마나 하늘과 연결시키고 싶었으면, 자기 조상을 새로 둔갑시켰을까? 경주 박씨, 경주 석씨, 경주 김씨는 지금도 겨드랑이에 날개가 있을까? 설마 그렇지는 않겠지?

중국 문물을 적극적으로 수용하여 신라 발전의 주춧돌을 놓은 지증왕

나는 신라의 22대 임금인 지증왕이에요. 내 시대부터 나라 이름을 신라라 했으며, '왕'이란 지배자의 명칭을 사용하기 시작했어요. 또한 나는 중국의 제도와 문물을 적극적으로 받아들여 내 나라 신라가 크게 발전할 수 있는 기반을 조성한 임금으로 유명해요.

자! 그럼 지금부터 내가 신라 발전을 위해 중국의 제도와 문물을 어떻게 받아들였는지 장콩샘과 함께 탐구해 볼까요?

지증왕과 인연을 맺은 사람들

이사부 지증왕의 명을 받들어 우산국을 정벌하였다.

이제부터 나라 이름은 '신라'다

지증마립간이 임금 자리에 오른 지 4년째 되던 해인 503년에 왕은 신하들의 건의를 받아들여 중대 발표를 했어요.

"이제부터 '사로' 대신 '신라'로 나라 이름을 변경한다. 마립간도 이제는 '왕'으로 바꾸어 부른다."

'신라'라는 나라 이름이 역사의 전면에 등장하는 순간이었어요. 신라新羅는 德業日新 網羅四方덕업일신 망라사방 : 왕의 업적이 날로 새로워져 사방에 널리 퍼진다.에서 따온 이름으로, 신라의 힘이 전에 비해 한층 강화되어 나라의 위상이 사방에 떨칠 정도가 되었음을 스스로 과시한 것이에요.

지증왕이 누구이기에?

지증왕의 성은 김씨이고 이름은 지대로 혹은 지도로였어요. 체격이 크고 담력이 세서 젊은 시절부터 뭇사람들을 잘 다스렸는데, 그가 왕이

된 것은 나이 64세 때였어요. '지증'은 왕이 죽고 난 후에 신하들이 논의하여 붙여 준 시호로, 시호는 왕이나 높은 관리가 죽었을 경우에 그 사람의 업적을 바탕으로 국가가 지어 주는 이름을 말해요. 지증왕은 신라에서 가장 먼저 시호를 받았어요.

그는 임금이 되자, 신라의 발전을 위하여 중국의 제도와 문물을 적극적으로 수용하면서 여러 가지 사업을 펼쳤어요. 나라 이름을 사로에서 신라로 변경하였으며, 신라 고유의 왕호인 마립간을 중국을 비롯한 동양 각국에서 쓰던 '왕'으로 바꾸었어요. 또한 지방을 주와 군으로 나누고 그곳에 관리를 파견하여 자신의 명령이 지방 곳곳에 확실히 전달되게 하였어요.

한편 지증왕은 정복 활동도 활발하게 전개하여, 512년에는 이사부 장군을 파견하여 우산국을 정복했어요. 우산국은 현재 울릉도로 이곳 사람들이 억세고 지형 또한 험하여 정복하기가 쉽지 않았어요. 하지만 지증왕의 명령을 받은 이사부는 나무로 사자를 만들어 배에 싣고 가서 우산국 앞바다에 띄워 놓고 엄포를 놓아 우산국 사람들을 꼼짝 못 하게 만들었어요.

"너희가 항복하지 않으면, 이 맹수를 풀어 너희 땅을 쑥대밭으로 만들고 말 테다."

이사부의 엄포에 우산국 사람들은 겁을 먹고 모두 나와 항복했어요. 바야흐로 울릉도와 인접해 있는 섬인 독도가 신라 영토에 편입되는 순간이었어요. 여기에 지증왕은 경주의 동쪽에 시장을 설치하여 상업을 활성화시키는 등 신라의 경제 발전에도 큰 기여를 했어요.

이러한 지증왕 시대의 다양한 체제 정비 사업은 다음 임금인 법흥왕 시대에 율령 반포, 관등과 공복 제정을 비롯한 제도 정비와 불교 공인으로 이어지며 신라가 융성기를 맞는 발판이 되어 주었어요.

지증왕

신라는 지증왕을 거쳐 법흥왕, 진흥왕에 이르면서 크게 발전하여 삼국을 통일할 수 있는 기반을 마련하였다. 지증왕 때에는 나라의 면모가 날로 새로워지는 것에 맞추어 나라 이름을 '신라'로 정하고, 왕호를 마립간에서 중국식 칭호인 '왕'으로 바꾸어 왕권을 강화하였다.

지증왕 때에는 지금의 울릉도인 우산국을 정복하였으며, 정치 제도를 더욱 갖추어 나갔다. 이 밖에도 전국적인 지방 제도인 주 · 군 제도를 정하고 관리를 파견하여 다스렸다. 이것은 신라가 선진 중국 문화와 정치 제도를 받아들여 중앙 집권을 강화하겠다는 의도를 나타낸 것으로, 신라 사회의 한층 발전된 모습을 보여 주는 것이다.

〈중학교 국사 교과서 52쪽〉

지증왕은 중국 문물을 적극적으로 수용하면서 신라를 발전시킨 것 같은데, 정말 그런가요?

예, 맞아요. 지증왕 시대에 신라는 중국의 제도와 문물을 적극적으로 수용하면서 고구려, 백제와 힘이 비슷해질 정도로 발전했어요. 신라 땅은 한반도의 동남쪽에 자리 잡고 있었기에 교통이 원활하지 못해서 중국 문물을 수용하기가 쉽지 않았어요. 그래서 그런지 신라는 중국식 지배자의 칭호인 '왕'을 다른 나라보다 훨씬 늦게 사용하기 시작했어요.

마립간과 왕의 차이가 얼마냐 크냐고요? 뭐, 별로 크지는 않아요. 다만, 주변 국가들이 전부 사용하는 '왕'을 사용하지 않았다는 것은 좋게 보면 신라가 주체적인 나라였다고 평가할 수 있지만, 또 다른 측면에서 생각해 보면, 국제 정세의 흐름에 뒤떨어진 후진 국가였다는 이야기도 돼지요. 따라서 지증왕의 적극적인 중국 문물 수용 정책은 시대 흐름에 편승하여 나라를 발전시킨 정책이었다고 할 수 있어요.

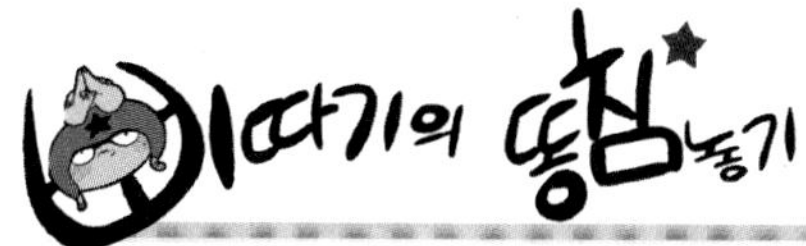

지증왕은 뼈대가 없는 사람이었나 봐. 어떻게 한 나라의 임금이

되어 가지고서 줏대도 없이 중국 제도와 문물만 계속해서 받아들이냐고?

머릿속에 주체 의식이 조금이라도 있었다면, 그리 쉽게 나라 이름

또는 임금의 명칭을 바꾸지 않았을 거 아냐?

뭐, 선대 임금들은 몰라서 중국식 나라 이름을 사용하지 않았겠어?

다 나름대로 뜻이 있어서 조상 대대로 사용한 서라벌을 고집했던 거라고.

여러분 어때요?

지증왕이 중국의 제도와 문물을 적극적으로 받아들인 것이

꼭 좋기만 한 일이었을까요?

신라 최고의 정복 군주 진흥왕

나는 신라의 24대 임금, 진흥왕이에요. 나는 신라 최대의 정복 군주로 내 업적은 전국 각지에 있는 4개의 순수비로 증명돼요. 또한 나는 신라를 부처님의 나라로 만들기 위해 노력했던 임금이며, 청소년 집단으로 유명한 화랑도를 국가의 공식 청소년 단체로 확대 개편한 사람이기도 해요.
자! 그럼 지금부터 내가 신라 최대의 영토를 어떻게 확보했는지 장콩샘과 함께 탐구해 볼까요?

진흥왕과 인연을 맺은 사람들

성왕 백제의 26대 임금. 진흥왕의 배신에 화가 나서 신라 정벌에 나섰으나 관산성에서 전사하였다.

진흥왕이 제위에 오를 무렵의 삼국 정세는?

진흥왕이 법흥왕의 뒤를 이어 신라 24대 임금이 된 것은 540년으로, 그의 나이 7세 때였어요. 이 시기는 백제가 제2의 전성기를 맞이하던 시절이며, 고구려에서는 내분이 발생하여 왕권이 약화되고 있던 시대였어요.

백제는 4세기 중엽 근초고왕 시절에 전성기를 맞이한 이후, 세력이 점차 위축되고 있었어요. 그러나 6세기로 접어들면서 다시 힘을 펴기 시작하여 진흥왕이 신라를 다스릴 무렵에는 성왕[523~554]이 웅진[충남 공주]에서 사비[충남 부여]로 도읍을 옮기고 나라 이름도 남부여로 바꾸어 제2의 도약을 꿈꾸고 있었어요.

한편, 고구려는 이 시기에 내분으로 세력이 점차 약해지고 있었어요. 북쪽의 돌궐이 빈번히 침입하여 대책 마련에 골머리를 앓았으며, 귀족들의 다툼 속에 안장왕[519~531]이 살해되는 등 하루도 바람 잘 날이 없었어요.

정복 활동에 나서는 진흥왕

진흥왕은 어린 나이에 임금이 되었기에, 초기에는 어머니가 나랏일을 대신해 주었어요. 하지만 18세가 되면서부터는 직접 정치를 담당하여 신라 융성의 주춧돌을 놓기 시작했어요.

그는 청소년 단체인 화랑도를 국가 조직으로 개편하여 많은 인재를 양성하였으며, 대규모 불교 집회를 열어 국가의 안녕과 발전을 기원하면서 나라의 기반을 다져 나갔어요. 또한 정복 활동에도 적극 나서서 한강 자락을 신라 영토로 만들었어요.

한강 유역은 본래 신라와 백제 땅이었는데, 장수왕의 남진 정책에 밀려 고구려에 빼앗겼던 땅이에요. 진흥왕은 백제의 성왕과 연합하여 고구려로부터 이 땅을 다시 빼앗아 남한강 상류는 신라가, 한강 하류는 백제가 사이좋게 나눠 가졌어요.

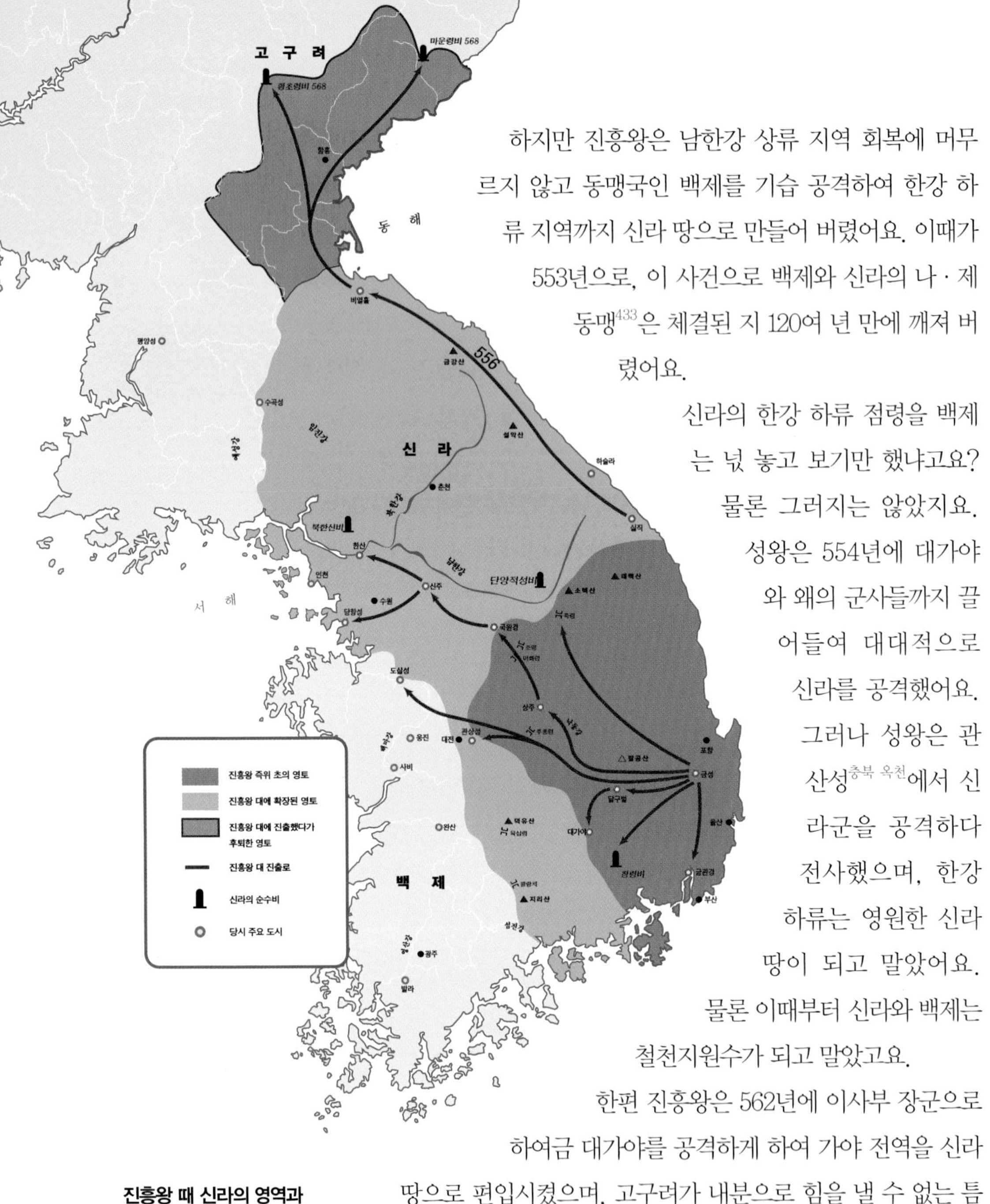

하지만 진흥왕은 남한강 상류 지역 회복에 머무르지 않고 동맹국인 백제를 기습 공격하여 한강 하류 지역까지 신라 땅으로 만들어 버렸어요. 이때가 553년으로, 이 사건으로 백제와 신라의 나·제 동맹[433]은 체결된 지 120여 년 만에 깨져 버렸어요.

신라의 한강 하류 점령을 백제는 넋 놓고 보기만 했냐고요? 물론 그러지는 않았지요. 성왕은 554년에 대가야와 왜의 군사들까지 끌어들여 대대적으로 신라를 공격했어요. 그러나 성왕은 관산성[충북 옥천]에서 신라군을 공격하다 전사했으며, 한강 하류는 영원한 신라 땅이 되고 말았어요. 물론 이때부터 신라와 백제는 철천지원수가 되고 말았고요.

한편 진흥왕은 562년에 이사부 장군으로 하여금 대가야를 공격하게 하여 가야 전역을 신라 땅으로 편입시켰으며, 고구려가 내분으로 힘을 낼 수 없는 틈을 타서 동해안을 따라 영흥만 일대까지 진출하는 등 신라 탄생 이후 가장 넓은 지역을 확보했어요. 이처럼 정복 군주로 영토를 확장하는 데 여념이 없던 진흥왕은 집권 후기에 자기가 개척한 땅을 돌아보며 그곳이

진흥왕 때 신라의 영역과 영토 확장

신라의 영토임을 확인하는 순수비를 세웠어요. 그리고 말년에는 불교에 귀의하여 머리를 깎고 승려처럼 살면서 명예롭게 일생을 마쳤어요.

진흥왕의 영토 확장

이렇게 국력을 강화하고 중앙 집권 체제를 정비한 신라는 6세기 중반 진흥왕 때에 이르러 대외적으로 눈부신 발전을 이룩하였다. 진흥왕은 황룡사를 짓고 대규모의 불교 집회를 열어 국가의 평안과 발전을 빌기도 하였다. 그리고 유능한 청소년을 양성하는 단체인 화랑도를 국가적인 조직으로 개편하여 많은 인재를 양성하였다.

진흥왕은 국가 기반을 굳게 다지는 한편, 이를 바탕으로 영토를 크게 넓혔다. 진흥왕은 백제와 연합하여 고구려를 쳐서 한강 상류의 땅을 점령하고, 다시 백제가 되찾은 한강 하류의 땅마저 빼앗아 한강 유역의 땅을 모두 차지하였다. 이어서, 가야 연맹의 맹주인 대가야를 정복하여 낙동강 유역을 차지하였고, 동해안을 따라 함흥 평야까지 진출하였다.

이 무렵에 새로 차지한 영토를 기념하기 위하여 세운 것이 단양 적성비와 4개의 진흥왕 순수비이다. 진흥왕은 국력의 비약적인 발전에 힘입어 나라의 위상을 높이고, 자신을 황제에 비겨 '대왕' 또는 '짐'이라 하였으며, '개국' 등의 연호를 사용하여 자주 의식을 나타내었다.

〈중학교 국사 교과서 52쪽〉

신라가 나 · 제 동맹을 깨트릴 정도로 한강 유역이 나라 발전에 중요했나요?

그럼요. 한강 유역은 한반도의 중심에 위치하여 여러 지역의 문화가 합쳐지고, 주변에 많은 인구와 물자가 모이는 곳이에요. 또한 서해 바다를 통해 중국과 직접 교류할 수 있었기에 지리적으로도 나라 발전에 큰 도움이 되었지요. 따라서 한강 유역의 차지는 삼국 간의 세력 다툼에서 우위에 설 수 있는 가능성을 높여 줄 수 있었어요. 그래서 고구려, 백제, 신라는 한강 유역을 차지하기 위해 서로 다툼을 벌였지요.

신라의 임금들은 불교를 무척 신봉하여 이름마저 불교식으로 지었다고 하던데요?

신라에서 불교가 공식적으로 인정된 것은 6세기 전반인 528년으로 법흥왕이 나라를 다스리던 때였어요. 고구려나 백제는 4세기 후반에 불교를 공인했기 때문에 신라의 불교 공인은 두 나라에 비해 상당히 늦어요.

신라가 불교를 늦게 공인한 이유는 고구려나 백제에 비해 선진 문물의 수용이 늦었고, 전통 신앙이 강했기 때문이에요. 이러한 이유 때문에 신라에서는 불교 공인 때 전통 신앙을 믿는 많은 사람들이 반발하여 법흥왕이 심복인 이차돈을 죽여야만 했어요.

이차돈이 흰 피를 뿜으며 죽었다는 전설은 부처님에 의한 기적을 선보임으로써 불교 공인에 반대하는 귀족들을 설득하기 위한 일종의 쇼였으며, 법흥왕은 이를 적극적으로 홍보하여 불교 공인을 이루어 낼 수 있었죠.

이처럼 신라에서는 고구려, 백제와 다르게 불교가 어려운 과정을 거쳐 공인되었지만, 공인된 뒤로는 왕의 이름까지 불교식으로 지을 정도로 신라 왕실의 불교 장려 정책은 대단했어요. 법흥왕의 법흥은 '불법을 흥하게 했다.'는 의미에서 지어진 이름이며, 진흥왕은 불법으로 세계를 통일했으면 하는 바람에서 아들들의 이름을 동륜, 금륜으로 정했어요. 동륜, 금륜은 불법의 바퀴를 굴리며 천하를 다스린 불교 왕인 전륜성왕의 여러 이름 중 하나예요. 또 진흥왕의 후대 임금이었던 진평왕은 가족 전체의 이름을 석가모니 가족의 이름에서 따 왔어요. 진평왕은 석가모니의 아버지 이름인 '백정'을 자신의 이름으로 삼았으며, 부인은 석가모니 어머니 이름인 '마야', 형제들은 석가모니 작은 아버지들인 '백반'과 '국반'에서 이름을 취했어요. 진평왕의 딸인 선덕여왕도 마찬가지예요. 선덕은 불교 경전에 나오는 부처의 진리를 전하는 뛰어난 사람의 이름이에요.

이처럼 신라 왕실은 불교를 공인한 이후에 불교를 홍보하는 데 적극적으로 앞장섰으며, 신라를 부처님의 나라로 변신시키려 했어요. 물론 신라 왕실이 불교를 적극 신봉한 데는 왕권 강화라는 현실적인 이익이 있었기 때문이지요.

순수비의 '순수'가 무슨 뜻이에요?

'순수巡狩'는 중국의 황제인 천자天子가 천하를 돌아다니며 하늘과 땅을 다스리는 신에게 제사를 지내고, 지방관들이 백성들을 잘 다스리고 있는지를 살펴보던 고대 중국의 풍습이에요.

순수를 처음으로 시작한 임금은 진 시황제였어요. 그는 중국 전체를 통일한 후에 매년 한 번씩 각 지방을 순수했어

황초령비 탁본
진흥왕 순수비 중의 하나인 황초령비는 본래 함경도 황초령의 꼭대기에 세워졌으나, 현재는 함흥본궁에 있다.

요. 특히 동쪽 지방을 순수할 때는 각지의 산에 올라 산천에 제사를 지낸 뒤에 비석을 세워 진나라의 덕을 찬양하게 했는데, 이 비석을 '순수비'라고 했어요.

우리나라에서 현재까지 발견된 순수비는 신라 24대 임금 진흥왕이 세운 것으로, 창녕비[경남 창녕], 북한산비[서울], 황초령비[함남 함흥], 마운령비[함남 함흥]가 확인되고 있어요. 이들 모두는 진흥왕이 확장한 영토, 즉 당시 신라의 국경 지방에 세워진 것이에요.

진흥왕 이놈도 골 때리는 놈이잖아.
아니, 배신을 때려도 유분수지, 120년 동안이나 동맹 관계를 형성해 왔던 절친 백제를 단칼에 배신해? 의리에 똥칠한 놈이잖아.

그리고 또 정복 전쟁을 그리 자주 벌였으니 아군이나 적군 할 것 없이 얼마나 많은 백성들이 전쟁터에서 죽었겠어. 그러면서도 저는 극락에 가려고 불교를 크게 신봉했으며, 말년에는 승려처럼 행세했다고? 그래, 극락에 잘 갔겠구먼. 저 때문에 죽은 백성들이 얼만데·······.
여러분, 어때요? 많은 백성들을 전쟁의 소용돌이 속에 몰아 넣은 진흥왕은 극락에 갔을까요, 지옥에 갔을 까요?

신라 최초의 여왕 선덕여왕

나는 신라 최초의 여왕 선덕이에요. 여자의 몸으로 귀족들의 신뢰를 얻기 힘들었지만, 나는 내 자신이 자랑스러워요. 우리 민족이 세운 나라들 중 여자가 임금을 했던 나라는 내 나라 신라밖에 없으며, 나는 그 중에서도 첫 테이프를 끊은 왕이에요. 또한 나는 높이가 아파트 27층 정도에 이르는 황룡사 9층 목탑을 건설했던 통이 큰 여장부이기도 해요.
자! 그럼 지금부터 내가 어떤 마음으로 황룡사 9층 목탑을 만들었는지 장콩샘과 함께 탐구해볼까요?

선덕여왕과 인연을 맺은 사람들

진평왕 신라의 26대 임금. 아들이 없어서 왕위를 딸인 덕만에게 물려주었다.

미실 선덕여왕과 왕 자리를 놓고 경쟁했던 인물. 하지만 가공의 인물일 가능성이 크다.

여자가 왕이 된 까닭은?

신라 24대 임금인 진흥왕540~576이 죽고 진지왕576~579이 뒤를 이었어요. 진지는 진흥왕의 둘째 아들이었지만, 태자인 동륜이 일찍 죽고 조카들의 나이가 어렸기 때문에 아버지의 뒤를 이을 수 있었어요. 하지만 진지왕은 즉위한 지 3년 만에 신하들에 의해 퇴출당하고, 뒤를 이어 동륜 태자의 아들인 조카가 임금이 되었어요. 진평왕579~632이지요.

진평왕은 한강 하류에 있는 당항성을 통해 중국과 직접 교역을 하면서 신라의 문물을 발전시켰고, 할아버지인 진흥왕의 뒤를 이어서 불교를 융성하게 하는 등 나라 발전에 최선을 다했어요. 그러나 진평왕에게는 해결할 수 없는 걱정거리가 하나 있었어요. 그에게는 딸만 있었을 뿐, 자신의 뒤를 이어받을 아들이 없었어요.

진평왕이 죽자, 귀족들은 후대 임금 선발 문제로 회의를 열었어요. 당시 신라의 왕은 부모 둘 다 왕족인 성골만이 할 수 있었는데, 이러한 조건을 충족시킬 수 있는 인물은 진평왕의 딸인 덕만 공주와 사촌 동생인 승만 공주뿐이었어요. 귀족들이 생각하기에 여자를 임금으로 내세우는 것은 신라의 위상에 걸맞지 않은 남부끄러운 일이었어요. 그래서 그들은 '누구를 임금으로 추대할 것인가.'를 놓고 장시간 토론을 벌였어요. 그 결과, 성골 출신이 임금을 해야 한다는 원칙을 무너뜨려서는 안 된다는 주장이 우세하여 덕만 공주는 아버지의 뒤를 이어 신라의 27대 임금으로 즉위했어요. 이 이가 곧 선덕여왕632~647이지요.

황룡사에 9층 목탑을 세우는 선덕여왕

여자가 왕이 되자, 불만을 가진 귀족들이 즉위 첫 해부터 반발했어요. 선덕여왕은 이들의 불만을 잠재우기 위해 귀족 세력의 우두머리 격인 진골 귀족 을제에게 나랏일을 모두 맡겼어요. 하지만 여자라는 이유 때문에 불거진 불만은 쉽게 잠들지 않았어요. 게다가 주변 국가들의 시선

또한 곱지 못했어요. 당나라 임금이 신라 사신에게 “고구려, 백제가 그대 나라를 깔보는 것은 여자가 왕이기 때문이다. 내가 친족 하나를 너희 나라의 임시 왕으로 보낼 테니, 너희는 그를 임금으로 모시고 나라를 안정시켜라.” 하고 말할 정도였어요.

이러한 현실을 타개하기 위하여 선덕여왕이 고심하고 있을 때, 마침 당나라에 불교 유학을 다녀온 승려 자장이 제안을 하나 해 왔어요. 왕의 권위를 세우고 불법으로 나라를 다스리기 위하여 황룡사에 거대한 탑을 세우자는 건의였어요.

황룡사는 진흥왕 시절에 세워진 절로, 원래 진흥왕은 궁궐인 월성의 위쪽에 새 궁궐을 짓고자 했어요. 그러나 땅을 파는 과정에서 황룡이 하늘로 솟구쳐 올라가자 계획을 변경하여 절을 짓고 이름을 황룡사라 했어요. 자장은 이 사찰에 9층 탑을 세우자고 했어요.

“왕이시여! 황룡사 마당에 9층짜리 탑을

세우면, 중국과 왜를 비롯한 신라 주변의 아홉 나라 모두가 감히 신라 왕이 여자라고 깔보지 못할 겁니다. 오히려 모두 항복해 올 것입니다."

이 말을 들은 선덕여왕은 진지왕의 아들인 용춘을 책임자로 임명하여 거대한 탑을 세우게 했어요. 용춘은 백제의 장인 아비지를 불러와 2년 만에 높이 80미터 정도 되는 목탑을 완성했어요. 고려 후기 몽골 침략기 때 몽골군에 의해 불타 버렸기에 현재는 흔적만 남아 있지만, 아파트 27층 정도 되는 거대한 탑이었어요.

하지만 선덕여왕이 죽던 해까지 진골 귀족들의 반란은 끊이지 않았으며, 이는 곧 여자가 왕이라는 한계 때문에 발생한 일이었어요.

골품 제도

왕위는 처음에는 성골에서 차지하였으나 무열왕부터는 진골 출신이 왕이 되었고, 3두품 이하는 평민 신분이 되었다. 신라인의 사회 활동과 정치 활동은 골품에 따라 결정되었다. 진골은 최고 귀족으로서 중요한 관직을 독점하였고, 6두품은 6등급 아찬까지의 벼슬만 할 수 있었으므로 정치보다는 주로 학문과 종교 쪽에서 많은 활동을 하였다. 5두품은 10관등인 대나마, 4두품은 12관등인 대사까지 진출할 수 있었다.

〈중학교 국사 교과서 39쪽〉

신라					
관 등	골 품				복 색
	진골	6두품	5두품	4두품	
1 이벌찬 2 이 찬 3 잡 찬 4 파진찬 5 대아찬					자색
6 아 찬 7 일길찬 8 사 찬 9 급벌찬					비색
10 대나마 11 나 마					청색
12 대 사 13 사 지 14 길 사 15 대 오 16 소 오 17 조 위					황색

선덕여왕은 매우 지혜로운 여왕이었다고 하던데, 정말 그런가요?

『삼국유사』에 다음과 같은 이야기가 나와요.

어느 날 선덕여왕에게 당나라 태종이 진홍색, 자색, 백색의 모란이 그려진 그림과 그 씨앗 석 되를 보내 왔어요. 여왕은 그림을 보고 "이 꽃은 향기가 없을 것이다."라고 말하며 씨앗을 궁궐 뜰에 심게 했어요. 꽃이 피어 꽃 냄새를 맡아 보니 정말 향기가 나지 않았어요. 신하들이 어떻게 알았냐고 물으니, 선덕여왕은 그림에 나비가 없는 것을 보고 예측했다면서 "이는 당 태종이 내가 배우자 없이 홀로 사는 것을 업신여기고 조롱 삼아 보낸 것이다." 했어요.

이런 이야기도 전해지고 있어요. 선덕여왕 5년인 636년 겨울에 궁성 서쪽에 있는 영묘사 앞의 옥문지玉門池라는 연못에 개구리들이 모여들어 3, 4일 동안 계속 울어댔어요. 신하들이 여왕에게 보고를 하니, 여왕은 알천과 필탄에게 "서쪽 교외에 있는 여근곡女根谷, 여자의 성기처럼 생긴 골짜기에 백제 병사 5천 명이 숨어 있다." 하면서, 빨리 군사들을 데리고 가서 처치하라고 했어요. 알천과 필탄이 날랜 군사들을 데리고 여근곡에 가 보니, 정말 백제 병사들이 신라를 치기 위해 숨어 있어서 이들을 모두 해치웠어요. 신하들이 여근곡에 백제 군사가 숨어 있는 것을 어떻게 알았냐고 물으니, 선덕여왕이 다음과 같이 말했어요.

"개구리의 눈이 튀어 나온 형상은 성이 몹시 난 모양이니 이는 군사를 상징하는 것이고, 옥문이란 여자의 성기를 말하며, 여자는 음인데 그 색은 희고 흰색은 서쪽을 상징한다. 그래서 적군이 서쪽에 있음을 알았고, 남자의 성기는 여근 속에 들어가면 반드시 죽으므로 쉽게 승리할 것을 예측했다."

또 다른 이야기도 있어요. 어느 날 여왕이 신하들에게 "내가 모 년, 모 월, 모 일에 죽을 것이니 도리천에 묻어라." 하고 부탁했어요. 신하들이 도리천이 어딘지 몰라 더 자세히 알려 달라고 하자, 여왕은 도리천은 낭산狼山의 남쪽이라고 했어요. 그 후 여왕은 자기가 예언한 날에 죽었고,

신하들은 낭산 남쪽 양지 바른 곳에 무덤을 만들어 주었어요.

그런데 30여 년이 흐른 뒤인 문무왕 시대에 선덕여왕의 무덤이 있는 산 아래에 사천왕사가 세워졌어요. 불교 경전에 사천왕천 위에 도리천이 있다고 나와 있으니, 선덕여왕은 자신의 무덤 아래에 사천왕사가 들어설 것을 미리 알고 자신이 묻힐 장소를 도리천이라 했던 거예요.

어때요. 이 정도면, 선덕여왕이 무릎팍 도사 뺨치는 지혜로운 왕이었음이 분명하지요?

신라의 임금은 성골에서 배출되었다고 하는데, 도대체 성골은 어떤 사람들이에요?

신라는 신분제 사회였어요. 왕족에는 성골과 진골 두 계층이 있었으며, 귀족들은 6두품, 5두품, 4두품으로 나뉘어 있었어요.

왕족인 성골과 진골의 구분은 일반적으로 부모가 모두 왕족이면 성골, 부모 중 한 쪽만 왕족이면 진골이라고 해요. 귀족은 지방 족장 세력을 중앙 귀족으로 편입하는 과정에서 대족장 출신은 6두품, 중 · 소 족장들은 5두품이나 4두품을 주어 자손대대로 대물림하게 했어요.

임금은 성골에서 배출되는 것이 원칙이었어요. 그런데 진평왕을 마지막으로 남자 중에서는 성골이 없었기에 부득불 진평왕의 딸인 덕만 공주가 왕위를 이어 선덕여왕이 되었어요. 그리고 뒤를 이어 선덕여왕의 사촌 동생인 승만이 진덕여왕으로 즉위했어요.

그런데 문제는 진덕여왕 다음이었어요. 진덕여왕을 마지막으로 신라 땅에서 성골이 완전히 사라지고 말았어요. 결국 진골 귀족들은 화백회의를 열어 진골 중에서 왕을 선발해야 했고, 이때 왕이 된 사람이 김춘추였어요. 이 이가 곧 신라 삼국 통일의 문을 연 태종 무열왕이지요.

텔레비전 드라마를 보면 선덕여왕의 라이벌로 미실이 나오던데, 미실은 실존 인물인가요?

미실이 실존 인물인지에 대해서는 샘도 확신할 수 없어요. 삼국시대 역사의 기본 사료가 되는『삼국사기』나『삼국유사』에는 미실에 대한 어떤 행적도 나와 있지 않아요. 다만, 지은이를 알 수 없는『화랑세기』에 진흥왕 시대부터 진평왕 시대에 활약한 미실의 행적이 자세히 나와 있어요. 그런데 문제는『화랑세기』자체가 역사 기록물이 아닌 창작물일 가능성이 커서 미실이 실존 인물인지에 대해서는 고개를 갸웃거릴 수밖에 없어요.

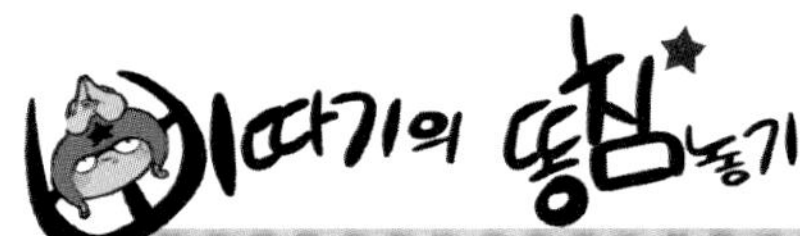

『삼국유사』에 나와 있는 선덕여왕의 세 가지 예언은 아마 여자가 왕이 되어 불안정했던 왕권을 안정시키기 위해 신라 왕실의 홍보팀이 만들어 낸 조작극일 거야. 여자라도 덕만이는 너무나 지혜로워서 능히 한 나라를 통솔할 수 있다는 것을 대내외에 알리기 위해서 말이야.

어때요, 여러분! 삐따기 생각이 맞지 않을까요?

진골 출신 최초의 왕

태종 무열왕

나는 신라 29대 임금 무열왕으로, 내 본명은 김춘추예요. 나는 신라 최초의 진골 출신 임금이자, 삼국 통일의 기반을 다진 왕이에요. 나·당 동맹이 나의 노력으로 체결되었기에 사람들은 나를 명 외교관으로 기억하고 있어요. 하지만 한편에서는 나를 사대주의자라고 비판하기도 해요. 왜냐고요? 내가 민족 내부의 투쟁에 외세를 끌어들였기 때문이죠. 자! 그럼 지금부터 내가 왜, 어떤 마음으로 당나라와 연합을 했는지 장콩샘과 함께 탐구해 볼까요?

 태종 무열왕과 인연을 맺은 사람들

김유신 무열왕의 동서로 무열왕이 진골 최초의 왕으로 등극하는 데 앞장섰으며, 백제를 멸망시킨 주역이다.

김문희 김유신의 동생으로 무열왕의 부인이다.

의자왕 무열왕의 라이벌로 백제 마지막 임금이다.

당 고종 군대를 파견하여 신라의 삼국 통일을 도왔다.

태종 무열왕의 집안

태종 무열왕654~661의 이름은 김춘추예요. 그는 신라의 29대 임금으로 진골 출신으로는 최초로 왕이 된 사람이에요.

춘추는 본인의 능력이 탁월하지 않았다면 도저히 임금이 될 수 없는 사람이었어요. 그의 할아버지는 25대 진지왕576~579으로, 방탕한 생활을 하다가 즉위 3년 만에 귀족들에 의하여 왕위에서 물러났어요. 물론 아버지 용춘이 고위 관직인 이찬 직에 있었고, 어머니가 선덕여왕의 동생인 천명 공주였기에 왕족으로서 떵떵거리고 살 수는 있었어요. 하지만 폐위된 진지왕의 혈통인 데다, 성골이 아닌 진골이었기 때문에 그가 왕위에 오른다는 것은 하늘에 있는 별을 따는 것만큼이나 어려운 일이었어요.

여왕이 나라를 다스렸던 시기의 신라 정세는?

선덕여왕을 이어 왕이 된 사람은 신라의 마지막 성골 승만으로, 진덕여왕이었어요. 그녀는 진평왕의 동생 국반의 딸로 비록 여자의 몸이었지만, 성골 출신만이 임금을 할 수 있다는 원칙 때문에 사촌 언니인 선덕여왕의 뒤를 이어 왕위에 오를 수 있었어요.

그러나 선덕, 진덕 두 여왕이 나라를 다스렸던 시절에 왕의 권위는 상당히 약화되었어요. 신라 사회를 실질적으로 주도했던 진골들이 여자 임금을 인정하지 않으려 했거든요. 여기에 당나라 임금인 태종 또한 신라를 깔보았어요. 신라에서 온 사신에게 신라는 여자가 임금으로 있어서 주변국들이 얕잡아 본다며, 자신의 친척을 왕으로 보내 주겠다는 얼토당토않은 제안을 했을 정도로 여자 임금을 깔보는 눈이 대외적으로도 존재했어요.

선덕여왕 말년인 647년에 상대등으로 있던 비담이 반란을 일으켰어요. 상대등은 신라 최고 관직으로, 지금으로 치면 국무총리예요. 이처럼 높은 직책에 있던 관리가 왕을 쫓아내려 했던 이유는 오직 한 가지, 왕이 여자였기 때문이에요. 물론 비담의 난은 진압되었어요. 그러나 이 난만 보더라도 진골 세력들이 얼마나 여자 임금들을 만만하게 봤는지 잘 알 수 있어요.

그런데 비담의 난을 진압하는 과정에서 크게 세력을 넓힌 사람이 있었으니, 그는 신라 삼국 통일의 핵심 멤버이자 김춘추와는 동서지간이었던 김유신이었어요.

유신은 진골 귀족이었지만, 정통 진골이 아니었기에 신라 정계에서 왕따를 당하는 입장이었어요. 그는 금관가야의 후손으로, 그의 집안은 할아버지인 구해왕이 법흥왕에게 나라를 바치고 항복할 때에 신라의 진골 세력으로 편입된 신흥 귀족 집안이었어요. 따라서 신라의 정통 진골들은 김유신 집안을 별로 높게 쳐주지 않았어요. 이처럼 하찮은 가문의 김유신이었지만, 춘추와 함께 선덕여왕의 편에서 비담의 난을 진압하면서 권력의 중심부에 진입하여 신라의 군사권을 장악할 수 있었어요.

춘추가 왕이 될 수 있었던 이유는?

선덕여왕을 이어 즉위한 진덕여왕이 대를 이을 자식이 없이 654년에 죽었어요. 진골 귀족들은 화백회의를 열어 누구를 왕으로 추대할 것인가를 논의했어요. 이때 여러 귀족들은 이찬 직에 있던 알천에게 왕위를 이을 것을 제안했어요. 하지만 알천은 사양했어요.

"저는 늙고 이렇다 할 덕행이 없습니다. 지금 덕망이 높기는 춘추공만한 이가 없으니, 춘추공이 왕이 되어야 합니다."

알천의 추대로 왕위는 김춘추 차지가 되었어요. 그런데 알천은 정말 김춘추의 덕망이 자신보다 높다고 생각했을까요? 그랬을 것 같다고요? 천만에요. 『삼국유사』에 의하면, 알천은 마지못해 임금 자리를 춘추에게 양보했어요. 진덕여왕의 후계자를 선발하는 화백회의가 열렸을 때, 군사권을 장악하고 있던 김유신이 눈을 부라리며 김춘추를 적극 밀어서 아무도 반대할 수 없었대요. 즉, 군사권을 쥐고 있던 유신의 서슬 퍼런 권위에 눌려 정통 진골 귀족들의 지지를 받고 있던 알천은 눈물을 머금고 김춘추에게 임금 자리를 양보해야 했지요.

명 외교관으로 명성을 날리며 정치가로 기반을 다진 김춘추

어찌 보면, 김춘추는 외교를 잘해서 임금 자리에 오른 사람이에요. 그가 외교에 적극 나선 이유는 딸과 사위의 죽음 때문이었어요.

백제 의자왕이 임금이 된 지 2년째 되던 해인 642년이었어요. 백제는 신라의 국경 지방에 있던 대야성(경남 합천 소재)을 공격했어요. 이 성은 신라 서쪽 국경의 최고 요새지로 성주가 김춘추의 사위인 품석이었어요. 성을 지키고 있던 품석은 백제가 쳐들어왔을 때 내부에서 발생한 혼란을 수습하지 못하여 스스로 백제군에게 항복하고 말았어요. 이때 백제 장수 윤충은 포로가 된 품석과 그의 부인을 살해하여, 그들의 머리를 수도인 사비(현재 충남 부여군)로 보내 백제군의 승리를 자축 했어요.

경주에 있던 김춘추는 딸과 사위의 죽음에 크나큰 충격을 받았어요. 두 사람이 죽었다는 소식을 들은 그는 바로 앞에 사람이 지나가도 눈치채지 못할 정도로 망연자실했다고 하니, 그가 얼마나 큰 충격을 받았는지 능히 짐작할 수 있어요. 그 후 춘추는 자신의 힘으로 백제를 멸망시키겠다는 다짐 속에 백제를 치기 위한 여러 가지 방법을 모색하기 시작했어요. 우선 그는 고구려와 연합하여 백제를 칠 생각으로 선덕여왕을 찾아가 건의를 드렸어요.

“신이 고구려에 사신으로 가서 고구려와 함께 백제를 칠 대책을 마련하겠나이다.”

선덕여왕의 응낙을 받아 고구려로 떠나며 춘추는 유신에게 물었어요.

“나는 공과 한마음 한뜻이오. 지금 내가 고구려에 들어가 해를 당한다면 공은 어떻게 하겠소?”

"공이 돌아오지 않는다면 내가 반드시 고구려와 백제를 멸망시키겠소."

"내 생각에 60일이면 돌아올 것이오. 만일 그 기한이 지나도 돌아오지 않으면, 두 번 다시 만날 기회가 없을 것이오."

이러한 대화를 나누고 신라 땅을 떠나 고구려로 갔던 김춘추에게 고구려 행은 굶주린 사자 입속으로 자진하여 들어가는 심정이었을 거예요.

당시 고구려는 연개소문이 정권을 장악하고 있었는데, 김춘추가 생각하기에 당과 고구려는 계속 대립하고 있었기 때문에 잘만 하면 고구려와 연합할 수 있을 것 같았어요. 하지만 춘추의 생각과는 달리 고구려는 강경하기만 했어요. 춘추를 만난 고구려 보장왕은 진흥왕 때 신라가 점령한 한강 상류 지역을 반환하면 신라를 도와주겠다고 답했어요. 김춘추는 거절했고, 협상은 결렬되고 말았어요.

고구려의 실력자 연개소문은 신라 부흥의 열쇠를 가지고 있는 김춘추를 감옥에 가두어 버렸어요. 하지만 춘추는 이런 일이 일어날 것을 예상하고 사전에 적절한 조치를 취해 놓았기에 무사히 고구려를 탈출할 수 있었어요. 고구려 관리 선도해를 이미 구워삶아 놓았거든요. 춘추가 옥에 갇혔다는 이야기를 전해 듣고 선도해가 감옥으로 찾아오자, 춘추는 그에게 탈출 방도를 물었어요. 선도해는 짐짓 여유를 부리며, 토끼와 거북이 우화 중 거북이의 거짓말에 속아 용궁에 간 토끼가 간을 육지에 놔두고 왔다고 둘러대어 간신히 살아나는 이야기를 들려주었어요.

이 이야기를 듣는 순간, 김춘추의 머릿속에는 짜릿한 전류가 흐르며 탈출 방법이 번개처럼 떠올랐어요. 한강 상류 지역을 고구려에 돌려주겠다는 거짓 약속을 하고 풀려나는 것이었지요.

일촉즉발의 위기에서 간신히 벗어나 신라 땅으로 되돌아온 춘추는 다시 짐을 꾸려 일본으로 떠났어요. 일본은 당시 백제와 아주 친밀한 관계를 맺고 있었는데, 춘추의 머릿속에는 오직 백제 멸망만이 들어 있었기에 신변의 위험을 무릅쓰고 일본에 연합 제안을 하러 떠났어요. 그러나 이 또한 실패로 끝났어요.

여기서 멈췄다면, 김춘추는 명 외교관이 되지 못했을 거예요. 고래의 힘줄처럼 끈질긴 춘추는 포기를 몰랐어요. 일본에서 돌아온 후에 춘추는 다시 당나라로 들어갔어요. 당 태종을 만난 춘추는 나 · 당 연합의 필요성을 침을 튀겨 가며 열심히 설명했어요. 춘추의 말을 가만히 듣고 있던 당 태종은 신라와 연합하면 자신의 소원인 고구려 정복이 가능할 것 같아서 춘추의 연합 제안에 응했어요. 하지만 그는 본심은 밝히지 않고 '약한 신라가 고구려와 백제 때문에 괴롭다고 하니 자신이 도와주겠다.'며 신라와 군사 동맹을 체결했어요.

딸과 사위를 죽인 백제를 멸망시키기 위해 오랜 세월 동안 이 나라, 저 나라를 떠돌며 구걸하듯이 동맹 맺기를 간청했던 춘추의 작전이 드디어 성공을 거두는 순간이었어요. 이후 그는 신라 땅에 돌아와 김유신과 굳게 뭉쳐서 차근차근 백제를 칠 준비를 해 나갔어요.

백제를 멸망시키는 태종 무열왕

654년, 화백회의를 통해 왕이 된 춘추는 당과 연합하여 빠른 시일 안에 백제를 치고 싶었어요. 하지만 당은 딴전만 피웠어요. 오히려 백제와 고구려가 말갈까지 동원하여 신라 땅에 쳐들어와 신라를 곤혹스럽게 만들었어요. 무열왕은 계속해서 당나라에 사신을 보내 도움을 요청했지만, 당은 선뜻 응하지 않았고 신라는 당군이 움직이기만 간절히 기다리며 백제와 고구려 군을 막기에 급급했어요.

그런데 드디어 당나라 군대가 움직였어요. 당의 소정방이 13만 대군을 이끌고 산동 반도를 출발한다는 소식을 전해 왔어요. 무열왕은 일생일대의 기회가 왔음을 직감하고, 김유신으로 하여금 5만의 신라군을 데리고 백제로 쳐들어갈 것을 명령했어요.

유신이 이끄는 5만의 군사들은 탄현을 넘어 황산벌까지 거칠 것 없이 진격했어요. 그러나 신라군은 가족까지 죽이고 전투에 나선 계백의 5천 결사대 때문에 황산벌에서 발이 꽁꽁 묶여 버렸어요. 당나라군은 이미 금강 하구인 기벌포에 도착하여 거칠 것 없이 사비성으로 올라오고 있는데, 정작 선두에 서야 할 신라군은 계백 때문에 더 이상 나아가지 못하고 있었어요. 이때 신라 진영에 힘을 불어넣어 준 용사들이 있었으니, 그들은 바로 화랑 관창과 반굴이에요. 이들의 용기 있는 죽음으로 태산 같은 용기를 얻은 신라군은 황산벌에서 치른 마지막 전투에서 백제군을 물리치고 사비성으로 가서 당군과 함께 백제를 멸망시켰어요. 이때가 660년 7월 18일이었어요.

무열왕은 백제가 항복한 날로부터 보름 뒤에 사비성에 들어가 당나라 장수 소정방과 함께 높은 자리에 나란히 앉아 의자왕과 그의 아들 융에게서 술잔을 받으며 승리의 기쁨을 누렸어요. 딸과 사위가 백제 군사들에게 죽은 지 18년 만의 일이었지요.

태종 무열왕 시대

위기에 처한 신라는 앞서 고구려의 힘을 빌리고자 하였으나 실패하고, 당에 구원을 청하였다. 김춘추는 당으로 건너가 나 · 당 간의 동맹을 맺고 백제와 고구려를 멸망시킨 다음, 대동강 이북의 땅을 당에 넘겨주겠다는 비밀 약속을 하였다.

김유신이 이끈 신라군과 소정방이 이끈 당군은 먼저 백제를 공격하였다. 신라군은 황산벌에서 계백의 결사적인 저항을 물리치고 당군과 함께 사비성을 함락하였다(660).

〈중학교 국사 교과서 61쪽〉

 김춘추를 명 외교관이라고 하는데, 저는 그가 큰 나라에 아부만 하는 사대주의자로 보여요. 샘은 김춘추를 어떻게 생각하세요?

김춘추가 명 외교관이냐, 아니면 우리 민족 내부의 다툼에 외세를 끌어들인 사대주의자냐 하는 논쟁은 역사가들 사이에도 끊임없이 이야기되는 논쟁거리예요.

그런데 샘 생각으로는 현재적 관점에서 본다면 김춘추는 분명 사대주의자예요. 어찌 되었건 간에 한반도 내부의 다툼에 당나라를 끌어들였고, 당 태종과 군사 동맹을 맺는 과정에서 왜소한 신라를 도와달라는 식의 아부성 발언을 했으니까요. 하지만 당시 신라의 입장에서 보면 달라요. 만약 당과 연합하지 않았으면 신라의 삼국 통일은 불가능했을지 몰라요. 고구려와 백제가 서로 동맹을 맺어 끊임없이 신라를 넘보고 있었으니, 다른 나라와 동맹하지 않고 이들을 상대해서 이긴다는 것은 당시 신라의 국력으로 보았을 때, 불가능에 가까워요. 이러한 측면에서 살핀다면, 김춘추는 신라가 처한 현실과 동아시아 정세 변화를 매우 냉철하게 꿰뚫고 있었던 냉엄한 현실주의자이자 탁월한 외교관이 분명해요.

당 태종이 신라와 동맹 관계를 승인하며 "삼국 통일을 이루면 대동강 이남 지역을 신라 땅으로 인정하겠다."고 했다는데, 이건 또 무슨 얘기예요?

맞아요, 분명히 그랬어요. 『삼국사기』 문무왕 편에 당 태종이 신라와 군사 동맹을 맺으며 춘추에게 했다는 이야기가 나와요.

"내가 양국을 평정하면 평양 이남의 백제 토지는 다 그대 나라에게 주겠다."

이 이야기는 결국 고구려 영토는 당나라가 갖겠다는 이야기지요. 또 문무왕이 고구려까지 멸망시키며 삼국 통일을 달성했을 때에 신라는 대동강 이남까지만 자신의 땅으로 삼고, 대동강 이북 지역부터 만주, 즉 기존의 고구려 영역은 당나라 땅으로 순순히 인정했어요. 이런 이유 때문에 신라의 삼국 통일을 불완전한 삼국통일이라고 비판하지요.

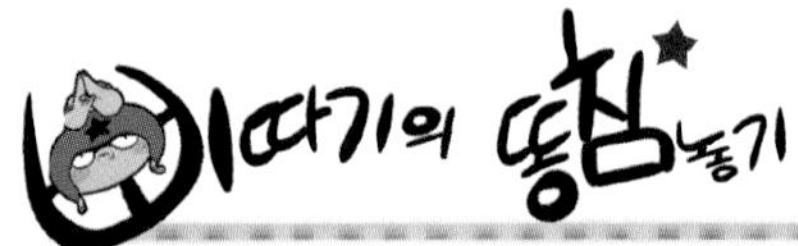

김춘추는 사대주의자가 분명해. 그가 당 태종 앞에서 했던 이야기를 한번 들어보라고.

"백제가 군세고 교활하여 침략을 마음대로 하고, 더구나 얼마 전에는 대대적으로 군사를 거느리고 깊이 쳐들어와 수십 성을 함락하고 저희들이 당나라에 들어오는 길을 막았으니, 만약 흉악한 백제를 당나라가 없애 주지 않으시면 우리는 다 사로잡혀 다시는 당나라에 사절단을 보낼 수 없을 것입니다." 이 얼마나 비굴한 말이냐고. 당시 당나라는 고구려에게 찐빵 깨져서 코가 납작해져 있었는데, 이런 나라에 비굴한 아부나 하며 서로 붙어서 백제를 칠 생각을 했는데, 그가 사대주의자가 아니라고? 나는 김춘추가 분명한 사대주의자라고 생각해!!!

어때요, 여러분! 삐따기 생각이 맞지 않나요?

삼국 통일의 주역 김유신

나는 흥무대왕. 그런데 많은 사람들은 내가 왕인 줄 모르고 있어요. 하기야 나는 실제 나라를 다스린 적이 없으니, 내가 왕이었음을 아는 사람들이 이상한 사람들이지요. 그러나 나, 김유신은 분명 흥무대왕이란 칭호를 가지고 있어요. 아마 세계에서 왕을 하지도 않고도 대왕 칭호를 받은 사람은 내가 유일할 거요.
자! 그럼 지금부터 내가 어떻게 대왕으로 추대되었는지 장콩샘과 함께 탐구해 볼까요?

김유신과 인연을 맺은 사람들

태종 무열왕 신라 29대 임금으로 김유신의 매제. 백제 멸망의 주역이었다.

김문희 김유신의 동생으로 무열왕의 부인이다.

계백 백제 말기의 명장으로 황산벌에서 김유신이 이끄는 신라군과 치열한 전투를 벌였다.

천관녀 김유신이 젊은 시절에 사랑했던 비련의 여인이다.

김유신의 집안

신라 42대 임금으로 9세기 전반에 나라를 다스렸던 흥덕왕은 살아생전에 왕을 한 번도 하지 않았던 김유신을 흥무대왕으로 추존하여 그를 높여 줌과 동시에 그의 후손들을 왕족으로 우대해 주었어요. 한편 고려 시대 문신이자 역사가였던 김부식은 『삼국사기』를 편찬하면서 중요 인물들의 일대기를 기록해 놓은 열전 편의 첫 장에 김유신의 행적을 매우 자세하게 기록해 놓았어요. 또한 많은 무속인들이 현재도 김유신을 신으로 모시고 있으며, 전국 각지에는 김유신과 관련된 전설들이 수없이 많이 전래되고 있어요.

이처럼 예나 지금이나 높은 평가를 받는 김유신은 진평왕 17년인 595년에 김서현을 아버지로, 만명 부인을 어머니로 해서 세상에 태어났어요. 김유신의 집안은 진골 귀족 가문이었으나, 신라 땅에서 대대로 살면서 권세를 부려 온 정통 진골 귀족이 아니었고, 6세기 전반에 새로 진골 귀족 가문에 편입된 짝퉁 귀족 집안이었어요. 법흥왕에 의해서 멸망한 금관가야의 마지막 왕인 구해가 김유신의 증조할아버지였으며, 가야가 신라에 항복할 때 법흥왕이 구해 일족을 진골로 대접해 주어 신라의 지배층에 편입되었지요.

이러한 짝퉁 진골인 김유신 가문이 유신 대에 와서 크게 흥성한 이유는 김유신이 각종 전투에서 한 번도 패하지 않았을 정도로 지휘를 잘하여 승진에 승진을 거듭하며 신라의 군사권을 쥐고 흔들었기 때문이에요. 김유신 집안은 대대로 무장 집안이었어요. 유신의 할아버지인 김무력은 백제 성왕이 신라의 한강 하류 지역 점령에 격분하면서 관산성으로 쳐들어왔을 때, 성왕을 전사시키며 신라 사회에 이름을 떨쳤어요. 그리고 아버지인 서현 또한 무장으로 이름을 날렸어요.

동서지간이 되어 함께 출세 가도를 달린 김유신과 김춘추

김유신 집안이 아무리 무공으로 이름을 날렸다 해도, 가야에서 건너온 귀화 집안이었기에 신라 진골 귀족 사회에서 김유신 집안은 영원한 아웃사이더, 비주류 집안에 불과했어요. 그런데 어떻게 해서 김유신은 고속 출세를 할 수 있었을까요? 여기에는 선덕여왕의 동생인 천명 공주를 어머니로 둔 김춘추와의 끈적끈적한 유대가 자리 잡고 있어요.

김춘추 또한 신라 사회에서 비주류였어요. 어머니가 왕의 동생이었지만, 할아버지인 진지왕[576~579]이 진골 귀족들의 힘에 밀려 강제로 자리에서 물러나야 했고, 진지왕을 몰아내는 데 앞장선 귀족들이 선덕여왕 시절에도 정치를 주도하고 있었기 때문에 당시 정계에서 춘추가 큰 힘을 발휘하기는 불가능했어요.

그럼에도 불구하고 무술 실력과 지략이 출중한 김유신과 외교력과 정치력이 탁월한 김춘추가 함께 뭉치니, 타의 추종을 불허할 정도의 힘이 생겨 둘은 서로를 끌어 주고 밀어 주며 진덕여왕[647~654] 시절에는 '정치 하면 김춘추, 군사 하면 김유신' 할 정도로 막강한 파워를 발휘하였어요.

이들이 큰 힘을 갖게 된 결정적 계기는 선덕여왕 말년에 일어난 비담의 난이었어요. 상대등으로 있던 비담이 여자가 왕이라는 이유로 난을 일으켰을 때, 둘은 선덕여왕 편에서 비담의 난을 진압했으며, 이때 비담 편에 섰던 귀족들을 깡그리 죽이며 자신들의 권력을 강화시켰어요.

여기서 잠깐! 김유신과 김춘추는 어떻게 해서 꽁꽁 뭉치게 되었을까요? 김춘추보다 8살이 많았던 김유신은 춘추가 20대 후반이던 시절에 함께 어울려 다니며 산천도 구경하고 때에 따라 신라 귀족 사회에서 유행했던 공차기 놀이도 곧잘 하고는 했어요. 그런데 유신이 보기에 춘추가 매우 크게 될 인물 같았어요. 그래서 그는 춘추와 자신의 여동생을 맺어 주려 했어요.

어느 날이었어요. 그 날도 둘은 다른 청년들과 어울려 공차기를 했어요. 유신은 공을 차다가 의도적으로 춘추의 옷고름을 밟아 떼어 버렸고, 이것을 빌미 삼아 자신의 집으로 춘추를 초청했어요.

"어이, 미안하네. 우리 집에 가서 옷고름도 다시 달고, 술이나 한잔 하세."

김유신의 의도를 제대로 파악하지 못한 춘추는 유신의 집으로 순순히 따라왔어요.

유신에게는 여동생이 두 명 있었는데, 첫째가 보희, 둘째가 문희였어요. 유신은 술상을 앞에 놓고 흥겹게 술을 마시며 춘추가 어느 정도 취하자, 보희에게 춘추의 옷고름을 손보게 했어요. 하지만 보희는 처녀가 외간 남자 앞에 함부로 나설 수는 없다고 거부했어요. 유신은 하는 수 없이 둘째 동생인 문희에게 부탁했어요. 문희는 오빠의 말에 순순히 응하여 실과 바늘을 가지고 나와 춘추의 옷고름을 달아 주었어요.

춘추가 보기에 얌전히 앉아 바느질을 하는 문희가 너무나 사랑스러웠어요. 이 일을 계기로 춘추와 문희 사이에는 사랑이 싹터서 그날부터 춘추는 문희의 처소를 문지방이 닳도록 빈번하게 출입했어요. 그러더니, 아니나 다를까 문희의 배가 점차 불러 오기 시작했어요.

하지만 춘추는 문희와 결혼하는 것을 고민했어요. 자신의 장래를 생각했을 때에 멸망한 가야의 후예와 결혼한다는 것은 결코 바람직한 일이 아니었어요. 이러한 이유 때문에 춘추는 선뜻 결혼 결정을 못 하고 있었는데, 이때 김유신이 깜짝 쇼를 하나 벌였어요.

경주 남산으로 선덕여왕이 행차한다는 소식을 들은 유신은 "처녀인 동생이 부모 몰래 애를 가져 불에 태워 죽인다."고 동네방네 소문을 내놓고 선덕여왕이 남산으로 가는 시간에 맞춰서 집 마당에 장작불을 피워 올렸어요. 선덕여왕이 길을 가다가 유신의 집에서 검은 연기가 치솟아 오르는 것을 보고 깜짝 놀라 그 연유를 물었어요. 신하 하나가 자초지종 이야기를 해 주자, 선덕여왕은 춘추에게 속히 가서 문희를 구하라 명령하면서 문희와의 결혼을 주선해 주었어요.

비록 하고 싶은 결혼은 아니었지만, 이 결혼은 김춘추에게 매우 큰 이익을 남겼어요. 훗날 진덕여왕이 죽고 진골 출신 중에서 왕을 선택해야 했을 때에 군사권을 쥐고 있던 김유신이 춘추를 적극적으로 지원하여 춘추가 진골 출신 최초의 왕이 될 수 있었거든요. 따라서 김유신의 잔머리 굴리기로 시작된 결혼 작전은 유신에게도 좋고 춘추에게도 좋은 윈–윈 전략이었어요.

통일 전쟁을 지휘하여 삼국 통일을 완수하는 김유신

선덕여왕 말년에 발생한 비담의 난을 진압하는 데 주역으로 활약하며 출세 가도를 달리기 시작한 유신은 진덕여왕 시절에 매제인 춘추와 함께 여왕을 보필하면서 군사권을 완전히 장악하여 신라 최고의 장군으로 활약했어요.

653년 3월, 진덕여왕이 재위 8년 만에 세상을 떠나자 유신은 춘추를 추대하여 왕위에 올렸어요. 그러고는 군사뿐만 아니라 정치까지 담당하여 동분서주하다가 660년 1월에는 66세의 나이로 신라 최고 관등인 상대등에 올랐어요. 이제 김유신에게 남은 유일한 꿈은 삼국 통일뿐이었어요.

드디어 기회가 왔어요. 당나라 군사들이 백제를 치기 위해 황해 바다를 건너오고 있다는 소식이 들어왔어요. 신라와 당나라 연합군은 7월 10일에 백제의 수도 사비성에서 만나기로 하고, 당나라는 금강 하구 기벌포를 통해서 치고 올라왔으며, 신라는 5만의 군사를 동원하여 상주를 거쳐 탄현을 넘어 황산벌로 쳐들어 왔어요.

하지만 당군과 사비성 앞에서 만나기로 한 7월 10일의 약속을 신라군은 지킬 수 없었어요. 계백이 이끄는 5천의 백제 결사대가 신라의 사비 진출을 완강하게 막고 있었거든요. 신라군은 관창의 살신성인에 힘입어 백제군을 겨우 격파하고 사비성으로 진격했지만, 약속한 날에서 하루 정도 늦게 사비성에 도착했어요.

당의 장수 소정방은 자신의 권위를 세우고 신라군의 기세를 꺾기 위해 약속을 지키지 못했다는 이유로 신라군의 선봉장 김문영 장군을 죽이려 했어요. 이때 김유신은 최고 장군임을 상징하는 도끼를 손에 쥐고 부대 앞에 서서 소정방에게 엄포를 놓았어요.

"문영 장군에게 죄를 묻는다면, 먼저 당군과 결전한 후에 백제를 치겠다."

『삼국사기』 열전 편 김유신 조에 "성난 머리털이 꼿꼿이 일어서서 세워진 것 같았고, 허리의 보검은 저절로 칼집에서 튀어나왔다."고 기록되어 있으니, 생트집을 잡아 부하 장수를 죽이려 하는 소정방에 대한 분노가 얼마나 컸는지 충분히 짐작할 수 있어요.

김유신의 기세에 놀란 소정방은 김문영에 대한 문책을 없었던 일로 하고, 나 · 당 연합군은 사비성을 함께 공격하여 백제를 멸망시켰어요. 이때가 660년 7월 18일이었어요.

661년에 태종 무열왕이 죽고 아들인 김법민이 왕위에 올랐어요. 이 이가 곧 문무왕으로, 그는 삼국 통일을 완수하기 위하여 당나라와 함께 고구려 공격을 서둘렀어요. 신라군은 김유신의 지휘 아래 거의 매년 고구려를 공격했지만, 연개소문이 지휘하고 있던 고구려는 신라의 공격에 쉽게 무너지지 않았어요.

그런데 난공불락 같았던 고구려 함락은 고구려 지배층의 내분 때문에 의외로 쉽게 찾아왔어요. 666년에 연개소문이 죽고 대막리지 자리를 놓고 연개소문 아들들 사이에 갈등이 생겼어요. 강력했던 고구려는 내분으로 인해 일시에 힘이 사라지며, 나 · 당 연합군은 668년 9월에 손쉽게 평양성을 함락하고 고구려를 역사 속으로 보내 버렸어요. 이때가 김유신의 나이 74세로 젊어서부터 매제인 김춘추와 함께 꿈꾸었던 삼국 통일의 대업을 꼬부랑 노인이 되어서야 겨우 완성한 거예요.

삼국 통일을 달성한 문무왕은 그 주역인 김유신에게 태대각간 벼슬을 내려 그의 노고를 치하했어요. 각간은 17등급으로 구성된 신라의 관리 등급 중에서 최상위 관등으로 이벌찬이라고도 했는데, 김유신은 660년에 백제를 멸망시킨 공로로 대각간에 임명되었어요. 그런데 이번에 고구려를 멸망시켜 대각간 앞에 '클 태太' 자를 붙인 신라 역사상 유래가 없는 태대각간으로 임명되는 영예를 누리게 되었지요.

이로써 김유신은 진골 귀족들에게 왕따를 당했던 자신의 가문을 신라 최고의 명문으로 성장시킴과 동시에 젊은 시절부터의 꿈이었던 삼국 통일을 완수하고, 673년 7월 1일에 편하게 세상과 작별했어요.

김유신 활약상

김유신이 이끈 신라군과 소정방이 이끈 당군은 먼저 백제를 공격하였다. 신라군은 황산벌에서 계백의 결사적인 저항을 물리치고 당군과 함께 사비성을 함락하였다(660).

〈중학교 국사 교과서 61쪽〉

김유신과 관련된 전설이 많이 전해진다고 하던데, 어떤 것들이 있나요?

유신은 자신이 살았던 시대부터 영웅 취급을 받았고, 고려, 조선시대를 거쳐 지금까지도 영웅으로 대접을 받아서 그와 연관된 전설이 매우 많이 남아 있어요.

김유신의 전설 중에서 가장 유명한 것은 천관녀와의 사랑 이야기예요.

유신이 젊었을 때, 그는 한동안 친구들과 기방 출입을 자주 했어요. 거기에서 천관녀라는 기녀를 만나 사랑에 폭 빠져 버렸대요. (하지만 천관녀는 기녀보다는 하늘의 뜻을 인간 세상에 전달하는 무녀였을 가능성이 더 커요.) 유신의 어머니가 이 사실을 알고 하루는 유신을 불러 놓고 훈계를 했어요.

"나는 이미 늙어서 밤낮으로 오직 네가 성장하여 가문을 빛내기만 바라고 있는데, 너는 기생집에서 사랑 놀음이나 하고 있느냐?"

울면서 질책하는 어머니의 훈계에 유신은 자신의 잘못을 깨닫고 다시는 그런 일이 없을 거라며 어머니 앞에서 맹세했어요.

며칠이 지나, 유신은 외출을 했다가 집으로 돌아오는 길에 말 위에서 잠깐 잠이 들었어요. 말울음 소리에 정신을 차려 보니 말이 멈춘 곳은 자신이 자주 드나들던 천관녀의 집 앞이었어요. 말이 천관녀 집으로 유신을 데리고 온 것이지요. 천관녀는 유신이 오랜만에 오자, 맨발로 뛰쳐 나와 유신을 맞이했어요. 하지만 유신은 천관녀는 쳐다보지도 않고 허리에 차고 있던 칼로 자신의 애마를 죽인 후에 한마디 말도 없이 자기 집으로 가 버렸어요.

유신의 매몰찬 행동을 본 천관녀가 어떠했겠어요. 천관녀는 놀라 까무러쳤어요. 물론 다시 깨어는 났지만, 사랑했던 유신과는 영영 이별이었어요. 유신은 젊은 날의 사랑인 천관녀에게 못내 미안했던지 훗날 천관녀가 죽자, 그녀의 영혼을 위로하기 위하여 천관녀가 살던 곳에 절을 지어 천관사라 했으며, 자신이 말을 죽인 자리를 '참마항[말을 죽인 곳]'이라 했대요. 이후 사람들은 "김유신의 삼국 통일 위업은 참마항에서 시작됐다." 고 이야기하고는 했어요.

이 이야기는『삼국사기』나『삼국유사』와 같은 실제 사실을 기록한 역사책에는 나오지 않아요. 민간에 전설로 떠돌아다니던 이야기를 고려 후기 문인인 이인로가 자신의 문집『파한집』에 적어 놓아 현재 전하고 있지요.

또 경주에 가면 단석산[斷石山]이 있는데, 이 산 이름도 김유신 때문에 생겼어요. 단석산의 단자가 '쪼갤 단'으로, 유신이 젊은 시절에 이 산에서 무술을 연마하면서 칼로 베어 낸 돌이 수북이 쌓였기에 산 이름을 단석산이라 했대요.

『삼국유사』에도 김유신 전설이 수록되어 있어요. 유신이 화랑으로 있을 때, 유신을 따르는 무리 중에 백석이라는 젊은이가 있었는데, 그는 고구려 왕이 김유신을 제거하기 위해 파견한 간첩이었어요. 고구려 왕이 추남이라는 점쟁이를 죽였는데, 그가 죽으면서 자신은 장군으로 다시 태어나 반드시 고구려를 멸망시킬 것이라는 예언을 남겼어요. 그런데 고구려 왕의 꿈에 추남이 유신의 어머니인 만명 부인의 몸으로 들어가자, 이에 두려움을 느낀 고구려 왕은 김유신을 죽이려고 백석을 신라 땅에 파견했어요. 하지만 신라를 지키는 신이 나타나 보호해 주었으므로 김유신은 백석의 사탕발림에 넘어가지 않고 목숨을 지킬 수가 있었대요.

김유신의 어머니인 만명도 부모의 반대를 무릅쓰고 결혼을 했다고 하던데, 그 이야기도 해 주세요.

알쏭이도 참! 샘이 알쏭이 호기심을 도저히 못 당하겠네요. 어떻게 김유신의 아버지와 어머니 사랑 이야기가 있다는 것을 알았어요? 그래, 맞아요. 김유신의 아버지와 어머니도 불타는 사랑을 했어요.

유신의 어머니인 만명은 신라의 왕족인 숙흘종의 딸이었어요. 숙흘종은 진흥왕의 아우였으니, 신라 사회에서 상당한 지위에 있던 사람이에요. 그런데 딸이 멸망한 가야 왕의 손자인 별 볼 일 없는 서현과 사랑에 빠져 결혼하겠다고 고집을 부리니, 미치고 환장할 노릇이었어요. 숙흘종은 딸을 집안 깊숙이 가두어 놓고 문 밖 출입을 금지시켰어요.

어느 날이었어요. 갑자기 하늘에서 천둥 번개가 치더니 숙흘종의 집 대문에 벼락이 떨어져서 문지기가 기절을 해 버렸어요. 만명은 이 틈을 타서 집 밖으로 빠져나가 결국 서현과 결혼을 했어요. 이 사례를 보면, 현대 사회도 그러하지만, 아주 오래전에도 자식 이기는 부모는 드물었던가 봐요.

하지만 이 이야기를 좀 더 깊게 파고들면 재미있는 사실을 발견할 수 있어요. 마른하늘에서 왜 갑자기 벼락이 떨어졌을까요? 이건 숙흘종이 꾸민 이야기일 가능성이 커요. 서현과 만명의 사랑은 워낙 소문이 크게 퍼져서 경주 사람 전체가 알고 있었어요. 숙흘종은 내심 서현과 만명의 결혼을 인정하고 싶었지만, 서현의 집안이 별 볼 일이 없어서 체면상 반대를 하고 있었어요. 그러나 결혼은 시켜야겠기에, 궁여지책으로 생각해 낸 것이 '벼락 쇼'였다고 할 수 있죠.

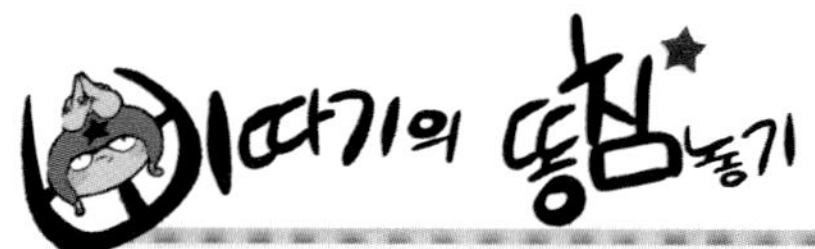

김유신이 현대를 살았다면 무엇이 되었을까? 아마 모르긴 몰라도 사기꾼 왕초가 되었을 것 같아. 김유신의 행적을 조금만 삐딱하게 봐 보자고.

우선, 자기 출세를 위해서 눈 하나 깜박거리지 않고 동생을 이용했잖아. 어떻게 혈육을 그렇게 이용할 수가 있어. 만약 춘추가 끝까지 고집을 피워 문희와 결혼하지 않았다면, 문희 인생은 어떻게 되었겠어? 결과가 좋아 문희가 왕비까지 되었지만, 만약 그러지 못했다면 문희는 미혼모가 되어 평생을 고생하며 살았을 거 아니냐고.

또 천관녀와의 사랑은 어떻고. 그토록 사랑했으면, 애마가 스스로 천관녀 집에 갔을 때, "그래, 잘 살았냐?" 하고 다정한 말 한마디쯤은 해 주고 돌아설 수도 있잖아? 죽도록 사랑했던 여인에게 정을 끊는다고 하루 아침에 냉혈한이 되어 홱 돌아서는 인간이 과연 사람일까?

삼국 통일의 위업을 달성한 문무왕

나는 신라 30대 임금 문무왕이에요. 나는 삼촌인 김유신과 힘을 합하여 태자 시절에는 백제를, 왕이 되어서는 고구려를 멸망시키고 삼국 통일의 위업을 달성한 위대한 임금이에요. 또한 당나라가 나와 내 나라 신라를 업신여겨 속국처럼 대하자, 당과도 싸워 자존심을 지켜 낸 자주적인 사람이기도 해요.

자! 그럼 지금부터 내가 어떻게 삼국 통일의 위업을 달성했는지 장콩샘과 함께 탐구해 볼까요?

문무왕과 인연을 맺은 사람들

태종 무열왕 문무왕의 아버지. 백제를 멸망시켰다.

김문희 문무왕의 어머니.

김유신 문무왕의 외삼촌으로 삼국 통일의 주역이다.

당 고종 신라를 속국으로 삼으려다가 신라가 반발하자 나·당 전쟁을 일으켰다.

대왕암
문무대왕의 무덤으로 알려져 있다.

바다 가운데 있는 암초가 무덤인 왕

신라의 수도였던 경주에서 가까운 포구인 동해구의 감포 앞바다[현재 경북 경주시 양북면 봉길리 앞바다]에 암초가 하나 있어요. 대왕암이라 하지요. 삼국 통일의 위업을 달성한 문무왕의 무덤이에요. 육지에서 보면 암초처럼 보이는 바위가 삼국 통일의 대업을 달성한 문무왕의 무덤이라니, 그것 참 이상하네요?

문무왕은 죽으면서 이런 유언을 남겼어요.

"나는 죽어서 용이 되어 신라의 바다, 동해를 지키겠노라."

신하들은 문무왕의 유언을 받들어 시신을 불교식으로 화장하여, 그 뼛가루를 항아리에 담아 바다 속 바위 안에 모셨어요. 이 바위가 바로 대왕암이에요.

삼국 통일을 완성하는 문무왕

당나라와 연합하여 660년에 백제를 멸망시킨 태종 무열왕은 661년에 세상을 떠났고, 아들인 김법민이 왕위를 이었어요. 그는 무열왕의 맏아들로 어머니가 김유신의 동생인 문희였어요.

여동생이 두 명 있었던 김유신은 김춘추태종 무열왕가 맘에 들어 자기 여동생과 결혼을 시키려 했어요. 그래서 함께 공차기를 하다가 의도적으로 옷고름을 떼어 춘추를 자기 집으로 초청했어요. 둘이 술을 마시며, 유신은 춘추의 옷고름을 달게 하기 위해 큰 누이인 보희를 불렀어요. 하지만 보희는 외간 남자가 부끄러워 나오지 않았어요. 하는 수 없이 유신은 작은 누이인 문희를 불러 춘추의 옷고름을 달게 했고, 처음 만난 춘추와 문희는 그 자리에서 눈이 맞아 서로 사랑하는 사이가 되고 말았어요.

그런데 재미있는 것은 문희와 춘추가 처음 만나던 날 아침에 문희가 비단 치마를 주고 보희에게서 꿈을 샀다고 해요. 보희가 전날 밤에 꿈을 꾸었는데, 경주 전체가 자신의 오줌으로 물바다가 되는 해괴망칙한 꿈이었어요. 아침에 일어난 보희는 동생인 문희에게 꿈 이야기를 했어요. 문희는 좋은 일이 생길 꿈이라며 걱정하지 말라고 했지만, 보희는 나쁜 꿈이라며 계속 심란해했어요. 그러자 문희는 비단 치마를 주며 그 꿈을 자기에게 팔라고 했어요. 보희는 스스럼없이 문희에게 꿈을 팔아 버렸어요. 보희의 꿈은 신라 전체를 자신의 품안에 넣는 것을 예언하는 대단히 좋은 꿈이었는데, 그 꿈을 사서 그랬는지 몰라도 그날 오후에 문희는 춘추를 만났고, 이를 계기로 춘추와 결혼을 하여 훗날 왕비의 자리에 오르게 됐어요.

춘추와 문희 사이에 태어난 아들인 법민은 용기가 있고 통솔력이 강하여 백제와의 마지막 싸움에서 큰 공을 세우는 등 태자 시절부터 훌륭한 왕이 될 자질을 엿보였어요. 그 후 문무왕이 된 법민은 당나라군과 연합하여 고구려의 평양성을 공격하는 등 삼국 통일에 적극적으로 나섰어요.

하지만 신라의 삼국 통일에 최대 걸림돌은 고구려가 아니라 당나라였어요. 나·당 연합을 제안하러 자신을 만나러 온 김춘추에게 당나라 태종은 "만약 백제와 고구려를 모두 멸망시키면, 대동강 이남의 땅을 신라 땅으로 인정해 주겠다."고 분명히 약속했어요. 그러나 막상 백제가 없어지자, 노골적으로 욕심을 드러내어 백제 땅을 자신들의 식민지로 삼아 버렸어요. 백제가 멸망하자 당나라는 백제 땅에 웅진 도독부를 비롯한 여러 도독부를 설치하여 자신들이 직접 관리했어요. 도독부는 당이 자신들이 점령한 식민지를 다스리기 위해 설치하는 관청이에요. 또 여기에 663년에는 신라의 수도 경주에 계림 도독부를 설치하고 문무왕을 계림 도독으로 임명하여 신라 왕을 신하처럼 대했어요.

신라는 당나라의 이러한 행동이 못마땅했지만 드러내 놓고 이의 제기를 할 수는 없었어요. 위쪽에 고구려가 눈을 시퍼렇게 뜨고 살아 있었기 때문에 아직은 당과 연합을 해야 했거든요. 그래서 신라는 당나라의 신경을 거스르지 않으려고 납작하게 엎드려 지냈어요. 당이 횡포를 부려도 속은 쓰라렸지만, 겉으로는 '안 그런 척' 하면서 무덤덤하게 넘어가고

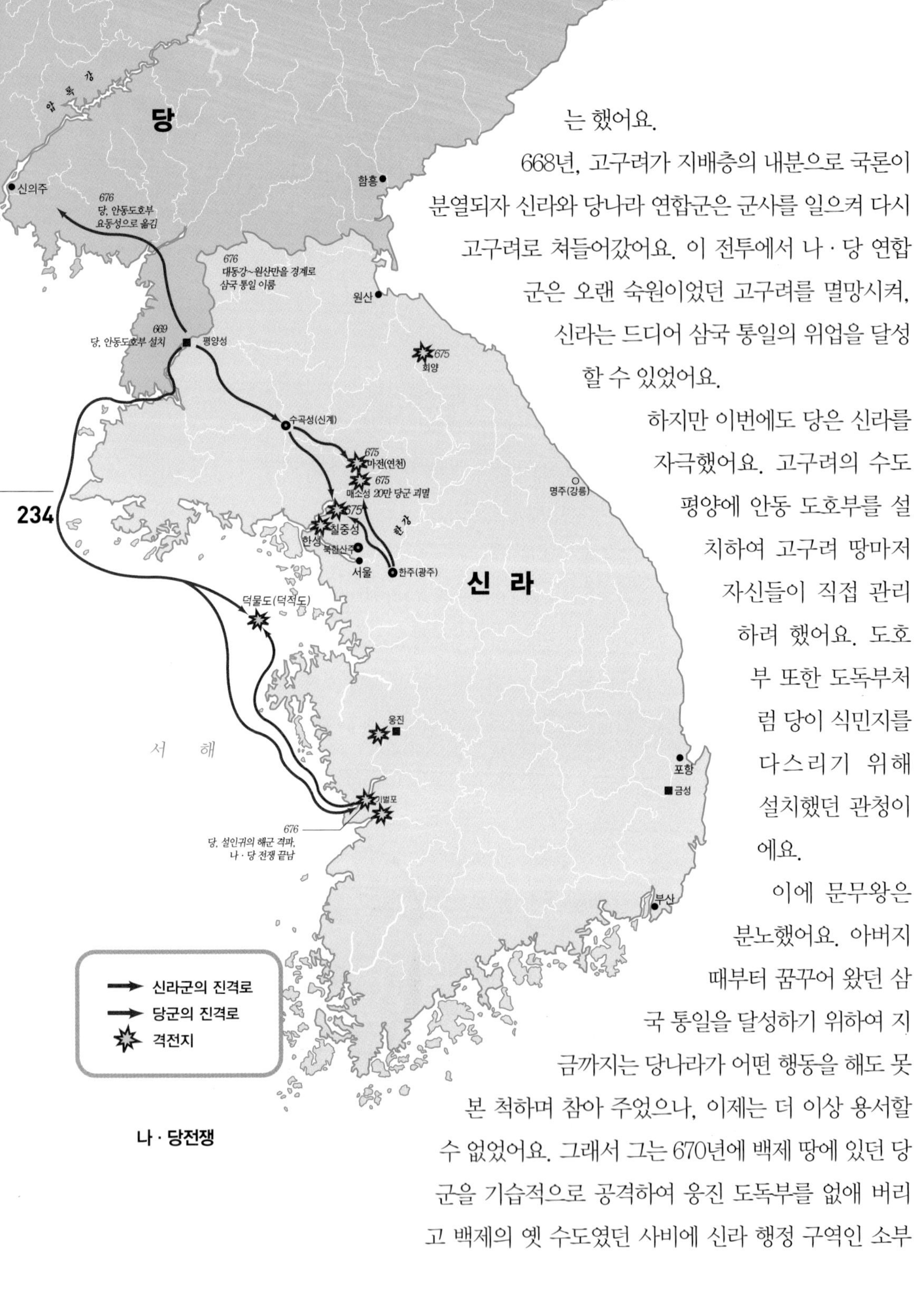

나 · 당전쟁

는 했어요.

668년, 고구려가 지배층의 내분으로 국론이 분열되자 신라와 당나라 연합군은 군사를 일으켜 다시 고구려로 쳐들어갔어요. 이 전투에서 나 · 당 연합군은 오랜 숙원이었던 고구려를 멸망시켜, 신라는 드디어 삼국 통일의 위업을 달성할 수 있었어요.

하지만 이번에도 당은 신라를 자극했어요. 고구려의 수도 평양에 안동 도호부를 설치하여 고구려 땅마저 자신들이 직접 관리하려 했어요. 도호부 또한 도독부처럼 당이 식민지를 다스리기 위해 설치했던 관청이에요.

이에 문무왕은 분노했어요. 아버지 때부터 꿈꾸어 왔던 삼국 통일을 달성하기 위하여 지금까지는 당나라가 어떤 행동을 해도 못 본 척하며 참아 주었으나, 이제는 더 이상 용서할 수 없었어요. 그래서 그는 670년에 백제 땅에 있던 당군을 기습적으로 공격하여 웅진 도독부를 없애 버리고 백제의 옛 수도였던 사비에 신라 행정 구역인 소부

리주를 설치했어요.

태종을 이어 당나라를 다스리고 있던 고종은 신라의 배신 행위에 화를 내며 신라를 정벌하라는 명령을 내렸어요. 당의 장수 설인귀는 군사를 이끌고 쳐들어오기 전에 먼저 문무왕에게 편지를 보내 항복을 권유했어요. 하지만 문무왕은 당나라가 약속을 먼저 어겼다며 전쟁도 불사하겠다고 강하게 반발했어요.

670년부터 당나라와 신라군 사이에 소규모 전투가 몇 차례 벌어졌어요. 신라는 고구려의 옛 땅에서 고구려를 되살리기 위한 부흥 운동이 일어나자 은밀하게 후원하며 당나라를 자극했고, 백제의 옛 영토에서는 직접 당군을 상대로 전투를 벌였어요.

675년, 더 이상 참지 못한 당군이 거란과 말갈군이 포함된 20만의 대군을 이끌고 육로로 쳐들어왔어요. 그러나 당의 침입을 예상하고 있던 신라군은 매소성현재 경기도 양주에서 이들을 대파해 버렸고, 676년에는 기벌포현재 금강 하구로 쳐들어오는 당의 수군까지 격파하여 기세등등하던 당나라군의 코를 납작하게 만들어 버렸어요. 당나라는 이 전투 이후 더 이상 신라를 공격할 엄두를 내지 못했으며, 자기들이 당초에 약속했던 땅인 대동강 이남 지역을 신라 영토로 인정할 수밖에 없었어요. 신라의 오랜

염원이었던 삼국 통일의 위업이 달성되는 순간으로, 나·당 연합군이 백제를 공격한 때로부터 17년 만에 이룩한 통일이었어요.

문무왕은 통일을 완성하자, 신하들에게 명을 내려서 무기를 녹여 농기구로 만들게 하고, 오랜 기간 전쟁에 동원되느라 농사일을 못해 살기 어려워진 백성들의 빚을 감면해 주어 나라의 안정을 도모했어요. 이후 신라는 문무왕의 뒤를 이어 임금이 된 신문왕의 적극적인 왕권 강화 정책에 힘입어 100여 년 동안 전성기를 구가할 수 있었어요.

나·당 전쟁

백제와 고구려가 멸망한 후, 당은 대동강 이남의 땅을 신라에게 준다는 약속을 어기고 한반도 전체를 지배하려는 야심을 드러냈다. 백제와 고구려의 옛 땅에 군대를 주둔시키고, 신라에도 계림 도독부를 설치하여 지배하려고 하였다.

이에 신라는 당군을 몰아내기 위한 전쟁에 나섰다. 먼저, 신라는 백제의 옛 땅을 찾기 위해 고구려의 부흥 운동을 지원하였다. 고구려 유민들을 이용하여 당 침략군을 몰아내려고 한 것이다. 신라는 고구려의 왕족 안승으로 하여금 금마저(전북 익산)에 보덕국이라는 나라를 세우도록 하였다. 아울러, 신라군은 당군이 주둔하고 있던 사비성을 함락하여 웅진 도독부를 없애고, 백제의 옛 땅을 완전히 지배하게 되었다.

그 후, 당군은 말갈군과 거란군을 앞세워 계속 침범하였으나, 신라는 장기간의 끈질긴 항쟁으로 이들을 물리쳤다. 신라군은 당의 20만 대군을 매소성에서 크게 물리쳐 군마 3만 마리와 많은 무기를 빼앗았으며, 당의 수군을 금강 하류 기벌포에서 격파하였다. 이렇게 당 침략군을 계속 물리친 신라는 드디어 대동강 이남 땅에서 당군을 완전히 몰아냄으로써 통일을 이룩하였다(676).

〈중학교 국사 교과서 62쪽〉

대왕암이 정말 문무왕의 무덤일까요?

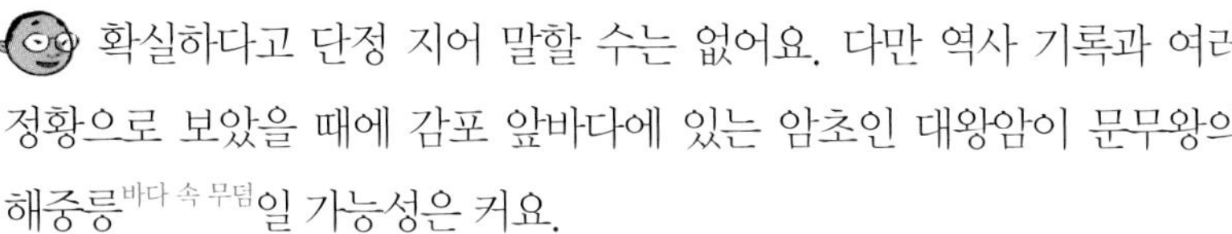
확실하다고 단정 지어 말할 수는 없어요. 다만 역사 기록과 여러 정황으로 보았을 때에 감포 앞바다에 있는 암초인 대왕암이 문무왕의 해중릉[바다 속 무덤]일 가능성은 커요.

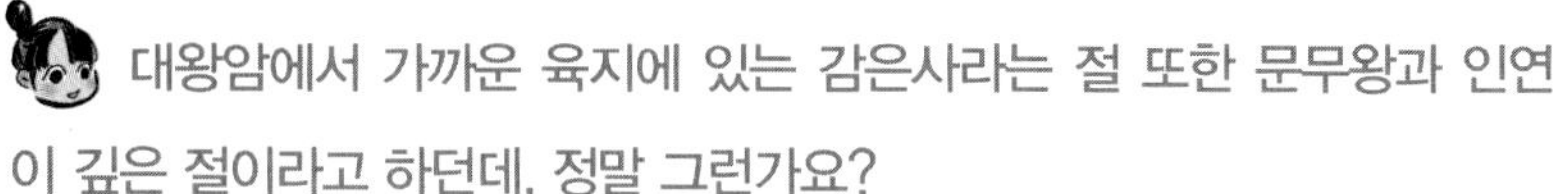
대왕암에서 가까운 육지에 있는 감은사라는 절 또한 문무왕과 인연이 깊은 절이라고 하던데, 정말 그런가요?

그래요. 문무왕은 동해로 자주 쳐들어오는 왜구들을 부처님의 힘을 빌려 막기 위해 동해구 언덕에 절을 짓기 시작했어요. 이 절은 아들인 신문왕 대에 완성되었는데, 신문왕은 '아버지의 은혜에 감사한다.'라는 의미에서 절 이름을 감은사[感恩寺]라 했어요.

감은사의 금당[부처님을 모시는 절의 중심 건물]은 특이하게 설계되어 마루 밑에 공간이 있었어요. 용이 되어 동해 바다를 지키고 있는 문무왕이 쉽게 법당 안을 드나들 수 있도록 하기 위해 그렇게 설계했다고 해요.

감은사지
감은사는 문무왕의 효심이 컸음을 보여 주는 절이다. 현재는 터만 남아 있다.

 **신라의 삼국 통일을 진정한 삼국 통일이라고 할 수 있나요?**

신라의 삼국 통일을 비판적으로 보는 사람들은 고개를 좌우로 흔들어요. 그 이유는 당나라와 싸워 신라가 차지한 땅이 대동강 이남 지역에 불과했기 때문이에요. 즉, 고구려 영토의 대부분은 당나라 차지가 되었고, 신라는 백제의 땅만 차지했기 때문이죠. 또한 신라가 외세를 끌어들여 백제, 고구려를 멸망시켰기 때문에 신라의 삼국 통일 자체를 낮게 평가하는 사람도 많아요.

하지만, 백제와 고구려의 협공으로 위기에 처했던 신라 입장에서 당나라를 적절히 이용할 줄 알았던 신라의 외교술은 분명 높이 평가돼야 한다고 주장하는 사람들도 많아요. 또 위기 상황을 극복하고 통일을 이루었다는 점, 아버지 나라로 모셨던 당나라와 한판 싸움을 전개하여 자주적으로 통일을 완성했다는 점들 때문에 신라의 삼국 통일을 긍정적으로 보는 사람들도 많아요.

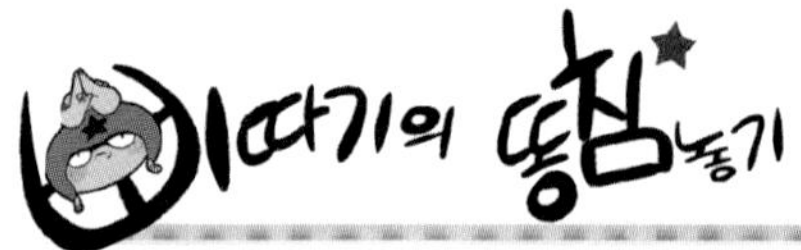

신라의 삼국 통일, 이건 분명 우리 민족에게 불행한 일이야. 만약에 말이야, 삼국 중에서 가장 영토가 넓었고 군사력이 강했던 고구려가 삼국 통일을 이루었다고 생각해봐. 현재 만주의 너른 들판은 모두 우리 땅이 되었을 것 아니야? 어때요, 여러분! 삐따기 생각이 맞지 않을까요?

가실과의 맹세를 끝까지 지킨 설씨녀

나는 설씨녀에요. 내게 이름이 없는 이유는 내가 평민이기 때문이에요. 하지만 신분제 사회에서 성이라도 전해졌으니 이 얼마나 다행한 일이에요. 또한 내게 성이 있다는 것은 혹시 우리 집안이 예전에 귀족 집안이었기 때문인지도 몰라요. 내가 살던 시대에 평민들은 성이 거의 없었거든요. 나의 사랑 이야기는 『삼국사기』 열전 편에 나와요. 자! 그럼 지금부터 나의 애달픈 삶을 장콩샘과 함께 탐구해 볼까요?

설씨녀와 인연을 맺은 사람들

가실 설씨녀 아버지가 꼼짝없이 군대에 가게 되자, 대신 가겠다고 하여 설씨녀를 감동시킨 청년이다.

전쟁터로 떠나야 하는 설씨녀의 아버지

신라가 삼국 통일을 위하여 백제, 고구려와 치열하게 싸움을 하고 있을 때에 가장 고통을 받은 사람들은 백성이었어요. 삼국의 백성들은 오랜 전란 기간 동안 강제로 군대에 끌려가 전쟁터에서 죽거나 다쳤으며, 다행히 전쟁에 동원되지 않았더라도 전쟁에 필요한 식량을 국가에 바쳐야 했고, 무기들을 만들어 운반하느라 고생이 이루 말 할 수 없이 컸어요.

삼국시대 때도 군대를 가는 의무가 있었냐고요? 물론 있었지요. 고구려, 백제, 신라 공히 15세에서 60세의 남자들은 군역 의무가 있었어요. 평소에는 농사를 짓다가 전쟁이 일어나면 모든 남자가 군대에 동원되어 전쟁이 끝날 때까지 싸워야 했어요.

이름은 없이 성만 전해지는 설씨녀의 아버지도 마찬가지였어요. 신라 정부는 삼국 통일 전쟁을 벌이며 그에게도 전쟁에 참가하라고 통보했어요. 설씨녀는 고민했어요. 늙으신 아버지를 위험한 전쟁터로 보낼 수도 없었고, 그렇다고 여자의 몸으로 자신이 대신 전쟁터로 나갈 수도 없었어요. 그래서 매일 밤을 눈물로 지새우고 있었는데, 하루는 가실이라는 청년이 설씨녀 집에 와서 말했어요.

"아버지를 대신하여 내가 군대에 갈 테니, 너무 걱정하지 마시오."

가실은 평소에 설씨녀를 짝사랑하고 있었는데, 설씨녀가 아버지의 군역 문제로 심하게 고통받고 있다는 이야기를 전해 듣고 가슴이 너무 아팠어요. 그래서 자신이 대신 군대에 가겠다고 자청한 거예요. 설씨녀는 너무 고마워서 가실의 손을 잡으며 약속을 했어요.

"당신이 3년의 군 생활을 무사히 마치고 귀가하면, 저는 당신을 내 낭군으로 모시겠습니다."

둘은 거울을 쪼개어 반쪽씩 나눠 갖고 가실이 전쟁에서 돌아오면 혼인할 것을 맹세했어요.

돌아오지 않는 가실

하지만 전쟁터로 나간 가실은 약속한 3년이 지나도 돌아올 줄을 몰랐어요. 4년, 5년, 6년이 지났지만 가실은 오지 않았으며, 설씨녀의 아버지는 혼기를 놓친 딸이 안타까워 딴 사람과 결혼을 시키려 했어요.

설씨녀는 가실과의 약속을 지키기 위해 끝까지 버텼으나, 아버지는 설씨녀 몰래 남편감을 정하여 결혼 날짜까지 잡아 버렸어요. 설씨녀는 완강히 거부하며 달아나려 했으나, 홀로 계신 아버지 때문에 도망도 못 가고 꼼짝없이 마음에도 없는 남자와 결혼을 하게 되었어요.

그런데 이때 기적이 일어났어요. 남루한 옷을 입은 더벅머리 총각 하나가 설씨녀의 집 사립문을 밀고 들어왔어요. 가실이었어요. 가실은 품 안에서 거울 반쪽을 꺼내 설씨녀에게 주었어요. 설씨녀는 너무 기뻐 눈물을 흘리며 가실이 돌아왔음을 동네방네 소문 냈고, 둘은 당초 약속대로 결혼을 해서 행복하게 잘 살았어요.

가실이 나가 싸웠던 삼국 통일 전쟁

김유신이 이끈 신라군과 소정방이 이끄는 당군은 먼저 백제를 공격하였다. 신라군은 황산벌에서 계백의 결사적인 저항을 물리치고 당군과 함께 사비성을 함락하였다(660).

백제를 멸망시킨 후, 신라와 당은 고구려에 대한 공격을 시작하였다. 당군은 평양성을 공격하였으나, 고구려는 이를 잘 방어하였다. 그러나 고구려는 계속된 전쟁으로 국력이 약해진 데다가, 대막리지 연개소문이 죽자 지도층 안에서 권력 다툼이 벌어졌다. 이 기회를 틈타 나·당 연합군은 평양성을 함락하고, 고구려를 멸망시켰다(668).

〈중학교 국사 교과서 61쪽〉

 설씨녀와 가실 이야기는 어디에 전해지나요?

『삼국사기』 열전 편에 나와요. 열전은 인물들의 행적을 기록해 놓은 부분으로, 삼국시대 초기 인물부터 후삼국시대를 개척한 궁예와 견훤까지 다양한 인물들의 삶이 담겨 있어요.

설씨녀 이야기는 몇 안 되는 고대인의 사랑 이야기로 흥미를 끄는데, 빈번한 전쟁 속에서 고통을 당하는 일반 백성들의 삶을 알 수 있어서 더욱 주목받는 설화예요.

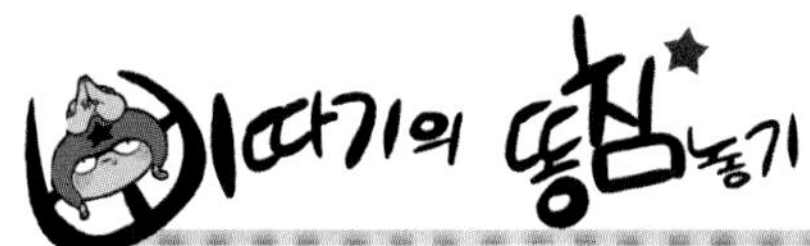

설씨녀와 가실의 이야기만 봐도 알겠지만, 전쟁은 지배층보다 일반 서민들에게 더 많은 고통을 준다고. 지배층들이야 자기들의 욕심을 채우기 위해 전쟁을 한다지만, 하루 벌어 하루 먹고사는 입에 풀칠하기 어려운 백성들에게 전쟁은 뭐냐고? 신라의 삼국 통일 전쟁도 김유신, 무열왕, 문무왕을 전쟁 영웅으로 만들어 주었지만, 당시 신라의 일반 백성들에게는 고통만 가져다주는 싸움이었어. 공적을 남긴 전쟁 영웅들, 그들이 과연 자신들을 위해 죽어 간 백성들에게 고마워나 했을까?

불교를 대중화시킨 원효

내 이름은 원효. 나는 승려였지만, 요석 공주와 사랑을 나누어 설총을 낳았어요. 그 덕분에 승려의 신분에서 벗어나 일반인으로 살면서 불교를 대중화시켰어요.
자! 그럼 지금부터 내가 얼마나 굴곡진 삶을 살았는지 장콩샘과 함께 탐구해 볼까요?

원효와 인연을 맺은 사람들

요석 공주 태종 무열왕의 딸. 원효와 하룻밤 사랑을 나누고 설총을 낳았다.
설총 이두문을 만든 학자. 원효와 요석 공주 사이에서 태어났다.
의상 원효와 더불어 신라 불교를 발전시킨 승려. 해동 화엄종을 창시했다.

승려가 되기 전의 원효

원효는 진평왕579~632 시대에 승려가 된 사람으로, 지금의 경상북도 경산에서 지방 관리의 아들로 태어났어요. 원효의 원래 성은 설씨로, 원효라는 이름은 그가 새벽에 태어났기 때문에 붙여졌다고 해요. 원효의 '효曉'가 새벽을 의미하는 한자예요.

원효가 승려가 된 것은 아주 어릴 때였어요. 그가 승려가 된 이유는 명확히 밝혀지지 않았지만, 원효가 출가하던 시기에 신라 왕실은 불교를 적극적으로 장려하고 있어서 이에 편승하여 승려가 되었을 것으로 짐작하고 있어요. 하지만 당시 사회는 진골 귀족에 의해서 운영되던 신분제 사회로 원효와 같은 지방 출신들은 아무리 똑똑해도 출세에 한계가 있었어요. 따라서 신분적 제약 때문에 일찌감치 부처님의 제자가 되었을 수도 있어요.

당나라에 불교 유학을 떠나는 원효와 의상

원효가 한창 불법을 공부하던 시기는 신라가 통일 전쟁에 나서던 태종 무열왕654~661 시대였어요. 이 시기에 신라 승려들은 당나라로 유학을 가는 것을 벼슬길에 오르는 것만큼이나 크게 생각했는데, 원효도 38세에 후배인 의상과 함께 불교 유학을 떠났어요. 처음에는 육로로 당나라에 가려고 고구려 국경선을 넘어 요동 지방까지 갔어요. 그러나 고구려 군사들에게 붙잡혀 간첩으로 오해받아 죽을 고비를 넘기고 간신히 신라 땅으로 되돌아왔어요. 그래서 두 번째는 바닷길로 떠나려고 서해안에 있는 포구인 당항성으로 출발했어요.

경주에서 출발하여 지금의 충청남도 천안 부근에 이르렀을 때였어요. 밤은 깊어 가는데 폭우가 계속 쏟아지자, 원효와 의상은 부득이하게 동굴 안에서 하룻밤을 자게 되었어요. 원효는 웅크린 자세로 새우잠을 자다가 한밤중에 갈증이 나서 무심코 물을 마셨어요. 그런데 다음날 아침,

잠에서 깨어 자신이 달게 마셨던 물을 찾아보니, 해골바가지 안에 들어 있던 썩은 물이었어요. 밤중에 마신 물이 해골 물이었다는 생각이 들자, 갑자기 구토가 나왔어요. 계속 토악질을 해대며 원효는 순간적으로 깨달음을 얻었어요.

"세상의 모든 일은 마음 먹기라더니, 일체유심조一體唯心造의 이치가 바로 이런 것이로구나!"

이제 원효에게 당나라로의 불교 유학은 무의미해졌어요. 의상이 짐을 꾸리며 포구로 가는 길을 재촉했으나, 원효는 초탈한 사람이 되어 의상에게 무덤덤하게 말했어요.

"의상 스님, 나는 당에 가지 않겠소. 세상의 모든 일은 마음 먹기에 달렸는데, 내가 여기에 있은들 깨우치지 못할 까닭이 무엇이겠소. 나는 이곳에 머물겠으니, 스님만 다녀오시오."

결국 그곳에서 의상과 작별한 원효는 신라 땅에 남아 지혜로운 사람을 찾아 이곳저곳을 떠돌며 자유로운 삶을 살았어요.

그는 시장의 허름한 술집에서 술집 아낙네들과 종종 어울렸으며, 때에 따라서는 귀족의 집에서 화려한 삶을 살기도 했고 산속의 동굴이나

암자에 숨어들어 참선에 열중하기도 했어요.

이러한 원효의 삶을 많은 승려들은 비난했어요. 생각해 보세요. 승려가 지켜야 할 규율들을 스스럼없이 깨 버리며 자유롭게 살아가는 원효를, 계율을 생명처럼 소중히 여기는 일반 승려들이 이해하기란 참으로 힘든 일이었겠지요. 그래서 그런지 원효는 임금님이 신라의 유명한 승려들을 모두 불러 불법을 듣는 백고좌회라는 강연회에도 여러 승려들의 반대에 부딪쳐 참석할 수가 없었대요.

요석 공주와의 하룻밤 인연으로 스님의 옷을 벗은 원효

원효의 자유로운 삶은 계율을 중시하는 승려들에게는 비난받았지만, 일반 백성들에게는 인기가 있었어요. 심지어는 왕도 원효가 어떤 사람인지 궁금해할 정도였어요. 그런데 하루는 원효가 지어서 불렀다는 이상한 노래를 왕이 듣게 되었어요.

"누가 자루를 뺀 도끼를 빌려 주면 내 하늘을 받칠 기둥을 깎겠노라."

이 노래를 들은 무열왕은 '원효가 부인을 얻어 아들을 낳겠다.'는 뜻으로 해석을 하고는 과부가 되어 홀로 살고 있는 자신의 딸 요석 공주와 맺어 주려 했어요.

공주가 사는 요석궁으로 초빙을 하자, 원효는 궁에 오면서 일부러 물에 빠졌어요. 왜냐고요? 요석궁에서 옷을 갈아 입으며 공주와 썸씽을 만들을 계획이었죠. 아무튼 이때 눈이 맞아 둘은 서로 사랑을 나누게 되었고, 둘 사이에 아들이 태어났으니, 이 아이가 이두문을 만든 대학자 설총이에요.

하지만 원효는 이제 더 이상 승려가 아니었어요. 요석 공주와의 사이에 아이까지 낳아 버렸으니, 부처님이 지키라고 한 중요한 계율을 어긴 셈이 되었죠. 이때부터 원효는 승려의 옷을 벗고 일반인의 신분으로 불교를 대중화하는 데 적극 나섰어요.

불교를 대중화하는 원효

원효가 살았던 시대의 불교는 왕실과 귀족들이 주로 믿었어요. 이러한 시기에 원효는 전국 방방곡곡을 자유롭게 돌아다니며 불교 교리를 쉽게 풀어서 전파했어요. 원효는 가는 곳마다 극락 세상을 관장하는 부처인 아미타 부처님과 그의 조수인 관세음보살만 열심히 외면 누구나 극락에 갈 수 있다고 말하고 다녔는데, 그의 이러한 포교술은 신라 땅 곳곳에 '나무아미타불 관세음보살'이 울려 퍼지게 했어요. '나무아미타불 관세음보살'은 '아미타불과 관세음보살님께 내 몸을 의지합니다.'라는 뜻이에요. 불교 교리에 정통한 원효가 어려운 불교 교리를 공부하지 않아도 이 문구만 외면 극락에 간다고 했으니, 농사를 짓는 농부나 바다에서 일을 하는 어부들도 쉽게 불교를 믿을 수 있게 되었지요.

한편 원효는 당나라에서 가지고 온 『금강삼매경』이라는 불교 경전을 어느 누구도 해석하지 못하고 있을 때, 능수능란하게 해석하여 사람들을 깜짝 놀라게 했어요. 그가 해석한 금강삼매경 해설서가 『금강삼매경론』으로 현재 원효의 대표적인 책으로 인정받고 있어요. 론論은 부처님의 말씀을 담고 있는 경전을 해석한 해설서를 말해요. 또한 『대승기신론소』를 지어 불교에 대한 이해의 폭을 넓혀 주었으며, 『십문화쟁론』에서는 불교를 믿는 사람들은 모두 부처님의 제자들이니, 서로 싸우지 말고 협력하자는 화쟁사상을 주장하기도 했어요.

이처럼 원효는 많은 승려들이 유행처럼 떠나는 당나라 유학을 가지 않고도 독자적인 불교 철학 세계를 구축하였으며, 그의 사상과 철학은 현재까지도 우리나라 불교 사상사를 윤택하게 만들어 주고 있어요.

원효와 의상

신라의 불교는 일본에 큰 영향을 끼쳤다. 의상, 원효를 비롯한 신라 승려들이 저술한 책들이 일본 불교계에 널리 읽혔다. 의상과 그를 도운 선묘 이야기가 일본에 그림으로 전하고 있으며, 원효는 일본 불교계에서 크게 존경을 받았다.

〈중학교 국사 교과서 72쪽〉

 **원효와 함께 불교 유학을 떠났던 의상 스님은 어떤 삶을 살았나요?**

의상 스님은 당나라에 가서 10년 동안 화엄 사상을 공부하고 돌아와 해동 화엄종을 창시했어요. 의상이 신라 땅에 퍼뜨린 화엄 사상은 '이 세상의 모든 것은 부처 앞에서 평등하다.'는 철학을 가진 사상으로, 의상은 이를 몸소 실천하면서 부석사, 낙산사를 비롯한 여러 사찰을 짓고 훌륭한 제자들을 다수 길러 내어 우리나라 불교를 발전시켰어요.

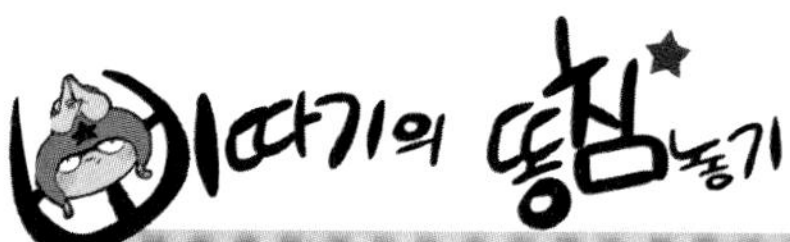

원효를 어떻게 보아야 할까? 원효에게 똥침을 한 방 놓고 싶은데, 이거 참 난감하군.
승려이면서도 삐따기처럼 삐딱하게 산 사람이니, 똥침 놓기가 무척 어렵네.
아무리 그래도 그렇지, 승려 신분으로 요석 공주와 사랑을 나눈 것은 분명
똥침 맞을 짓이야.

불국사와 석굴암을 만든 김대성

나는 불국사와 석굴암을 만든 사람이에요. 나는 매우 어렵게 살았으나, 부처님의 은덕 때문에 부잣집에 다시 태어나서 행복하게 잘살 수 있었어요. 나는 내가 효성이 지극한 사람이라고 생각해요. 전생의 부모를 위하여 석굴암을, 현생의 부모를 위하여 불국사를 창건했으니, 내가 얼마나 대단한 효자인지 누구나 인정할 거예요.
자! 그럼 지금부터 내가 왜 불국사와 석굴암을 만들었는지 장콩샘과 함께 탐구해 볼까요?

김대성과 인연을 맺은 사람들

경조 대성의 전생의 어머니. 후생에 잘 태어나기 위해 자신의 전 재산이나 다름없는 땅을 부처님께 바쳤다.

김문량 대성의 두 번째 삶을 책임져 준 아버지이다.

가난한 집에 태어난 머리 큰 아이

신라가 삼국을 통일한 지 얼마 지나지 않은 32대 효소왕692~702 시절의 일이에요. 묘량리에 사는 경조라는 여인에게 아들이 하나 있었어요. 이 아이는 워낙 머리가 크고 이마가 넓적해서 머리 모양이 성같이 생겼으므로 '큰 대大'에 '성 성城'자를 써서 대성이라 했어요.

경조 집은 너무 가난하여 모자는 복안이라는 부잣집에서 품을 팔아 생계를 유지했어요. 그런데 하루는 경조가 착실하게 일하는 것을 보고 주인이 손바닥만 한 땅을 경조에게 주었어요.

그 후 세월이 흘러 대성의 나이 17세가 되던 해였어요. 흥륜사 스님인 점개가 복안의 집에 와서 시주를 권하니, 복안이 베 50필을 내놓았어요. 그러자 스님은 복안에게 "오늘 이 공덕으로 오래오래 사시고 만복을 누리게 될 것입니다." 했어요.

마당에서 일을 하다가 주인과 스님이 대문 앞에서 하는 이야기를 들은 대성은 얼른 어머니에게 달려갔어요.

"어머니! 우리가 이처럼 어렵게 사는 이유는 전생에 공덕을 쌓지 못했기 때문이에요. 지금 공덕을 쌓지 않으면 앞으로도 가난할 거예요. 우리도 땅을 부처님께 바치고 내세에 복을 얻읍시다."

경조는 아들의 말을 듣고 주인이 준 땅을 스님을 통해 부처님께 바쳤어요.

몇 달이 지나 대성이 갑자기 죽었어요. 자기 잘되자고 부처님께 전 재산을 기부했는데 죽다니, 이게 무슨 '아닌 밤중에 홍두깨'예요? 그런데 그때 신통한 일이 벌어졌어요. 바로 그 시각에 신라에서 내로라하던 부잣집인 김문량의 집에 하늘에서 외치는 소리가 들려왔어요.

"모량리 사는 대성이를 너희 집에 맡기노라."

깜짝 놀란 문량은 모량리로 급히 사람을 보내 사연을 알아보게 했어요. 아니나 다를까, 김대성이 죽었는데, 하늘에서 외치던 때와 시각이 같았어요. 그 후 문량의 부인에게 태기가 있더니, 금쪽같은 아들을 낳았어요.

문량은 아이 이름을 전생에 불렀던 대로 '대성'이라 했고, 전생의 어머니 경조를 자기 집으로 데리고 와 새로 태어난 대성과 함께 살게 했어요.

불국사와 석굴암 창건에 나서는 대성

대성이 젊었을 때 일이에요. 그는 산과 들로 다니며 사냥하기를 즐겼어요. 하루는 토함산에 올라가 큰 곰 한 마리를 잡았어요. 밤이 깊어져서 산 아래 마을에서 잠을 자는데, 대성에게 죽임을 당한 곰이 꿈속에 나타나 대성을 잡아먹으려 했어요. 소스라치게 놀란 대성은 부들부들 떨며 살려 달라고 손이 발이 되도록 빌었어요.

"살려 주세요. 살려 주세요. 살려만 주면 뭐든지 하겠나이다."

곰이 말했어요.

"어찌하여 너는 죄 없는 나를 죽였느냐? 내가 다시 곰으로 태어나 이번에는 너를 잡아먹겠다."

두려움을 모르던 대성이었지만, 간이 콩알만 해지며 숨이 저절로 헐떡거려졌어요.

"다시는 살생을 하지 않겠습니다. 한 번만 용서해 주세요."

곰이 다시 말했어요.

"그렇다면 내가 원하는 것을 들어주겠느냐?"

"예, 말씀만 하십시오. 뭐든지 하겠나이다."

"나를 위해 절을 짓고 부처님께 극락왕생할 수 있도록 빌어 줄 수 있겠느냐?"

"예, 그렇게 하겠나이다."

대성이 소원을 들어주겠다고 응낙하자, 그제서야 곰이 물러갔어요. 정신을 차려 자리에서 일어나 보니, 꿈이었어요. 하지만 대성은 이 일을 계기로 깨달은 바가 있어서, 곰을 산에 묻어 주고 절을 지어 곰의 극락왕생을 빌면서 살생을 최대한 가려서 했어요.

그 후 대성은 부처님께 더욱 의지하면서 전생과 현생의 부모님 은혜에 보답하기 위하여 불국사와 석불사(현재의 석굴암)를 짓기 시작했어요. 현생의 부모를 위하여 불국사를, 전생의 부모를 위하여 지은 절이 석불사예요.

그의 절 짓기는 그가 75세의 나이로 세상을 떠날 때까지 24년간이나 계속되었어요. 하지만 그의 생전에 절은 완공되지 못했고, 대성이 죽은 이후에 국가가 계속 사업을 진행시켜 아름답고 화려한 불국사와 장엄미 가득 찬 석불사로 단장할 수 있었어요.

교과서 속의

불국사

불국사의 돌계단

불국사는 대웅전으로 가려면 4개의 돌계단을 올라가야 하는데, 다리 모양을 하고 있다. 그래서 동쪽에 있는 것을 청운교와 백운교, 서쪽에 있는 것을 연화교와 칠보교라 부른다. 청운교와 백운교는 대웅전으로 향하는 자하문과 연결된 다리로, 사람의 세계와 부처님의 세계를 이어주는 다리이고 연화교와 칠보교는 극락전으로 향하는 안양문과 연결된 다리로, 깨달음을 얻은 사람만이 오르내리던 다리라고 한다. **〈중학교 국사 교과서 68쪽〉**

 **김대성이 짓기 시작한 절인 불국사 안에 있는 석가탑은 그림자가 없다고 하던데, 정말 그런가요?**

아뇨, 그림자는 있어요. 석가탑을 만든 아사달과 그의 아내인 아사녀의 슬픈 사랑 이야기 때문에 그런 이야기가 전설처럼 전해지고 있을 뿐이에요.

김대성이 불국사를 창건하면서 대웅전 마당에 세울 석가탑과 다보탑을 만들 사람을 물색했어요. 예부터 돌을 잘 다루는 사람들은 백제 땅에 많았는데, 대성이 수소문을 해 보니 백제의 석공 아사달이 최고였어요.

신라 땅 전체를 부처님의 나라로 만들기 위해 동분서주하고 있던 김대성은 아사달을 초빙했고, 아사달은 사랑하는 아내인 아사녀를 고향에 남겨 두고 홀로 경주에 왔어요. 그는 경주에서 세월이 흘러가는 것도 모르고 탑 만들기에만 열중했어요. 1년이 지나고 2년이 지나도 돌아올 줄 모르는 남편을 기다리던 아사녀는 아사달이 너무나 보고 싶어서 경주 땅을 물어물어 찾아왔어요. 하지만, 불국사 승려들은 아사달의 마음이 흔들릴 것을 염려하여 아사녀가 왔다는 이야기를 아사달에게 해 주지 않았어요.

아사녀는 포기하지 않고 남편의 얼굴을 보기 위해 매일 불국사로 찾아갔어요. 이때 스님 한 분이 말했어요.

"여기서 그리 멀지 않은 곳에 자그마한 연못이 있습니다. 탑 공사가 끝나면 탑의 그림자가 연못에 비칠 것입니다. 그러면 남편의 얼굴도 볼 수 있을 터이니, 그곳에 가서 기다리십시오."

아사녀는 그날부터 하루 종일 연못가에 앉아 탑의 그림자가 물 위에 비치기만을 기다렸어요. 하루가 지나고, 이틀이 지나고, 한 달, 두 달이 지나도 탑의 그림자는 연못 위에 떠오르지 않았어요. 상심한 아사녀는 남편의 이름인 아사달을 부르며 연못 속에 뛰어들고 말았어요.

탑을 완성한 아사달은 아내가 연못가에서 기다리고 있다는 말을 전해 듣고 단숨에 연못으로 달려갔어요. 그러나 아사녀는 보이지 않았어요.

아사녀의 이름을 정신없이 외치며 연못 주변을 방황하고 있는데, 그녀의 모습이 홀연히 앞산의 절벽에 나타났어요. 아사녀의 웃는 모습이 인자한 부처님 얼굴 같았어요. 아사달은 연장을 꺼내 들고 그 바위에 아사녀의 모습을 새긴 후에 어디론가 흔적도 없이 사라져 버렸어요.

그 후 사람들은 아사녀가 빠진 연못을 그림자 연못이란 뜻에서 '영지影池'라 불렀으며, 연못에 그림자를 비추지 않은 석가탑을 그림자가 없는 탑이란 의미에서 '무영탑無影塔'이라 했어요.

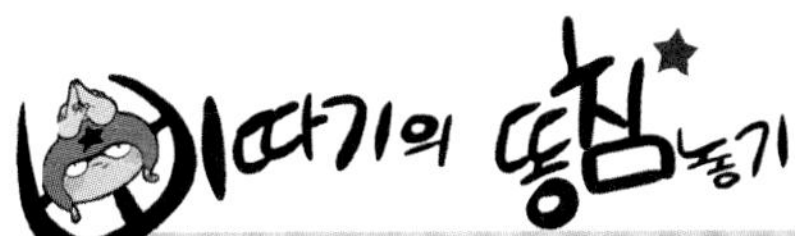

과연 김대성이 자신의 재산으로 불국사와 석굴암 건축을 시작했을까? 불국사 하나만 지어도 자기 재산 전부를 바쳐야 했을 터인데, 산 속 깊숙한 곳에 석굴암까지…….
불국사와 석굴암은 사실 국가나 왕실이 돈을 대서 지은 것이고, 그 책임자로 김대성을 임명했던 것은 아닐까?

바다의 왕 장보고

나는 바다의 왕, 장보고예요. 내 이름은 순 우리말로 활보였는데, 이를 한자로 옮기면서 궁복이 되었어요. 나는 미천한 출신이기 때문에 성이 없었으나, 당나라로 건너가서 무장으로 출세하면서 장보고라 이름을 지었어요. 내가 해상왕이 된 것은 신라 사람들이 해적에게 잡혀 와 당나라에서 노예로 팔리는 것에 충격을 받았기 때문이에요.
자! 그럼 지금부터 내가 어떤 마음으로 청해진을 건설해서 해상왕이 되었는지를 장콩샘과 함께 탐구해 볼까요?

장보고와 인연을 맺은 사람들

정년 장보고의 깨복쟁이 친구로 장보고와 일생을 함께했다.

흥덕왕 당에서 귀국한 장보고를 청해진 대사로 임명하여 해상왕이 될 수 있는 터전을 만들어 주었다.

신무왕 신라 45대 왕. 왕위 쟁탈전에서 실패하여 청해진으로 피난 와서 장보고의 군사력을 빌려 임금 자리에 올랐다. 하지만 재위 기간은 1년이 채 못 되었다.

문성왕 신무왕의 아들로 신라 46대 왕. 장보고의 딸을 둘째 부인으로 삼으려 했으나, 진골 귀족들의 반발로 성사되지 못했다. 이 때문에 장보고가 반란을 일으키려 하자, 자객을 보내 그를 살해했다.

장보고가 살았던 시대는?

바다의 왕으로 잘 알려진 장보고가 살았던 때는 8세기 후반에서 9세기 중반으로 신라가 쇠퇴기로 접어들던 시기였어요. 삼국 중에서 가장 늦게 중앙 집권 국가로 발전했던 신라는 당나라와 연합하여 삼국을 통일한 후에 신문왕의 강력한 왕권 강화 정책을 바탕으로 정치, 경제, 사회 각 분야가 안정적으로 발전하며 7세기 후반에서 8세기 후반까지 전성기를 누렸어요. 하지만, 8세기 후반에 이르러 진골 귀족 세력들의 왕위 쟁탈전 속에 왕권이 약화되기 시작했으며, 중앙 정부의 지방 지배력이 약화되는 틈을 타서 지방에서는 호족 세력들이 대두하여 중앙 정부의 권위에 도전하고 있었어요.

한편, 이 시기에는 동북아시아의 또 다른 축이었던 당나라와 일본에서도 신라와 비슷한 일들이 벌어져, 각국 정부의 감시가 소홀한 틈을 타서 바다에서는 해적들이 활개를 치며 사람들을 못살게 굴었어요.

출세 길에 오르는 장보고

장보고는 바다의 왕으로 알려져 있지만, 그의 고향이나 부모에 대해서는 전혀 알 수 없어요. 다만 헤엄을 잘 쳤고, 말 타고 창을 쓸 적에는 누구도 대항하지 못했다는 기록이 전하는 걸로 보아, 젊었을 때부터 무술 실력이 뛰어났음을 알 수 있을 뿐이에요. 그런 그가 출세 길에 오른 것은, 무술 실력 하나만 믿고 의형제를 맺은 정년과 함께 중국 땅에 들어가서 당나라의 군인이 되면서부터였어요. 당군에서 고속 승진을 하여 그가 최종적으로 맡았던 직책은 서주의 무령군 소장이에요. 서주는 양자강 하류에 있는 해안 도시이고 이곳을 지키는 군대인 무령군의 중간 지휘자가 무령군 소장이었어요. 이처럼 출세한 그가 당에 머무르지 않고 신라 땅으로 다시 들어온 것은 신라 사람들 다수가 해적에게 붙잡혀 와서 중국 땅 곳곳에 노예로 팔려 나가는 것을 보았기 때문이에요.

신라인들이 중국 땅에서 노예로 팔려가는 데 충격을 받은 장보고는 정년과 함께 귀국하여 당시 왕이었던 흥덕왕[826~836]에게 자신이 책임지고 해적들을 소탕할 테니, 그 책임을 맡겨 달라고 요청했어요. 흥덕왕은 장보고의 포부와 열정에 감동하여 군사 1만과 함께 청해진대사[淸海鎭大使]로 임명하여 신라의 바다를 지키게 했어요.

청해진은 완도로, 완도는 일본과 중국의 무역로 상에 위치하고 있어서 해적 소탕을 하기에는 안성맞춤인 장소였어요. 청해진대사는 요즘으로 치면 해군총사령관에 해당하여 장보고가 신라 수군을 총괄하는 장수가 되었음을 알 수 있어요. 이때가 828년으로, 장보고는 청해진을 거점으로 해상 활동에 전념하여 해적들이 더 이상 신라 사람들을 잡아가지 못하도록 단단히 방비하였어요. 또 막강한 군사력과 중국과 일본의 중간에 위치한 청해진의 지리적 이점을 살려 당과 일본 사이에서 중개무역을 하면서 돈도 크게 벌어 대부호가 될 수 있었어요.

무너지는 해상왕국

당나라 시인 두목[杜牧]이 장보고와 정년의 일대기를 써서 후세에 전할 정도로 장보고는 신라는 물론이고 당나라와 일본에까지 이름을 널리 떨쳤어요. 하지만 그는 자기 딸을 왕비로 만들려다가 실패하여 몰락하고 말았어요.

격화되는 왕위 쟁탈전 속에서 죽을 고비를 넘긴 왕족 김우징이 청해진의 장보고에게 피신 와서 도움을 요청했어요. 장보고는 김우징을 도와 왕으로 만드는 데 앞장섰으며, 결국 우징은 장보고의 도움 속에 신라 45대 왕[신무왕, 839]이 될 수 있었어요. 신무왕은 자신이 왕이 되는 데 가장 큰 공을 세운 장보고를 감의군사로 임명하여 모든 군사권을 장악하게 했어요.

하지만 신무왕은 왕위에 오른 지 1년 만에 병들어 죽고 그의 아들인 문성왕이 왕위를 이었어요. 이때 장보고는 자신의 딸을 문성왕의 두 번째 부인으로 삼게 하려 했어요. 그런데 문제는 경주의 진골 귀족들이었어요. 그들이 크게 반발하였어요.

"부부의 길은 사람의 큰 윤리이다. 예전부터 나쁜 왕비 때문에 나라가 망한 경우가 허다했으니, 나라의 흥하고 망함이 여기에 달려 있다. 어찌 함부로 왕비를 임명하겠는가? 궁복은 섬 사람이다. 그의 딸이 어찌 왕의 배필이 될 수 있겠는가?"

많은 귀족들이 이러한 생각을 가지고 있었기 때문에 중앙의 진골 귀족들과 장보고 사이에는 건널 수 없는 깊은 골이 생겼어요. 장보고가 반란을 일으키려 한다는 소식을 전해 들은 귀족들은 청해진으로 자객을 보내 장보고를 살해하고 말았어요. 이때가 846년으로, 장보고가 죽음으로써 청해진은 붕괴되어 장보고의 해상왕국은 하룻밤의 꿈으로 끝나고 말았어요.

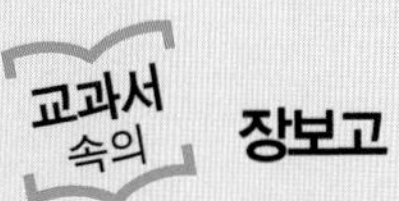

장보고

9세기 초에 '바다의 왕자'로 세력을 떨쳤던 장보고는 대표적인 해상 세력 출신이었다. 그는 완도에 청해진을 설치하고 해외 무역에 종사하여 이름을 크게 떨쳤다.

장보고는 당에 건너가 군인으로 출세하였다. 그러던 중 신라인이 당의 해적들에게 잡혀 와 노비로 팔리는 것을 보고 분개하여 귀국 후 흥덕왕을 뵙는 자리에서 "저에게 청해를 지키는 일을 맡기신다면, 해적들이 우리나라 사람들을 노비로 끌고 가는 것을 막겠습니다."라고 요청하였고, 왕은 장보고에게 군사 1만 명을 주어 군대를 조직하고, 청해진을 설치하게 하였다. 청해진은 당에서 흑산도와 남해안을 거쳐 일본의 기타큐슈에 이르는 국제 무역 항로의 중간에 해당하는 곳이었다. 그는 이곳을 기지로 하여 해적을 소탕하고 황해의 무역로를 보호하면서 황해 일대의 해상권을 장악함으로써 당-신라-일본을 연결하는 국제 무역을 주도하였다.

장보고는 당시 신라인들이 많이 살고 있던 산둥성에 법화원이라는 절을 짓고 이곳을 무역의 거점으로 삼았으며, 아울러 신라인의 친목과 단결, 안녕을 꾀하는 정신적 위안처로 만들었다. 중국을 순례하던 중에 법화원에서 신세를 진 일본의 승려 엔닌에게 일본으로 돌아갈 배편을 구해 준 적이 있었다. 이때의 고마운 마음을 전하는 엔닌의 편지를 통해서 그의 명성은 이미 국제적으로 높아져 있었음을 알 수 있다.

그는 무역을 통해 막대한 부와 명성을 얻게 되었고, 서남 해안 일대의 커다란 해상 세력으로 성장하였다. 그 뒤 왕권 다툼에 간여하여 신무왕이 왕위에 오르도록 영향력을 행사하기도 하였다. 그러나 문성왕 때에 자기 딸을 왕비로 삼으려다가 그의 세력을 두려워한 진골 귀족들이 보낸 자객에게 암살당하였다.

〈중학교 국사 교과서 81쪽〉

 **장보고 장군은 이름이 많다던데요, 정말 그런가요?**

장보고의 이름은 네 가지나 돼요. 우리 기록에는 활보, 즉 궁복弓福 또는 궁파弓巴·장보고張保皐로 되어 있고, 중국 기록은 모두 장보고張保皐, 일본 기록에는 한자를 다르게 쓴 장보고張寶高로 되어 있어요. 이처럼 이름이 다른 이유는 장보고가 미천한 출신이라 신라에서는 성이 없다가 중국으로 건너가서 무술로 출세 길에 오르며 장씨 성을 가졌기 때문으로 여겨져요. 즉, 장보고가 중국에 있을 때 궁복의 '궁弓'자가 들어간 장張씨를 성으로 삼았고, '복福'의 음을 그대로 따라 '보고'라 이름 지은 것으로 추정돼요. 한편, 일본 측 기록에 "張寶高장보고"라고 나와 있는 이유는 그가 무역을 통하여 큰 부자로 성장하였기에 '보배 보寶'자에 '높을 고高'를 써서 그렇게 부른 것 같아요.

적산 법화원의 장보고 동상

 장보고 장군이 지은 절이 중국의 산동반도에 있다던데요?

예, 있어요. 중국 산동반도 지역의 영성시 석도진에 있는 적산 법화원이 장보고가 당나라의 무령군 소장으로 있을 때인 832년에 창건한 절이에요. 이 절은 1년 수확량이 500섬 정도 되는 토지를 기본 재산으로 하여 건립된 것으로, 장보고는 청해진대사 시절에 이곳을 무역 활동의 거점 기지로 활용했어요.

장보고가 이끈 청해진 세력은 정말 강한 세력이었을까? 아무리 생각해도 나는 그렇게 생각되지 않아. 청해진 세력이 막강했다면 자객 하나에 그리 쉽게 무너졌을까? 장보고에게도 부하 장수들이 있었으며, 그들 또한 꿈이 있었을 텐데, 최고 지휘자 한 사람이 살해당했다고 진영 자체가 급속히 붕괴되었다는 것이 빼따기는 도대체 이해가 되질 않아.
어때요, 여러분! 여러분은 어떻게 생각해요?

발해를 세운 대조영

나는 발해를 세운 고왕으로, 본래 이름은 대조영이에요. 나와 내 아버지 걸걸중상은 고구려가 멸망한 후에 당나라 군사들에 의해 요서 지방에 있는 영주로 강제 이주되었어요. 하지만, 이곳에서 군사를 일으켜 갖은 고초 끝에 발해를 세우게 되었어요.

자! 그럼 지금부터 내가 어떤 과정을 거쳐 발해를 세웠는지 장콩샘과 함께 탐구해 볼까요?

대조영과 인연을 맺은 사람들

걸걸중상 대조영의 아버지. 발해 건국의 터전을 닦아 주었다.

걸사비우 걸걸중상과 함께 당나라에 반발하여 군사를 일으킨 여진 족장. 전투 도중 죽어서 그의 군사들이 고스란히 대조영 부대에 편입되었다.

이해조 당나라 편에서 대조영과 싸운 거란족 장수. 천문령 전투에서 대조영에게 패했다.

고구려 멸망 이후의 고구려 영토는?

668년 10월, 한때는 동아시아의 패권을 쥐고 흔들며 자기 나라 땅을 천하의 중심이라고까지 자부했던 고구려가 나 · 당 연합군에 의하여 힘없이 무너지고 말았어요. 고구려의 마지막 임금인 보장왕은 당나라로 끌려갔으며, 수도인 평양성에는 당나라 관청인 안동 도호부가 들어섰어요.

당의 지배하에 놓이게 된 고구려 사람들은 당나라의 식민 정책에 크게 반발했어요. 670년에 고구려 장군이었던 고연무가 중심이 되어 부흥 운동을 일으켰으며, 고구려 왕족인 안승과 귀족인 검모잠도 안시성에서 군사를 일으켜 당나라와 싸움을 시작했어요. 여기에 고구려 부흥군은 당나라가 영토 분할 문제로 신라와 나 · 당 전쟁을 벌이자, 신라 편이 되어 당을 곤혹스럽게 만들기도 했어요.

고구려 유민들의 저항이 거세지자, 당나라는 평양에 설치한 안동 도호부를 만주에 있는 신성으로 옮겨야 했으며, 보장왕을 다시 데려와 '요동주도독 조선왕'으로 삼아 고구려 사람의 환심을 사려했어요. 하지만 당이 믿고 파견했던 보장왕은 그 지역의 말갈족을 끌어들여 독자적으로 고구려 부흥 운동을 모색하는 등 고구려 사람들의 당나라에 대한 저항 운동은 날이 갈수록 점점 더해만 갔어요.

나라를 세우는 대조영

그러나 보장왕의 부흥 운동은 실행에 옮겨지기 전에 당나라에 들통이 나서, 왕은 당나라 서쪽 변방으로 유배되어 가서 681년에 그곳에서 죽었어요. 이제 고구려 부흥의 꿈은 영영 사라지는 것 같았어요. 하지만, 걱정마세요. 요서 지방의 영주[현재 요녕성] 땅으로 끌려갔던 고구려 유민들이 대조영의 아버지 걸걸중상을 중심으로 뭉쳐서 재차 부흥 운동을 전개하기 시작했으니까요. 걸걸중상은 고구려의 장수였는데, 나라가 망하면서 당나라의 강제 이주 정책에 의해 영주 땅에 끌려와 정착하게 되었어요.

발해

그런데 영주 땅에서 696년에 거란족이 폭동을 일으켜 영주성을 함락하고 주변 고을을 점령한 뒤에 당으로부터의 독립을 선포했어요. 이 기회를 틈타 걸걸중상도 말갈족을 이끄는 걸사비우와 연합하여 영주 동쪽의 여러 성을 점령하며 고구려 부흥 운동을 전개했어요.

당나라는 거란 출신 이해고에게 대군을 주어 걸걸중상의 부흥운동을 진압하려 했어요. 이해조의 군대와 먼저 결전을 벌인 것은 말갈족 장수 걸사비우였는데, 걸사비우는 전투 도중에 죽었고, 걸걸중상도 이 무렵에 세상을 떠나고 말았어요.

이제 고구려 유민과 말갈족의 운명은 대조영 손에 달려 있었어요. 대조영은 지도자를 잃고 우왕좌왕하는 사람들을 이끌고 당나라 군사들을 피해 천문령[현재 요녕성 창무 서쪽] 쪽으로 이동했어요. 전투를 치를 때마다 승리를 거둔 이해조는 오만해져서 아무 방비도 없이 천문령 골짜기 깊숙한 곳까지 군사들을 이끌고 쳐들어왔어요. 대조영 부대는 천문령 골짜기에 매복하고 있다가 이해조 부대가 주변을 살피지 않고 골짜기로 곧장 쳐들어오자, 기습 공격으로 박살을 내 버렸어요.

이 전투로 대조영은 새 나라를 건설할 결정적인 기회를 잡았으며, 송화강을 건너 동모산[현재 길림성 돈화현 소재] 자락에 정착하여 성을 쌓고 나라를 세웠어요. 이때가 698년으로 고구려가 멸망한 지 30년 만의 일이었으며, 나라 이름을 '진[震]'이라 했어요.

독자적 발전을 이루는 진나라

대조영은 임금이 된 첫 해에 멀리 돌궐에 사신을 보내 친선 관계를 맺는 등 외교적 수완을 발휘하면서 대내적으로는 중앙과 지방 행정 구역을 정비했어요. 그리고 독자 연호의 사용을 통해 진나라가 황제 국가임을 대내외에 당당하게 밝혔어요. 이처럼 진나라가 강하게 나오자, 당나라는 진나라를 인정해 줄 수밖에 없었어요. 당은 사신을 보내 새 나라 건설을 축하해 주었으며, 대조영 또한 둘째 아들인 대문예를 보내 답례를 하면서 당과 평화 관계를 유지하려 했어요.

한편 신라와 당나라는 진나라가 건설되자, 급속히 친밀해지면서 동맹 관계를 굳건하게 다져 나갔어요. 673년에 치른 나·당 전쟁 이후 양국은 서로 사이가 멀어졌는데, 고구려의 후예들이 고구려의 옛 땅에서 새 나라를 세우자 위기의식을 느껴 나·당 전쟁 이전의 끈끈한 관계로 돌아갈 수밖에 없었어요.

대조영

고구려가 멸망한 후 고구려 유민들은 여러 갈래로 분산되었다. 일부 귀족들은 당으로 끌려가기도 하였으나, 많은 유민들이 당에 적극적으로 대항하여 당의 군대와 안동 도호부를 요동 지방으로 몰아냈다.

때마침 당의 가혹한 수탈에 시달리던 거란의 추장이 반란을 일으키자, 요서 지방에 있던 대조영은 이를 틈타 고구려인과 말갈인들을 이끌고 랴오허 강을 건너 동쪽으로 이동하였다. 이에 당은 말갈인 부대를 격파하고 고구려 유민들을 뒤쫓았다. 대조영은 추격해 오는 당군을 격파하고, 고구려 유민과 말갈인을 모아 길림성의 동모산 근처에 도읍을 정하고 발해를 세웠다(698).

〈중학교 국사 교과서 73쪽〉

현재 중국은 동북공정을 통해 발해를 "당나라의 지방 정권"이라 하면서 발해사를 자신들의 역사로 집어넣으려고 한다는데, 이에 대해 설명해 주세요.

예, 그래요. 중국 정부는 발해를 당나라의 지방 정권 정도로 격하시켜 발해사 전체를 한족漢族의 역사로 만드는 작업을 지속적으로 추진하고 있어요. 하지만, 여러 증거로 보았을 때에 발해는 분명 우리 민족이 세운 한민족韓民族의 국가예요.

대체적으로 고대의 동아시아 사회에서 동아시아 각국은 왕의 재임 기간을 표시하는 호인 연호를 중국의 것을 빌려다 사용했어요. 하지만 발해는 줄곧 독자 연호를 사용했고, 스스로를 황제 국가로 표현했어요. 오죽하면, 당나라의 역사를 기록한 『신당서』에 "발해는 연호 사용을 자기 마음대로 하였다."고 나와 있을까요. 또한 일본에 보낸 외교 문서에 발해 왕을 '고려국왕'으로 표현하여 자신들이 고구려를 계승한 국가임을 확실하게 말하고 있어요. 이러한 사례만으로도 발해가 당의 지배를 받지 않은 자주적인 독립국가였음을 명확하게 알 수 있어요.

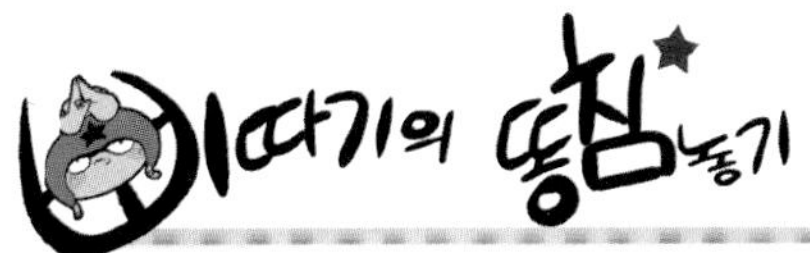

대조영이 고구려 사람이 아니라 말갈족이라는 소문도 있던데, 이것에 대해서 이야기가 있어야 할 것 아니야? 대조영 아버지인 걸걸중상만 보더라도 고구려 사람이기보다는 말갈족일 가능성이 더 큰데, 아무래도 장콩선생이 숨기는 게 있는 것 같아? 삐따기의 예리한 시각으로 보면 말이야. 어때요, 여러분! 여러분은 어떻게 생각해요?

물론 대조영이 말갈족의 후예일 가능성도 있어요. 실제로 중국 만주 지역의 북쪽 지대를 흐르는 흑룡강에 근접해 있는 소도시 동강에 살고 있는 말갈족 계통의 혁철족은 지금도 대조영을 자신들의 선조로 생각하여 제사를 지내고 있다고 해요. 고구려나 발해는 다민족 국가였으며, 특히 발해는 소수의 고구려인이 지배층을 형성하고 다수의 말갈인들이 피지배층을 형성한 연합국가였어요. 따라서 우리 민족만의 국가라고 주장하는 것은 분명 우스운 일이에요. 하지만, 발해 지배층 자체가 고구려 계승 의지를 지니고 있었고 당나라의 지배를 받지 않은 독자성 또한 확고했어요. 따라서 발해사를 중국의 견해처럼 당의 지방 정권으로 보는 것은 억지 주장이며, 우리 민족사로 파악하는 것이 타당할 거예요.

발해 문물과 제도의 기본 틀을 마련한

문왕

나는 발해의 3대 임금 문왕으로, 내 본명은 대흠무예요. 내 아버지 무왕은 당과 대립하며 영토 확장에 전념했지만, 나는 발해의 기틀을 완성해야 했기에 당과 친선 관계를 강화하며 당의 제도와 문물을 받아들이는 데 적극적이었어요. 하지만 그렇다고 해서 내가 사대주의자라고 생각해서는 절대 안 돼요. 나는 발해의 왕을 '하늘의 자손'이라 생각했으며, 스스로 황제라 칭하고 독자 연호를 사용하여 발해를 당나라와 대등한 자주독립 국가로 만들었어요.

자! 그럼 지금부터 내가 어떤 마음으로
당과 교류했는지 장콩샘과
함께 탐구해 볼까요?

문왕과 인연을 맺은 사람들

정혜 공주 문왕의 둘째 딸. 문왕보다 먼저 죽어 문왕의 가슴을 아프게 했다. 그의 묘지가 중국 길림성 돈화현 육정산에 있다.

정효 공주 문왕의 넷째 딸. 문왕보다 먼저 죽어 문왕의 가슴을 아프게 했다. 그의 묘지가 중국 길림성 화룡현 용두산에 있다.

발해에서 가장 오랫동안 임금을 했던 대흠무

719년에 대조영이 죽고 그의 아들 대무예가 발해의 2대 임금이 되었으니, 이 이가 곧 무왕이에요. 무왕은 왕위에 올라 당나라와 대립하며 영토 확장에 적극적이었어요. 당나라가 발해의 북쪽 지역에 사는 흑수부 말갈족을 끌어들여 발해를 견제하려 하자, 무왕은 이들을 공격하여 꼼짝 못하게 만들어 버렸어요. 또 732년 가을에는 장문휴 장군으로 하여금 산동 반도에 있는 당나라의 무역항 등주를 공격하게 하여 한때 점령함으로써 당나라 정부의 간담을 서늘하게 했어요.

이처럼 당과 대립했던 무왕이 737년에 죽고, 그의 둘째 아들인 대흠무가 왕위를 이어받았어요. 훗날 시호를 '문왕'이라 한 대흠무는 우리 역사에서 세 번째로 오랜 기간 왕을 했던 임금이에요. 랭킹 1위는 고구려 태조왕으로 93년간 임금을 했어요. 랭킹 2위는 고구려 장수왕으로 79년 동안 왕위에 있었어요. 이 임금들을 이어 발해의 문왕이 랭킹 3위로 장장 57년간 나라를 다스렸어요. 발해가 229년 동안 유지된 나라이니, 발해 역사의 4분의 1이 문왕의 시대였지요.

문물과 제도 정비에 힘쓴 임금

문왕은 아버지인 무왕과는 달리 당나라와 친하게 지내며 당의 선진 문물을 적극적으로 받아들였어요. 그는 57년의 재위 기간 동안 당나라에 60회 이상 사신을 파견하여 선진 문물과 제도 수입에 열심이었어요. 많을 때는 한 해에 6번이나 사절단을 보냈다고 하니, 그가 당과의 교류를 얼마나 중시했는지 잘 알 수 있지요.

이처럼 당과 친하게 지내면서 문왕은 당나라의 3성 6부를 기본 뼈대로 한 독자적인 중앙 통치 기구를 만들어 운용하였으며, 행정 조직도 정비하여 전국에 5경 15부 62주를 설치하여 지방에까지 왕의 명령이 잘 미치도록 했고, 군사 제도도 새롭게 정비했어요. 또한 불교를 왕권 강화에

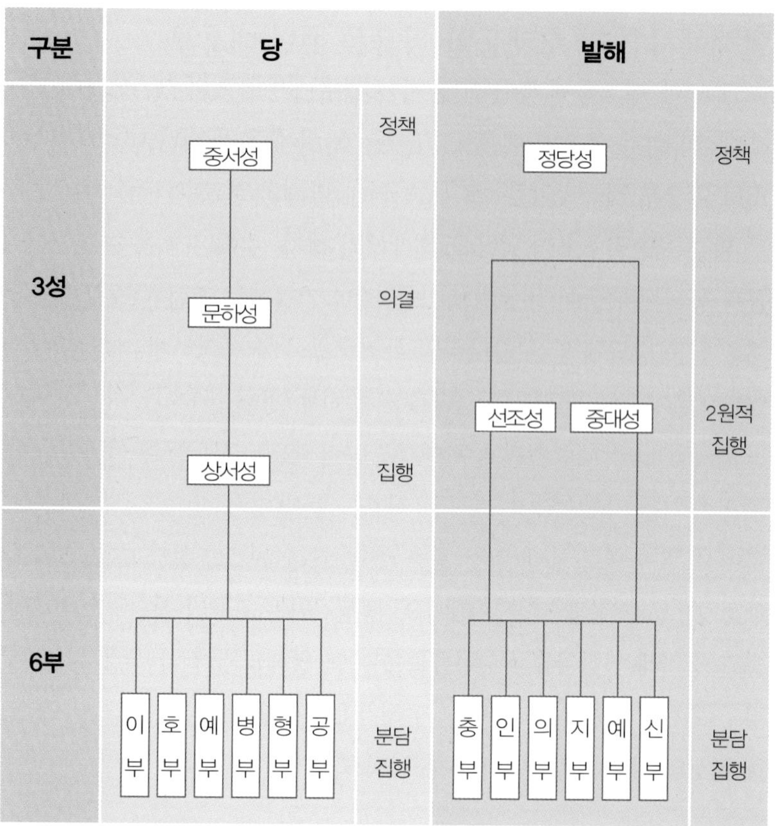

발해와 당의 3성 6부제

발해는 당의 3성 6부제를 받아들였지만, 제도를 개선하여 독자적인 3성 6부제를 만들었다.

활용하기 위하여 자신을 불법佛法의 바퀴를 굴리며 천하를 정복했던 전설상의 임금인 전륜성왕에 비유하면서 불교 발전에 힘썼어요.

한편 문왕은 일본에 보낸 외교 문서에 스스로를 '하늘의 자손'이라 표현할 정도로 주체 의식을 가지고 독자적인 외교 활동을 전개하였어요. 당나라와 동일하게 임금을 황제라 칭하고, 독자 연호를 사용하여 발해가 당의 속국이 아닌 자주적인 독립국가임을 확실하게 나타내기도 했지요.

이처럼 문왕은 나라의 기틀을 완성시켜 발해가 만주와 연해주, 한반도 북부를 다스리는 대제국으로 성장해 갈 수 있게 주춧돌을 놓았어요.

문왕 시대

당은 신라와 말갈을 이용하여 발해를 견제했기 때문에, 발해 무왕은 당의 산둥 지방을 공격하기도 하였다. 그 후, 안정을 회복한 문왕 때에는 대외 정책을 바꾸어 당과 친선 관계를 맺고 당의 발달한 문물 제도를 받아들이는 데 힘을 기울였다.

〈중학교 국사 교과서 74쪽〉

발해와 통일신라가 있던 시대를 남북국시대라고 하던데, 왜 그런가요?

남북국시대라는 용어는 조선 후기부터 사용되었어요. 조선 후기의 실학자인 유득공은『발해고』를 지어 우리나라 최초로 발해의 역사를 체계적으로 정리했어요. 그런데 그는 이 책을 쓰면서 대동강 이남 지역에서 통일신라가 발전하고 있을 때에, 옛 고구려의 땅인 한반도 북부와 만주 지역에서는 발해가 성장하고 있었다면서, 이 시대를 '남북국시대'라고 정리해 놓았어요. 통일신라시대는 673년부터 935년까지이고, 발해는 698년에 건국되어 926년에 망했으니, 남북국시대는 시기적으로 7세기 말에서 10세기 전반까지를 말해요.

발해와 신라는 사이가 좋았나요?

알쏭이 생각은 어때요? 사이가 좋았을 것 같나요? 그렇지는 않았겠지요. 하지만 전혀 교류가 없었던 것은 아니에요. 때에 따라서 사절단을 파견할 정도는 되었지요.

한편, 당나라를 사이에 둔 발해와 신라의 자존심 싸움은 매우 치열하게 벌어졌는데, 당은 발해와 신라의 대립 관계를 적절히 이용하여 자기들의 이익을 늘리는 데 활용하고는 했어요.

중국 역사책에 발해와 신라가 당을 사이에 두고 경쟁했던 내용이 몇 가지 수록되어 있어요.

당나라에서는 외국 사신들이 황제를 만날 때에 나라별로 서열을 매겨 자리를 잡게 했어요. 동쪽에는 신라가 첫 번째, 대식국[아라비아]이 두 번째에 앉았고 서쪽에는 토번[티베트], 일본 순으로 앉았어요. 그런데 897년에 발해의 사신으로 당나라 수도인 장안성에 갔던 발해 왕자 대봉예는 신라 사신이 첫 번째 자리에 앉아 있는 것을 보고 당의 임금에게 발해가 신라보다 강하니, 발해 사신의 자리를 신라 사신보다 높여 달라고 요청했어요. 하지만 당의 임금은 발해의 청을 들어주지 않았어요.

또한 당나라 정부에서는 외국에서 유학 온 사람들을 위한 과거 시험을 치렀는데, 이 시험을 빈공과라고 해요. 빈공과에서는 신라 유학생들이 뛰어난 성적을 거두었는데, 840년대부터는 발해 유학생들도 빈공과에 간혹 합격하고는 했어요. 그런데 신라가 이를 시기하여 "볼품없는 나라인 발해 사람을 합격시킨다."고 당나라 정부에 항의를 하고는 했어요. 이처럼 당을 사이에 두고 발해와 신라는 끝없이 서로 경쟁했어요.

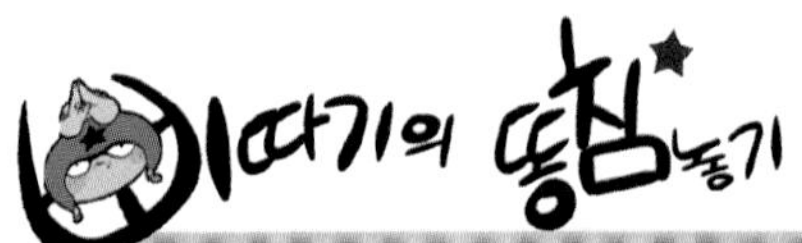

찾아보기

글을 쓰면서 도움 받은 책들

교육인적자원부, 『중학교 국사』, 국사편찬위원회, 2008
교육인적자원부, 『고등학교 국사』, 국사편찬위원회, 2009
신호열 역해, 『삼국사기』 I · II, 동서문화사, 1978
권상노 역해, 『삼국유사』, 동서문화사, 1978
한영우선생 정년기념논총 간행위원회 엮음, 『한국사 인물열전』, 돌베개, 2008
이이화, 『한국사의 주체적 인물들』, 여강, 1994
장콩선생, 『우리역사이야기』1, 살림, 2008
한규무, 『뒤집어본 인물열전』, 시공사, 2004
다홀 편집실 편, 『한국사 연표』, 다홀미디어, 2002

ㄱ

ㄴ

ㄷ

ㅇ

ㅈ

ㅊ

ㅌ